SECRETS OF YOUR CELLS
DISCOVERING YOUR BODY'S INNER INTELLIGENCE

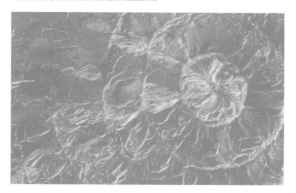

세포에게서 배우는

포용과 선택

과학과 인문학의 만남

Sondra Barrett 저
김용환 · 원민정 공역

이 책은 생물학을 다룬 책이 아니다.
이 책은 우리가 세포 여행을 통하여 세포가 생명을 담은 그릇이고,
세포 하나하나에도 마음이 있으며,
진정한 나 자신이 누구인지를 밝히는 데 도움을 줄 것이다.

학지사

자신의 몸일지라도 '나의 것'은 아니다. 그것은 공동체다.

지금 이 지구 안에 별의별 짐승이 많듯이

내 몸속에도 별의별 생명체가 그득하다.

그렇기에 자기 몸이면서도 '나의 것' '내 몸'이 아니라 공동체인 것이다.

나의 육신은 그대로 소우주의 꾸러미와 같아

오장육부의 기능이라는 게 그대로 우주의 기능과 같다.

거기엔 천체물리학, 지리학, 모든 과학과 철학이 다 들어 있다.

― 대행선사, 「한마음 요전」 중에서

우리는 전 지구적으로 유례를 찾아볼 수 없는 엄청난 규모로 진행되는 과학 발전의 시대에 살고 있다. 현대 과학의 경이로운 발전으로 말미암아 생명의 비밀은 하나씩 벗겨지고 있다. 인류는 100여 년 전부터 도룡뇽의 수정란을 분할하는 방법을 통해 생명 복제 기술을 개발하기 시작했고, 20세기 중반에 이르러서는 DNA 구조가 밝혀지며 체세포 핵이식을 통해 복제 개구리를 만드는 데 성공하였다. 연구 초기에 이 기술은 포유류가 아닌 동물에게만 성공적이었으나 차츰 포유류에게도 확장되어, 1996년 영국의 윌머트 박사는 체세포 유전자를 이용하여 복제양 돌리를 탄생시키게 되었다. 이것은 인류가 처음으로 생식세포가 아닌 체세포를 통하여 포유동물을 복제하게 된 첫 사례라고 할 수 있다. 포유동물의 복제는 곧 인간 복제의 가능성으로 연결되며, 인간 복제의 허용 여부 및 범위, 인간의 유전정보 보호 등 생명공학에서의 윤리 문제가 대두되고 있다. 특히 최근에는 동일한 유전자를 가진 생명체를 복제하는 수준을 넘어서 특정 유전자를 붙이거나 삭제하는 유전자 편집 기술이 개발됨에 따라 앞으로 이러한 윤리 문제는 더욱 실질적인 이슈가 될 것이다.

생명과학이 물질적인 유전자를 활용한 생명체 복제, 배양, 생산 등에 초점을 두고 발전하고 있는 반면, 인간의 지능과 인식 메커니즘을 연구하는 인지과학에서는 인간의 정신 작용을 좇아가는 인공지능을 개발하고 있다. 인공지능은 하나의 컴퓨터 프로그램일 뿐이며 인간이 아니라 기계인데, 이 기계의 지능이 인간을 넘어설 수 있는가 하는 것은 많은 사람의 관심사일 수밖에 없다. 단순한 반복 연산이 요구되는 정신 영역에서 컴퓨터가 인간을 능가할 수 있다는 것은 우리가 일상적으로 경험하듯이 놀라운 일이 아닐 것이다. 하지만 바둑과 같은 고도의 전략과 사유가 요구되는 분야에서는 어떨까? 최근 영국의 인공지능 개발사인 '구글딥마인드'가 개발한 인공지능 바둑프로그램인 '알파고(AlphaGo)'는 지난 10여 년간 세계 바둑의 최강자로 군림해 온 한국의 대표적 프로기사 이세돌 9단에게 도전장을 내밀었다. 세계에서 가장 권위 있는 학술지 중 하나인 「네이처(Nature)」는 2016년 1월 28일자 표지 기사를 싣고 컴퓨터 바둑 프로그램 알파고가 유럽 바둑 챔피언이자 중국 프로 바둑기사인 판후이와 다섯 차례의 대국에서 모두 이겼다고 발표했다.

만약 기계가 스스로 학습하고 끊임없이 진화한다면 인간이 기계의 지배를 받는 세상이 올 수 있을까? 〈매트릭스〉나 〈터미네이터〉와 같은 공상과학 영화에서는 그것이 현실로 다가올 수 있는 인류의 미래를 그리고 있다. 만약 3D 프린터, 생명체 복제와 편집 기술, 인공지능 등의 첨단 기술이 결합된다면 그것이 불가능하지도 않을 것이다. 과학자들은 '기술 특이점(technological singularity)' 이라는 개념을 논의하고 있다. 그것은 블랙홀의 특이점이라는 개념에서 빌려온 것으로 기계의 지능이 인간을 추월하는 지점이며, '지능의 폭발(intelligence explosion)' 이라고 할 수 있다. 그 핵심 아이디어는 기계가 인간보다 지능이 뛰어나다면 기계의 설계와 디자인에서도 인간을 추월할 수 있다는 것이다. 그럴 경우, 기계가 디자인한 기계가 인간의 지능을 넘어서는 때가 오는 것은 당연한 귀결일 것이다. 실제로 미래학자인 커즈웨일(Ray Kurzweil) 박사는 그 시기가 2045년 전후일 것으로 예측하며, 컴퓨터 과학자인 빈지(Vernor Vinge) 박사는 2030년 이전에도 가능할 것으로 본다.

우리는 과학 기술의 발달로 현대 문명의 이기를 누리고 있지만, 또한 그로 인한 두려움을 가지고 있는 것도 사실이다. 20~30년 후엔 낮은 수준의 인공지능을 구현할 수 있는 기계가 등장하고, 다시 20년 후에는 높은 수준의 인공지능을 구현하는 기계가 등장할 것이며, 그땐 인간이 기계와 일자리를 두고 다툴 것이라고 단언하는 과학자도 있다. 어떤 뇌과학자는 말한다. "1차 산업혁명 때 기계가 인간의 팔, 다리를 대신하게 되어 '화이트칼라' 가 등장했습니다. 2차 기계혁명에선 기계가 사람의 머리를 대신합니다. 이제 화이트칼라 직업이 사라질 차례입니다. 우리가 화이트칼라의 마지막 세대가 된다는 게 무리한 예측일까요?"

이렇게 끝을 모르고 발전하는 과학 기술을 우리는 어떻게 수용할 것인가? 우리에게 이익을 주지만 동시에 우리를 무력화시킬 수도 있는 기계의 발전을 두고 우리는 어떻게 살아야 할 것인가? 우리가 세포와 생명의 비밀을 더 알아 갈수록 우리는 생명을 더 잘 이해하는가? 그리고 그렇기 때문에 우리는 자기 자신과 다른 생명을 더 소중히 여기고 살아가는가? 우리는 과학의 발전으로 더 행복하게 살아가는가? 우리는 인간성을 어떻게 회복할 것인가? 나는 이러한 질문들에 대한 답을 구하기 위하여 오랜 시간 사유하고 연구해 왔다. 그러던 중 이 책을 만나 번역해서 내놓게 되었는데, 이 책이 이러한 질문에 대한 직접적인 답을 제공하지는 않는다. 다만 이 모든 질문의 근원이 되는 '나는 누구인가?'에 대한 하나의 중요한 단서를 제공할 것이다.

나는 오랫동안 정신계와 물질계의 균형적 발전을 통해서만 진정한 발전이 이루어질 수 있고, 인간의 행복도 결국 그러한 중도적 가르침에 의해서 실현될 수 있다고 믿으며 그것을 찾던 중 다음과 같은 대행 선사의 가르침을 만나게 되었다.

"현대 과학이 아무리 고도화되었다 할지라도 지금은 벽을 뚫고 나갈 수 없는 상황에 이르렀다. 기필코 마음을 계발해야만 이 벽을 뚫을 수 있다. 마음을 계발하지 않는다면 점점 살기 어려운 시대가 다가오게 된다. 왜냐하면 물질과 정신의 발달이 병행해야 할 텐데 지금은 물질로만 치달아 막다른 골목으로 들어가는 형국이기 때문이다."

그렇다. 지금 인류에게 필요한 것은 물질계의 발전에 상응하는 정신계의 계발인 것이다. 우리는 돈으로 많은 것을 해결하려 하고, 아프면 약에만 의존하고, 교육도 지식을 쌓는 데만 집중하며 진정한 자기 자신을 돌아보지 않고 살아가고 있다. 초등학교 시기부터 우리는 학교 교육을 통해서 우리 몸이 헤아릴 수 없이 수많은 세포로 이루어져 있다는 것을 배운다. 2015년 교육부에서 제시한 '초등학교 교육과정'을 보면, 세포를 포함한 생물의 구조와 에너지, 항상성과 몸의 조절, 생명의 연속성과 진화, 환경과 생태계의 상호작용 등 어마어마한 양의 공부를 하게 되어 있다. 그렇다고 해서 우리가 생명을 더 존중하는 것도 아니다. 오히려 우리는 생명의 존엄성과 소중함을 망각하며 살아가고 있다.

"물질이 사람을 끌고 가는 게 아니라 사람의 마음이 물질을 끌고 가는 것이다. 이 근본을 모른다면 물질과학엔 한계가 있다. 그렇기에 심성으로 되돌려 들어가야 한다. 각 분야의 과학의 바탕은 일체 마음으로부터 나오는 것이기에 아무리 많은 과학자가 분야별로 다양하게 연구를 한다 해도 마음을 알아야만 계속해서 발전할 수 있다."

이 책은 생물학을 다룬 책이 아니다. 이 책은 우리가 세포 여행을 통하여 세포가 생명을 담은 그릇이고, 세포 하나하나에도 마음이 있으며, 진정한 나 자신이 누구인지를 밝히는 데 도움을 줄 것이다.

2016년 4월
한마음과학원 연구실에서

누구든 진지하게 과학을 연구한다면
정신! 인간의 그것보다 엄청나게 우월한 정신이
우주의 법칙 속에 드러나 있다는 것을 확신하게 된다.
– 알베르트 아인슈타인(Albert Einstein) –

    나에게 생물학적 세포계와 정신계를 연결시켜 준 여행은 나의 자아와 신념을 계속해서 깨뜨려 나가는 길고 고된 여정이었다. 그것은 40여 년 전 내가 생화학 박사학위를 취득했을 때부터 시작되었다. 그 당시만 해도 나는 생명의 화학물질에 흥미가 있었다. 그것은 식별할 수 있고, 객관적이며, 정량화할 수 있는 것이었다. 게다가 만약 우리 몸에서 화학적으로 비정상적인 것을 찾아낸다면, 우리는 어느 것이라도 고칠 수 있다고 나는 믿었다. 그 이후 나는 면역학과 혈액학을 연구했으며, 이것이 나를 세포의 세계로 이끌었다.

    현미경을 통해 세포를 탐구하면서 나는 지적인 것 이상의 경험을 하게 되었다. 나는 내가 보고 있던 것에 완전히 몰입하게 되었던 것이다. 나는 그 살아 있는 인간 세포의 신비한 미시 세계를 촬영하기 시작했다(부록 1의 [사진 A-1]은 내가 찍은 첫 사진이다).

세포 세계는 내가 아직 완전히 이해하지 못한 신비로운 방식으로 나를 사로잡았지만, 나는 과학자의 자세를 잃지 않았다. 무엇이든 측정하여 증명되지 않는 한 그것은 실재가 아니라고 나는 생각했다. 그것은 망상이 아니라면 환상이라고 말이다. 내 마음속에서 분석과 통계는 참된 것을 의미했고, 그 결론에는 어떠한 모호함도 있을 수 없었다. 그러나 연구를 통해 얻은 경험이 쌓일수록 굳게 형성된 나의 신념에는 더욱 금이 갔다. 나는 생물학적 측도에 따르면 죽지 않을 사람들이 죽는 것을 보았다. 내가 만난 공격적인 백혈병 세포(혈액암)를 가진 아이들은 병의 예후를 부정하고 '의학적 기대' 이상의 오랜 삶을 살고 있었다. 사람들은 통계적 범주와 예측에 그대로 딱 들어맞지 않았다. 그들은 정의된 화학 약품의 검사 튜브처럼 쉽게 측정될 수 없었다.

급성 백혈병이 있는 84세 여성인 마저리는 화학 요법을 받는 것을 중지했다. 의사는 그녀에게 남은 시간이 길어야 몇 개월일 것이라고 했다. 그러나 마저리에게는 다른 일정이 있었다. 손자가 대학을 졸업할 예정이었고, 자신의 60번째 결혼 기념일도 다가오고 있었다. 그녀는 이런 일을 맞이하기 위해서라도 살아 있어야 했다. 그리고 화학 요법 없이 그녀는 살았다. 실제로 그녀는 자신의 인생에서 중요한 사람들 곁에 2년 동안 더 남아 있을 수 있었다.

이것은 나에게 말도 안 되는 일이었다. 나는 좌절했다. 무엇이 그녀를 살아 있게 만들었을까? 치유와 삶과 죽음은 단순히 분석적인 틀로 이해할 수 있는 것이 아니었다. 나는 더 이상 오로지 과학적 측정과 예측 가능성의 안락함에만 의지할 수 없었다. 그것을 깨닫게 되는 만큼 나의 껍질이 열렸다.

그때 백혈병을 앓고 있던 아이의 아버지가 심상 수련에 도움이 될 수 있도록 아이의 암세포를 사진으로 찍어 달라고 부탁했다. 아이는 마치 작은 총알을 먹어 치우는 비디오 게임 캐릭터 팩맨(Pac-Man)처럼 암세포를 찾아 파괴하는 역할을 하는 치유 세포를 상상했다. 주류 의학의 주변부에서도 시각화와 이미지를 볼 수 있던 시대였지만, 그 개념은 내 상상력을 사로잡았다. 나는 만약 아이들이 건강한 세포의 생김새와 그것이 암세포보다 크고 강하다는 것을 보게 된다면 자신의 몸을 치유하는 데 그들 자신의 마음을 사용할 수 있을 것이라고 생각했다. 때때로 나는 그들에게 암세포는 먼지로, 그리고 치유 체계는 진공청소기로 상상하라고 넌지시 말했다.

얼마 안 있어 나는 '내면의 세계(inner space)'라는 슬라이드 쇼를 병원에 매주 보내기 시작했다. 여기서는 건강 세포와 이상 세포 그리고 분자가 무엇인지 간단히 짚어 주었으며, 더 이상의 설명을 하지는 않았다. 이런 이미지들이 과학자에게 의미하는 것이 아이들에게는 확실히 문제가 되지 않았다. 이런 이미지에는 모든 연령의 사람이 즐기고 많은 이가 변화를 경험할 수 있는 어떤 것이 내재되어 있는 것이다.

나는 계속해서 세포 슬라이드를 보여 달라고 하는 알바로라는 다섯 살짜리 아이와 특별한 유대 관계를 형성했다. 때때로 나는 그와 그의 여동생을 초대하여 내 아이들과 함께 주말을 보냈으며, 같이 앉아 세포를 그리거나 공원에 가곤 했다. 그런데 1년 이상 병의 차도가 보이던 중 갑자기 알바로의 상태가 나빠지기 시작했다. 그는 말을 더듬게 되었고 걷기가 어려워졌다. 이제 내가 그를 위해 무엇을 해 줄 수 있을까?

나는 베개를 때리거나 소리를 지르는 것처럼 힘든 감정을 표현하는 형태심리학(Gestalt psychology) 전략을 나의 치료 기간에 배웠던 기억이 났고, 이것을 알바로에게 시도하면 좋겠다는 영감이 떠올랐다. 나는 무엇이 그를 힘들게 하는지 물어봤고, 그가 곧바로 계부에게 화가 나 있다고 대답했을 때 놀랐다. 그는 친부가 계부 때문에 집에서 쫓겨났다고 믿고 있었다. 형태심리학자로서 훈련되어 있지는 않았지만, 나는 그에게 소파를 두드려서 얼마나 화가 났는지를 보여 달라고 얘기했다. 그는 주저하지 않고 오랫동안 소파 쿠션을 때렸다.

며칠 후 알바로는 상태가 호전되기 시작했다. 그에게 이러한 변화를 야기한 것은 새로운 의학이라고 할 수 있겠지만, 나에게는 이것이 기적처럼 보였다. 그의 질병 과정을 호전시킨 것이 오직 약물뿐이라고는 더 이상 확신할 수 없었다. 바로 이때가 의학에 대한 나의 생각과 믿음에 있어서 또 다른 중요한 전환점이 된 시기였다. 알바로의 죽음을 두려워하며 나는 임상심리학자에게 도움을 요청했다. 첫 번째 치료 회기에서 심리학자는 공간을 정화하기 위해 깨꽃에 불을 붙였으며, 나는 이제까지 겪어 보지 못한 특별한 경험을 하게 되었다. 즉, 내가 오랫동안 느낀 것보다 더한 선명함과 안락함을 즉각적으로 느낄 수 있었다. 그는 가시적인 것 이상의 더 많은 것을 가지고 있음이 확실했다. 사실 그는 주술사였으며, 나로 하여금 자신을 더욱 신뢰하게 만들었다. 나는 과학적 훈련으로는 어떠한 맥락도 찾을 수 없는, 내가 씨름하고 있던 큰 이슈들에 대해 그의 지도가 필요하다는 것을 알 수 있었다. 내가 일 년간의 주술사 견습 기간에 전념하기 전부터 수년간 그는 치료사로 활동하고 있었다.

이 주술사와 함께한 것이 진정한 전환점이었다. 그는 치유가 무엇인지에 대한 나의 개념과 치유를 촉진하는 정신적 · 영적 차원을 재구성하는 데 도움을 주었다. 내 자신의 치유 여정에 깊이 들어감으로써 나는 치유자로서 내 자신의 역할을 탐구하기 시작했다. 강력한 견습 기간에 나는 치유 과정에서 과학과 정신을 연결하겠다는 평생의 염원을 확립했다.

연구실에서 이루어진 나의 가장 중요한 임상 연구는 백혈병의 더 정확한 진단과 성공적인 치료를 유도할 수 있는 세포 특성의 인지 방법을 탐구하는 것이었다. 현미경을 사용하여 세포의 정체성과 행동양식의 특징을 파악하면서, 나는 백혈구가 자라고 성숙함에 따라 형태와 모습을 바꾼다는 것을 알 수 있었다. 그 모습이 바뀌면서 그것이 할 수 있는 것도 바뀌었다. 정돈되고 규칙적인 형태의 정상 세포에 비하여 백혈병 세포의 형질 발현은 무질서했다. 정상 골수성 세포의 규칙적인 형태와 비교하여 각양각색이고 비정상적인 형태([그림 1] 참조)를 가지고 있는 백혈병 골수성 세포의 사진을 보라.

나와 내 팀은 수년간의 연구를 통해 다양한 모습의 이러한 치명적 급성 백혈병을 보다 확정적으로 진단하는 성공적인 결과를 이끌어 냈다. 이것은 대단히 획기적인 발전이었지만, 나는 실패한 것 같았다. 내가 진단에 초점을 맞춤으로써 잘못된 질문을 한 것일까? 그때는 이러한 질병에 대해 새로운 치료 선택권이 없었으며, 그러므로 내 연구가 누군가의 질병을 호전시킬 수는 없었다. 나는 실험실 연구를 그만둬야 하는지 고민했다.

그럼에도 현미경으로 살아 있는 세포를 검사한 내 작업은 나에게 엄청난 영향을 미쳤다. 초기의 한 실험에서 나는 살아 있는 백혈구가 미세하고 비활성인 플라스틱 구슬을 찾아낸다는 것을 발견했다. 세포들은 즉각 행동을 취했으며, 그 침입을 제거하기 위하여 플라스틱 구슬 쪽으로 재빨리 움직이면서 미끄러지듯 다가가며 형태를 바꿨다.

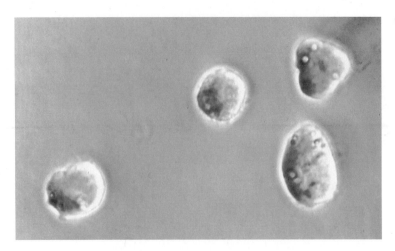

[그림 1] 살아 있는 백혈병 골수성 세포

여기에서 하나의 미스터리가 내 눈앞에 펼쳐졌다. 백혈구가 그렇게 영특한 것은 우연인가? 아니면 단순한 생물학적 작용인가?

무속 공부의 영향을 받았기 때문에, 위험으로부터 방어하는 생세포들의 영웅적인 노력을 지켜보면서 나는 생세포를 프로그램된 조직 이상으로 이해하기 시작했다. 그들은 성스러웠으며, 신이 손수 만든 신성한 디자인의 증거였다. 나는 보이지 않는 세상이 내가 책에서 공부했던 세포와 분자 이상이라는 것을 받아들였고, 이 세상은 영혼과 경이로움과 정신을 포괄하고 있다는 것을 알게 되었다.

나의 귀여운 친구인 알바로가 죽은 지 오래지 않아 나는 감염을 진단받았다. 매일 아침 병원에서 나는 아이들이 숨을 내쉬고 들이쉴 수 있도록 하는 풍선을 나눠 주는 '풍선녀(balloon lady)'였다. 아이들은 자신이 충분히 불 수 없으면 나에게 침으로 번들거리는 풍선을 다시 가져와서 끝맺게 했다. 이 행위가 내 건강에 위험을 초래할 수 있다는 것을 누가 알았겠는가? 그때는 내 작업에서 온종일 다루던 혈액과 타액에 대한 경계를 거의 하지 않던 시절이었다.

내 주치의는 감염이 더욱 악화되는 상황에 어쩔 줄 몰라했다. 현명하든 그렇지 않든, 그는 내가 혼수상태에 빠질 가능성이 분명히 있으며, 만약 그렇게 된다면 24시간 안에 죽을 수 있다고 말했다. 이 무서운 진단은 내 인생의 목표를 바꿨다. 만약 내가 젊어서 죽으면, 나는 우선권을 재설정하는 게 더 좋다고 판단했다. 나는 내 아이들과 더 많은 시간을 보냈으며 샌프란시스코 외곽의 해변으로 이사했다. 그곳에서 나는 주류 의학과는 상당히 다른 대체 치유(alternative healing)의 길을 걷고 있는 사람들을 만났다. 치유자와 요가 수행자, 유기농 재배자, 자연치유 의사 그리고 다작의 시인은 아이디어를 공유하기 위해 나의 새로운 집을 방문했다. 나는 그들에게서 치유뿐만 아니라 내 생명을 살릴 수 있는 방법에 대해 더 많은 것을 배울 수 있었다.

나는 처음으로 지압이나 마사지 같은 보디워크 요법, 침술과 단식을 경험했다. 나는 몸에서는 바이러스를 제거하고 마음에서는 좌절을 씻어 냈다. 서양 과학에 따라 그 효과성이 아직 입증되지는 않았던 때지만, 나의 개인적인 경험을 통하여 나는 '대체' 치유 전략의 유용성을 확신할 수 있었다. 나는 몸 이상의 것이 치유될 필요가 있으며 마음, 감정과 정신은 제각기 자기 역할을 한다는 것을 받아들일 수 있었다. 나는 감정적이고 상습적인 좌절이 내부 환경을 병에 더욱 취약하게 만드는 데 기여했을 수 있다는 것을 이해했다.

이번에는 내 새로운 이웃 친구들이 생물학과 화학을 이해하는 데 도움이 될 수 있는 질문들을 하기 시작했다. 나는 처음으로 가르치기 시작했는데, 이 때문에 나는 내 자신의 과학적 지식을 심화할 수 있었다. 나는 개념을 설명하기 위해 그것을 단순화했다. 다른 말로 하면, 내 스스로 과학을 더 잘 이해해야 했던 것이다.

매우 고집 센 '아지슬 공주(Princess of Argisle)'라는 애칭으로 불리는 아주 별난 이웃이, 내가 현미경 아래 있는 모든 것을 사진 찍는 것을 애호한나는 것을 발견하고, 섬성술과 연관된 미네랄 사진을 찍어 볼 것을 권했다. 점성술? 비록 많은 새로운 지식 영역에 마음을 열어 두고 있었지만, 점성술은 여전히 나에게는 말이 되지 않는 것이었다. 하지만 그녀가 권한 미네랄 또한 인간 세포의 한 부분이기 때문에, 그리고 아이들에게 몸에 대해서 가르칠 때 그 영상을 사용할 수 있다는 것을 알았기 때문에 나는 결국 승낙했다.

12개의 미네랄 염류 사진이 결국은 단지 4개의 독특한 형태라는 것을 알았을 때, 내 호기심은 증폭됐다. 이러한 분자적 패턴과 점성학의 상징 사이에 실제로 어떤 연관성이 있는 것 같았다. 약간의 연구로 나는 내가 보았던 네 가지 형태가 지수화풍이라는 네 가지 점성학적 요소와 일치한다는 것을 발견했다. 부록 1의 [사진 A-3-1]부터 [사진 A-3-4]까지는 이러한 네 가지 요소를 나타내는 4개의 미네랄을 보여 준다. 더욱이 나는 물리적인 형태와 상징적인 의미 사이의 이러한 종류의 상응 관계가 고대의 의학, 언어와 융 심리학에 뿌리박고 있다는 것을 알게 되었다.

나는 여전히 회의론자였지만, 그래도 그것은 내 호기심을 자극했다. 현대의 미시적 패턴이 고대의 신비로운 교훈 및 지혜와 대응될 수 있을까? 내가 '하늘에서와 같이 땅에서도(as above, so below)'라는 또 하나의 사례를 드러내고 있는 것인가? 내가 우리의 분자에서 화학적 중요성을 넘어선 형이상학적 의미를 발견해 버린 것인가?라는 우리의 세포와 분자가 자연의 신성한 보편 법칙을 따라 설계되어 있는 것에 감사하게 되었다.

> 앞서의 설계나 패턴이 분명하지 않은 곳에서 설계와 패턴을 찾아내는 것은
> 가슴 설레는 믿음을 낳을 수 있을 것이다……
> 현대 과학이 말할 수 있는 한, 우주에 관한 거의 모든 것
> —그 자기조직화하는 솜씨, 은하계와 생명과 의식을 생성시키는
> 그 정치한 잠재력, 완연히 존재하는 그 자체—
> 은 거의 절대로 가능한 일이 아니다. 이것은 어떤 의도적이고 초자연적인
> 설계 때문에 우리가 여기 존재한다는 것을 넌지시 암시하는 것 같다.
> – 허버트 벤슨(Herbert Benson), 『영원한 치유(Timeless Healing)』 –

또 다른 깨달음을 얻었을 때, 나는 현미경이나 연구실 근처에 있지 않았다. 나는 토착민 동굴 벽화를 사진 찍기 위해 남서쪽에 있었다. 패턴과 연관성이 모습을 드러내기 시작했고, 나는 곧 1000년 된 미국 원주민 의학 바퀴(Native American medicine wheel)를 정형화된 버전의 세포로 해석할 수 있었다. 팔락티(Palakti) 유적에서의 의학 바퀴 그림 문자를 보려면 부록 1의 [사진 A-4]를 보라. 이것은 세포와 같은 구조를 가지고 있다. 즉, 중심원은 핵심 핵과 같고, 바깥을 둘러싼 원의 선들은 세포의 수용체를 나타내고 경계를 구분하는 표지다. 세 바퀴살의 네 가지 세트는 미국 원주민 우주론의 핵심 개념인 네 가지 방향을 가리킨다. 세포 또한 세포의 명령을 가리키는 삼중 구조로 되어 있다. 그래서 나는 벽화가 우리가 생각해 온 것보다 더 많은 것을 보여 줄 수 있다는 가능성을 믿는 데 도달했다.

이 동굴 안에서 나는 세포를 생각한다면 쉽게 DNA 그림이라고 해석할 수 있는 또 다른 그림 문자(그림 2] 참조)를 발견했다.

[그림 2] 팔락티 유적의 'DNA' 그림 문자

이 경험을 한 이후, 나는 인간의 미시 환경이 고대 상징에 어떻게 반영되는지를 탐구하며 그것에 빠져들었다. 왜냐하면 인류학자들은 이러한 고대 그림들이 의미하는 것을 단지 어림짐작할 뿐이었지만, 내 생각에 그것들은 상상력이나 내면의 비전으로부터 쉽게 나왔을 것이기 때문이었다. 주술사와 원주민, 영적 구도자 그리고 꿈 연구자들은 꿈속에서 본 이미지를 일상 현실 속의 그림으로 되살려 냈다. 눈에 보이는 것을 그려 내듯이 상상력이나 내면세계를 보는 것에서도 이러한 형상들을 쉽게 이끌어 낼 수 있을까?

내가 동굴 벽화를 바라보고 있었을 즈음, 나는 주로 깊은 명상 등 의식 상태의 변화를 통하여 나오는 강력한 치유성 주술적 이미지를 이미 경험한 상태에 있었다. 그래서 나는 다른 의식 상태를 통하여 정보가 발현될 수 있다는 것을 알고 있었던 것이다. 이것은 고대인들이 자기가 본 것을 세포나 DNA라고 이름 붙였다고 하는 것이 아니다. 과학자들이 이러한 실재에 이름을 붙이고 우리에게 보여 주는 데 수백 년이 걸렸다. 그럼에도 불구하고, 내면의 비전이 바깥으로 나타날 수 있다는 상당한 증거가 있다.

분자와 세포의 구조가 영적인 가르침과 성스러운 예술에 대한 근본 틀을 제공한다는 것, 이 주제가 나의 여정에 스며들어 있는 것이다. 때때로 나는 이것을 세포 인류학(celluar anthropology)이라고 부른다. 인류학이 인류의 문화를 연구하는 것이라면, 세포 인류학은 우리 세포 구조가 어떻게 인류 문화에 영향을 미치는지를 탐구하는 것이다. 만약 우리가 고대의 전통이 얼마나 현대 지식을 증대시켰는지를 살펴본다면, 보이지 않는 세계가 실제로 오래된 지식의 일부일 것이다. 예를 들어, 수세기 동안 사람들은 집중을 하는 데 도움이 되고 신성함에 접근할 수 있도록 만다라(Mandala)를 사용해 왔다. 로버트 랭그리지(Robert Langridge) 박사가 창조한 이미지(부록 1의 [사진 A-5] 참조)는 예술가의 만다라인 것 같지만, 실제로 이것은 현대 기술의 작품으로 분자의 위에서 바라본 DNA의 컴퓨터 그래픽이다. 이것은 만다라인가, 아니면 분자인가? 예술인가, 과학인가? 고대적인가, 현대적인가?

지식의 뿌리는 많은 분야에서 비롯된다. 나는 예기치 않게 내 자신을 '코드 발견자(code finder)'로 이해하게 되었는데, 그 길은 우리를 형성시키는 생명의 구조뿐 아니라 신성한 전통 안에 숨겨진 비밀 메시지를 드러내어 눈에 보이게 만드는 것이다. 나는 우리의 분자에서 신성한 기하학을 보며, 우리의 분자가 말하는 창조 이야기를 알고 있다. 내 연구의 초점이 세포나 분자인 것처럼 보일 수 있지만, 사실 나는 어떻게 몸과 마음이 우리의 보이지 않는 영역에 연결되어 영향을 미치는지에 대한 전체적인 그림을 제공하려고 했다. 심신의학이라는 새로운 분야나 정신신경면역학(PNI, psychoneuroimmunology)을 가르치면서, 나는 어떻게 우리의 치유 시스템이 모두 연결되어 있는지를 확신하게 되었다. 학생들은 스트레스 해소와 심신 치유에 가장 효과적인 수련이 무엇인지 물어보았다. 예를 들어, 심상 요법이 정말 효과적인가? 나는 답을 찾아야 했으며, 그래서 마린 카운티의 한 병원에 있는 환자들을 관찰하기 시작했다.

곧 나는 단순히 수업을 가르치는 것이 아니라 치유 그룹을 이끌어 나갔다. 그룹 활동은 내가 전문 지식이나 경험이 없는 심리학 분야로 나를 이끌었다. 나는 물질계의 과학자였으며, 인간적 조건을 도울 수 있는 훈련과 자격을 갖춘 것은 아니었다. 그렇기는 하지만, 여러 해에 걸쳐 나는 암, 자가면역 질환과 심장병을 앓고 있는 성인들로 구성된 심리 교육 그룹(psychoeducational group)을 발전시켰다. 나는 이러한 문제들에 대하여 우리가 알고 있는 생물학을 가르친 다음, 질병과 이와 관련된 스트레스를 다루는 현실적인 해결책을 제공했다. 우리는 심상 요법, 기공, 소리 치료, 그리고 나의 '치료 기법 가방'에 있는 수많은 이완 기법을 적용했다. 일반 대중들을 위한 PNI의 초기 교사 중 한 사람으로서, 나는 의료 종사자를 위한 평생교육 프로그램을 전하기 위해 한 단체에 초대되었다. 나는 면역 네트워크, 에너지와 스트레스 관리를 가르치며 전국을 돌아다녔다.

뉴욕의 세계무역센터가 무너지고, 펜타곤이 공격받고, 테러범이 납치한 비행기가 펜실베이니아에서 추락한 지 2주 후, 나는 그 현장으로 날아갔다. 수개월 전부터 약속된 것이었지만, 나의 임무는 이제 갑자기 최전선에 있게 된 의료 종사자들에게 스트레스 해소와 에너지 관리 훈련을 가르쳐 주는 것이었다.

내가 도착했을 때 그곳은 전쟁 상황과 같았다. 나는 공포에 질렸다. 나는 의료 종사자들에게 에너지 균형을 잡는 방법을 가르쳐 줄 예정이었다. 이제는 참사의 한가운데에서 말이다. 내가 어떻게 최전선에서 일하는 간호사와 심리학자들이 재충전하도록 도와줄 수 있을까? 또한 간호사와 심리학자들이 도움을 주려고 하는 사람들과 여태껏 상상할 수 없는 깊은 두려움을 경험한 사람들에게 어떻게 도움을 줄 수 있을까?

나는 길을 가르쳐 주도록 기도했고, 다음과 같은 답을 얻었다. '이 사람들에게 너의 주술적인 영적 지혜를 알려 주어라.' 나는 주저했다. 나는 평생교육 학점을 위한 과학을 가르칠 예정이었다. 더 많은 답을 얻었다. '둘 다 주어라. 즉, 그들의 지적 욕구를 충족해 주는 정보와 그들의 영성의 핵심에 다가갈 수 있는 내적 기술을 주어라.' 이제까지와는 완전히 달리, 나는 마음과 몸과 영혼의 치유에 관한 것뿐 아니라 과학과 영혼 사이의 가교에 관하여 배운 모든 것을 받아들이게 되었다. 이러한 대규모 그룹들을 위해서 가장 힘들었던 시기에 나에게 도움이 되었던 간단한 건강 증진 기공 수련과 안내에 따라 하는 명상을 가르쳤다. 기공 수련과 명상 이 두 가지는 이 책에서 공유할 것이다.

커다란 낯선 호텔 방 안에 있는 생소한 사람들을 만나는 것과 같은 이러한 불편한 상황 속에서, 더불어 우리 모두 절망적인 충격을 겪은 이후였기에 나는 사람들이 자신의 감정에 깊이 들어가거나 그것을 기꺼이 공유할 것이라고 기대하지 않았다. 나는 크게 놀랐다. 여러 사람이 비극을 겪은 이후 처음으로 울었다고 말했다. 이들 영웅 중 누구도 그때까지는 그 참사를 놓아 버리지 못했던 것이다. 그 고된 시련으로 나는 과학보다 더 많은 것을 가르칠 수 있음을 확신했다. 치유의 핵심에 실질적으로 응용할 수 있었던 것이다.

당신이 들고 있는 이 책은 과학과 정신의 세계를 연결하는 나의 오랜 여정의 수확물을 담고 있다. 나는 고대의 지혜와의 관계에서 세포와 분자에 관하여 독특한 관점을 가지고 있다는 것을 알기 때문에 이 책을 썼다. 나는 영적인 연결에 목말라 하고 스스로를 보살피는 가장 좋은 방법을 알고 싶어 하는 사람들에게 이 새로운 관점을 제공하고 싶다. 그리고 내면의 신성함, 즉 과학과 치유 사이의 연결성을 보여 주고 싶다. 나는 이것을 우리 세포에게서 배우는 교훈, 즉 생명 사용 설명서라고 본다.

흥미로운 발견을 향한 과학적인 출입문이 열렸다. 정신계는 깊은 진리를 드러낸다. 이 책에서, 우리는 과학과 영성 사이의 구애를 탐구할 것이다. 또한 마음과 분자를 변화시키고 거기에 신성함을 불어넣으며, 치유의 실용적인 방법들을 발견할 것이다. 세포 그 자체가 우리의 안내자가 될 것이다.

차 례

◆ 역자 서문 _ 3
◆ 저자 서문 _ 9

서 론 / 29

제1장 안식처: 포용하기 ──────────── 37
생명의 기원: 창조 신화   40
연금술적 창조 이야기: 분자 포옹   43
생명에 필요한 공간: 안식처로서의 세포   44
안식처 창조하기: 세포막의 건축학   47
세포의 삶의 방식   53
세포는 우리 자신   55
안식처: 더 깊은 통찰   58
우리 세포의 비밀: 세포 인류학   60

제2장 **나: 인식하기** ——————————————— 65

나는 누구인가: 들어가는 길   68

세포는 어떻게 '나(I AM)' 라고 말하는가   71

자기와 타자의 인식   72

임상적으로 활용되는 세포 정체성   73

HLA 표지자   74

자기인식의 실패   76

자기의 향기   77

냄새, 자신 그리고 기억   80

자신의 신체적 표지자: 생물 측정학   81

세포 탐정: 면역계, 정체성 수호자   82

나는 누구인가: 자아 발견하기   90

자아감 찾기: 소리의 힘   91

흥얼거림이 어떻게 자아 회복에 도움이 되는가   94

소리 치료   95

나는 누구인가   97

통합된 자아를 향해   100

제3장 **수용성: 듣기** ——————————————— 103

세포 대화   106

수용체   108

분장하는 분자   110

구조 요청   111

세포 의사소통의 신체적 증거   112

자기의 진실을 말하는 세포   115

우리에게 귀 기울이는 세포: 우리는 듣는가   119

세포관계와 인간관계   121

세포와 현재   124

사랑의 메시지: 우리를 합쳐 주는 분자   126

항상된 유대감과 옥시토신 효과　129

화학물질을 통한 '더 좋은 유대감'　130

관계 속의 번지 효과: 연결　131

기도 수용체　133

우리 세포와 우리 자신을 사랑하기　134

제4장　**생명의 기본 구조: 선택하기** ——————— 137

생명의 구조: 세포의 주인공　143

유연한 변화 수용　146

세포의 의사결정: 삶과 죽음　147

셀룰러 불교　149

놓아 버림　152

미지의 세계로의 출입구: 암　154

변화하는 암　156

교차로　157

변화하는 의식　158

진정한 합의: 과학과 영적 수행의 만남　160

끈들의 조율　164

에너지 '알아보기'　165

유연한 의식　166

파이프 정화　167

자신의 세포 주술사 부르기　169

한계 늘리기　173

제5장　**에너지: 지속시키기** ——————— 177

에너지 정의하기: 분자들을 넘어서　180

우주 에너지　185

우리의 세포 에너지: 특이한 기원　186

에너지 생산　188

에너지 은행: ATP   189

재생 가능한 에너지   191

ATP 생산과 당신의 '진정한 삶'   192

에너지 생산의 급진적 특성   194

에너지 관리와 약물 복용   195

에너지 소요량 증가   196

에너지를 소모시키는 스트레스와 긴장감   197

에너지 그래프   198

에너지를 관리하고 지속시키기   202

에너지와 에너지   205

에너지 장   206

신성한 에너지   208

제6장 목적: 창조하기 ──────────────── 211

생명의 필요조건   216

구조적 디자인: 생명의 언어   217

천국에 이르는 계단   220

나선형 계단의 암호   223

유전자 발현과 줄기세포   226

손상 발생과 복구   229

죽음, 자연적 현상   232

세포 고장   236

감시 회피   237

개선된 DNA 복구 속도   239

그대로 상상하라!   240

삶의 목적   243

제7장	기억: 학습하기 ——————————— 245

심장의 눈물 247

숨 쉬는 몸 253

마음은 어디에 있나 263

하나가 전체를 기억한다 264

한 가지 조건: 감각 학습 266

심상화: 몸에 '재입력' 하기 269

세포들의 마음 271

상상에서 현실로 273

심상화와 치유 275

잊어버리기 276

기억, 의례 그리고 감각: 신성함으로 이르는 길 279

제8장	지혜 수호자: 반성하기 ——————————— 283

세포 생물학은 영적 지혜로 이르는 통로인가 286

내면의 눈 287

풍선녀 '주술 탐구자' 되다 289

샤머니즘: 가장 오래된 치유 전략 292

내면의 지식 나누기: 이야기, 신화, 예술 그리고 상징 293

내 삶의 세 가지: 자기창조 302

신성한 예술 속의 세포 지혜 304

제9장	연결: 축하하기 ——————————— 309

상호 연결 312

원래의 축복: 분자 결혼 313

생명을 포옹하라 315

나를 인식하기 317

귀 기울여 듣기 320

생명의 끈을 퉁기기 322

에너지 지속시키기 323

유산 창조하기 326

배우고 기억하기 328

지혜 지니기 330

축하하기 331

부록 _ 335

미주 _ 359

참고문헌 _ 365

찾아보기 _ 389

서 론

인간은 그야말로 세포의 식민지다. 인간은 스스로 무언가를 성취한다는
환상을 가지고 있지만 그것을 통하여 성취하는 것은 세포들이다.
우리 속에서…… 생존하고 탐색하며 실험하려는 우리의 의지를
창조하고 유지하는 것은 세포들이다.
– 알베르 클로드(Albert Claude, 1974 노벨 의학상 수상자) –

당신은 이제 막 놀라운 항해를 시작하려고 한다. 이 책의 각 장에
들어가면서, 당신은 세포 항해자(cytonaut), 즉 '세포 속 탐험가'라는
새로운 종류의 모험가 역할을 하게 될 것이다. 토끼 굴에 떨어져 갑자
기 작아진 앨리스처럼, 당신은 신비한 새로운 세상에 있는 자신을 발
견할 것이다. 또한 그곳에서 당신을 구성하는 엄청나게 많은 작은 세
포의 구조와 작용을 탐구할 것이다. 생명의 신성한 불꽃의 완전한 그
릇인 살아 있는 세포가 과학자들이 인정하는 것보다 더 많은 것을 담
고 있다는 것을 이해하게 될 것이다. 그것은 핵과 세포막, 수용체와 유
전자 표지, 유연하고 휘는 끈 그리고 관(tube) 이상인 것이다. 당신은

그것이 또한 더 충만하고 건강한 삶을 살아가는 방법에 대한 중요한 교훈을 가지고 있다는 것을 알 수 있을 것이다. 그리고 예언자와 주술사들은 오직 현미경의 도움으로 볼 수 있는 세포의 모양과 움직임을 수천 년 동안 직관하고 있었으며, 이런 것이 전 세계적으로 고대 예술에 나타나 있다는 설득력 있는 견해를 마주하게 될 것이다. 이 책은 세포의 지성과 고대의 지혜로 가는 문을 여는데, 그것은 당신 안에 머무르고 있는 마법과 장엄함이다.

세포에 대하여

당신은 이 책 전반에서 세포의 본질을 연구할 충분한 기회를 가질 것이다. 서론을 통하여 다만 여기서 내가 말하고 싶은 것은, 우리 세포가 바로 생명의 창조 이후 모든 생명이 함께하는 우리의 가장 오래된 살아 있는 조상이라는 것이다. 우리는 모두 같은 기본 구성 요소, 분자 그리고 생화학적 원리를 공유하고 있다. 세포의 일대기에는 생명의 신비와 성장과 변화가 기록된다. 매일 매 순간, 우리 세포들은 수백만의 분자 교향곡을 작곡하는데, 이것은 견제와 균형, 밀고 당김, 협력과 대화라는 섬세하게 설계된 시스템 내부의 세포 지성의 안내에 따라 이루어지는 것이다. 세포가 기능하는 데에 근본적인 것은 분자 포옹(molecular embrace)이다. 이는 세포의 구성 요소들이 장갑 낀 손처럼 서로 끼워 맞추어 그들의 연합 운명을 실현하는 것을 의미한다. 연결이 그 자체로 생명의 기본 구성 요소인 것이다.

세포의 삶을 연구하며, 우리는 확실한 천재를 목격하게 된다. 많은 경험과 연구를 기초로 볼 때, 세포에 지성이 작용하고 있다는 것은 분명하다. 이제 곧 세포의 삶의 미묘함과 역동성에 대한 자신의 탐구를 마치며 이 여행을 끝내고 이 책의 마지막 장의 페이지를 넘길 때, 당신 역시 이런 관점을 수용할 수도 있을 것이다.

세포와 신성함

이 책은 우리 인간의 경험을 과학적 연구와 영적 탐구라는 두 가지 차원에서 말하고 있다. 여기서 우리는 과학과 신성함 사이에 가교를 놓는 것이다. 우리가 과학적 사실을 파헤칠 때, 우리는 자료, 분석, 증명과 측정을 원하는 지성의 두뇌를 활용한다. 과학자는 왜, 어떻게 그런지를 알고 싶어 한다. 만약 당신 또한 세포의 기능에 대해 물리적이고 지각 가능한 '왜'와 '어떻게'를 알고 싶다면, 당신은 제대로 찾아온 것이다. 나는 내 안의 과학자에게 나 자신을 완전히 맡겨 버렸다.

성스럽고 영적인 체험은 과학에서는 아무 자리를 차지할 수 없다고 하지만, 생명과 그 속에서 우리의 위치를 완전히 알고 제대로 인식하기 위해서 나는 두 가지 차원이 모두 존재해야 한다고 믿는다. 내가 때때로 과학의 여성적인 측면이라고 부르는 우리의 내면적·직관적·자연적인 앎은, 단지 그 측정 가능한 요소보다는 경험의 전체를 본다. 세포들이 가진 철학적인 가르침뿐만 아니라 생리학적 능력은 주목할 만한 것이며, 이 책은 두 가지 면을 이야기한다. 우리의 세포는 측정 가능하고 식별 가능한 생화학적 상호작용의 작은 용광로이며, 여기에는 또한 신성함의 씨앗이 들어 있다. 생명의 과학적인 문자로 쓴 생명의 시가 있으며, 분자 작가들은 할 말이 많다. 그래서 나는 당신이 스스로 세포 세계를 탐구하면서 당신의 마음과 가슴을 활짝 열기를 바란다. 왜냐하면 세포 속에는 경이로운 과학적 현실에서 찾을 수 있는 것보다 더 깊은 진리가 들어 있기 때문이다. 우리는 수조 개의 개별적 에너지 보유자가 별처럼 반짝이며 무리를 이룬 별성들의 집합체이며, 여기에는 모든 시대의 지혜와 신비로움에 대한 열쇠가 들어 있는 것이다.

플레이 북과 안내서

나는 이 책을 세포 우주에 대한 안내서와 플레이 북으로 디자인했다. 그것은 당신의 몸에 활력을 불어넣고 당신의 상상력에 불을 붙이는 실질적인 방법으로 당신의 세포들과 관계를 맺을 수 있도록 권장할 것이다.

짜증을 잘 내는가? 당신의 세포들은 당신이 그들에게 보낸 긴장된 메시지를 받아서 더 팽팽히 조일 것이다. 여유롭고 평화로운가? 당신의 세포들 또한 원활하고 효율적으로 움직이며 편안할 것이다. 우리의 선택은 세포들의 인생 경험과 우리의 그것에 영향을 미친다. 세포들은 우리가 그들에게 주는 것에 반응하는 것이다. 우리가 그들에게 신선한 공기를 가져다줄 때, 그들은 더욱 효율적으로 에너지를 만들어 낼 수 있다. 만약 우리가 그들에게 사랑과 웃음과 음악을 공급하면, 즐거움을 유도하는 엔도르핀이 흘러 우리를 행복한 상태로 만들어 줄 것이다. 우리가 걱정할 때, 우리 체내의 약국은 우리와 세포들에게 손상을 입히는 스트레스 호르몬을 퍼붓는다. 이 책 전체를 통하여 나는 삶을 살찌우고 긍정적으로 살 수 있는 방식으로 당신이 어떻게 당신 자신과 수조 개의 기본 구성 요소를 다룰 수 있을지 배우는 데 도움이 되는 정보와 탐험을 중간중간 넣어 두었다.

탐험들 중에서는 내가 '몸의 기도(body prayers)'라고 부르는 것을 찾을 수 있을 것이다. 이 용어는 한때 나를 위해 환상적인 의식 무용을 지휘하던 친구이자 동료에게 빌려 왔으며, 그녀는 이 무용을 몸의 기도라고 불렀다. 몸의 기도는 성스러운 움직임이며, 그 자체로 영혼을 표현하는 행위다. 여기에 포함된 몸의 기도 대부분은 기공 수련이다. 이들은 고대 도교 수련으로부터 개조된 것이며, 정신 집중, 호흡, 명상, 운동 그리고 시각화가 결합되어 있다. 이들은 당신을 움직이게 하려는 것이며, 만약 당신이 뜻을 가지고 수련한다면 당신의 몸에 활기를 불러일으키고 당신의 의식을 바꿔 놓을 것이다. 당신에게 변화를 지원하고, 헌신을 고취시키며, 성스러운 지식을 전달하는 일상의 깨어 있음을 불러일으키는 데에 도움이 될 것이다.

이 책의 구성

각 장에서는 세포의 구체적인 특징 속으로 당신을 이끌어 갈 것이고, 한편 그 영적 잠재력을 탐구함과 아울러 당신의 몸과 마음을 관여시키는 여러 활동을 제공할 것이다. 당신은 이 책을 섭렵해 가면서 과학적 지식의 몸을 만들어 갈 것이며, 또한 당신 자신의 세포 생명에 대한 경험을 더욱 깊게 할 것이다.

1장 '안식처: 포옹하기'에서, 우리는 세포의 창조 이야기를 발견하고, 세포를 생명의 안식처이자 그릇으로 생각하며, 세포막의 특징들에 대하여 배워 가면서 안식처를 탐구한다. 2장 '나: 인식하기'는 자기와 남을 구별하고, 정체성의 표지를 가지고 다니며, 경이로운 면역

반응의 복잡계를 주름잡는 세포의 인식 능력으로 우리를 인도한다. 여기서 찾을 수 있는 자기에 관한 더 큰 교훈은 고대 경전에 나타나 있다. 나는 나인 바로 그것이다(I AM THAT I AM). 그리고 이 장에서 우리는 세포들을 활기차게 만드는 방법을 배운다. 3장 '수용성: 듣기'에서는 '나'에서 '우리'로, 즉 세포 통신과 듣기의 여행을 한다. 우리는 세포막 수용체의 본질과 세포들이 어떻게 외부에서 오는 엄청난 규모의 정보 신호에 주파수를 맞추는지에 대해 배운다. 우리는 세포들이 항상 '현존하는 삶'을 살고 있으며, 그들의 리드에 따를 필요가 있음을 알게 될 것이다.

4장 '생명의 기본 구조: 선택하기'에서는, 선구적인 과학자 브루스 립턴(Bruce Lipton) 박사가 찬란하게 묘사한 세포의 '두뇌(brain)'라는 개념을 더 확대하여, 세포 골격이라는 세포 안의 더 포괄적인 지성을 포함하도록 한다. 세포 골격의 비계(飛階)와 기본 구조는 에너지 치유가 일어나고 의식이 머무는 해부학적인 장소일 가능성이 높다. 여기에서는 또한 우리에게 집착과 놓아 버림에 대한 교훈도 제공한다. 5장 '에너지: 지속시키기'는 에너지 탐구에 관한 장으로, 어떻게 세포들이 에너지를 쓰고 만들고 보존하는지, 그리고 어떻게 더 큰 유기체인 우리가 에너지를 지속시키고 유지하는지에 대한 탐구를 다룬다. 6장 '목적: 창조하기'는 우리를 나선형의 DNA 분자와 유전자 표현 속으로 깊이 들어가게 하며, 우리의 DNA뿐만 아니라 자기교정 능력의 무엇이 잘못될 수 있는지 살펴본다. 이 시점에서 우리는 세포 내부에서의 리듬과 패턴에 공명하는 형이상학적 상징을 살펴보기 시작할 것이다.

7장 '기억: 학습하기'에서는 세포 공명과 홀로그램 메모리, 그리고 기억에 있어서 우리 감각의 역할에 대해 탐구한다. 우리는 학습과 기억을 증강하고 강화하는 세포 네트워크를 어떻게 생성하는지를 경험하고, 어떻게 새로운 습관을 만들고 오래된 버릇을 깨뜨릴 수 있는지를 연구한다. 8장 '지혜 수호자: 반성하기'에서 우리는 세포 내부에서 뛰어나와 고대 문명의 신화와 상징들 안에 투영된 세포의 특징들을 살펴볼 것이다. 마지막으로 9장 '연결: 축하하기'에서 우리는 우리의 전 항해를 회상하고, 몇몇의 핵심 교훈을 파헤치며, 우리가 함께한 모든 것에 감사하게 될 것이다.

여기서 나는 당신이 여행을 떠나려 하는 곳에 대해 간단히 설명하였다. 나는 당신이 경이로움과 영감과 발견으로 가득 찬 유익한 항해를 하길 바란다.

자, 이제 신사 숙녀 여러분! 당신의 세포를 소개합니다.

안식처: 포옹하기

생명의 기원: 창조 신화

연금술적 창조 이야기: 분자 포옹

생명에 필요한 공간: 안식처로서의 세포

안식처 창조하기: 세포막의 건축학

세포의 삶의 방식

세포는 우리 자신

안식처: 더 깊은 통찰

우리 세포의 비밀: 세포 인류학

제1장

안식처: 포옹하기

우리는 모두 우리 안에 150억 년의 실존 경험을 지니고 있다.

우리가 서로 마주칠 때에 그 경험이 우리를 경외하게 하는 것이 틀림없다.

그리고 우리가 우리 자신을 마주칠 때에는……

140억 년 동안 존재해 온 우리 몸속의 모든 수소 원자,

그들이 우리에게 할 이야기가 얼마나 많을지 상상해 보라.

- 매튜 폭스(Matthew Fox), 『하나의 강과 많은 우물(*One River, Many Wells*)』 -

생명은 어떻게 탄생했는지 혹은 지구가 어떻게 창조됐는지 생각한 적이 있는가? 나는 생명의 기원에 관한 신화들을 읽었으며, 생명의 근원을 찾는 과학적 실험들을 검토해 왔다. 하지만 창조와 삶과 죽음에 대해 내가 알던 것을 더 깊이 생각해 보게 된 것은 어린 소녀가 나에게 죽은 오빠가 어디로 가는지 물었을 때였다. 그 대화를 한 이후 나는 그 질문에 대한 내 관점을 반영하는 콜라주를 만들었는데, 그것은 이 책에서 다루는 두 가지 차원인 과학과 경이로움, 즉 분자와 신비로움을 모두 아우르는 것이다. 우리는 이 장을 시작하며 이러한 주제들을 다룰 것이다.

그리고 이런 질문들을 지나서, 우리는 현재 우리가 알 수 있는 만큼 생명을 살펴볼 것이다. 우리의 분자들이 어떻게 생명을 담을 수 있는 그릇을 형성하는지, 또한 세포의 내재적 지성이 어떻게 우리의 생존과 번성을 가능하게 하는 노하우를 발생시키는지를 검토할 것이다. 이 책은 우리 세포와 그 구성 요소인 분자에 대해 배우는 데 있어 과학과 신성함이라는 두 세계에 걸쳐서 다루기 때문에, 우리는 개인적이고 영적인 발견을 모두 할 수 있는 기회를 갖게 될 것이다.

　이 장에서 우리는 안식처를 발견한다.

생명의 기원: 창조 신화

　'태초에⋯⋯' 이것은 생명의 기원에 관한 많은 이야기가 시작하는 방식이다. 하지만 무엇이 태초였을까? 생명이 있기 전에는 무엇이 있었을까? 텅 빈, 끝없이 깊은, 진공? 바위와 물? 물질적 창조는 순전히 자연의 무작위적 우연이었을까, 아니면 신의 힘으로 안내된 일이었을까? 이들은 모든 시대를 통하여 제기되는 질문들이었다.

　신화와 이야기는 우리에게 생명과 우주에서 우리의 지위에 대해 생각할 하나의 방법을 제공한다. 모든 문화는 제각기 어떻게 생명이 시작됐는지를 상징적으로 설명해 주는 소중한 신화를 가지고 있다. 대부분의 종교적이고 영적인 전통에서도 또한 창조 이야기와 아울러 인류가 어떻게 존재하게 됐는지 이야기해 준다. 유대교와 기독교의 믿음의 바탕이 된 구약 성서에는 2개의 창조 신화가 담겨 있다. 그것은 7일간의 천지 창조와 아담과 이브의 이야기다. 신약 성서에는 "태초에 말씀

이 있었느니라."라는 것과 그 말씀은 하느님의 음성이었고 소리가 우주를 창조한 것이라는 아이디어가 추가되었다.

소리는 사이매틱스(Cymatics) 과학 연구에 의하면 물질을 조직하는 것으로 알려진 근본적인 힘이다.[1] 많은 사이매틱스 실험은 다양한 소리의 진동을 이용하여 무정형의 모래 입자나 흐르는 물에서 놀라운 형태를 형성하는 결과를 보여 주었다. 만약 소리의 진동이 다양한 모양의 물질을 형성한다는 것을 보여 줄 수 있다면, 소리가 생명의 형성에 관여한다고 상상하는 것이 그렇게 황당한 일은 아닐 것이다. 실제로 힌두교, 불교와 수피교 성전에 따르면, 우주를 창조한 것은 사실 소리와 좀 더 미묘한 에너지인 생각의 진동인 것이다.

현대 과학의 창조 신화는 우주가 어마어마한 대폭발로 시작되었다는 빅뱅이론이다. 여기에서도 우리 태초 이야기의 중심에는 소리가 있다. 나는 이러한 아이디어를 오늘날의 현실로 끌어들여서 음악뿐만 아니라 우리의 생각과 믿음의 '시끄러움'을 포함한 모든 소리가 우리의 현실, 즉 찰나에 이어지는 우리의 삶을 어떻게 형성하는지 알아볼 것이다.

과학적 창조 신화에 따르면, 우주의 태초는 아무 소리도 들리지 않는 진공 상태에서 시작되었다. 물론 소리를 들을 수 있는 어떠한 생명체도 아직 존재하지 않았다. 그리고 폭발이 일어났고 우주가 창조되었다. 유명한 음악학 연구가이자 드럼 연주자인 미키 하트(Mickey Hart)는 "150~200억 년 전 우주의 빈 페이지에서 폭발이 일어나면서 비트가 시작됐다."라고 설명했다.[2] 중성 미자, 광자, 쿼크, 끈으로 이루어진 우주 수프로부터 리드미컬한 진동이 생성되었으며, 이것은 은하계, 태양계, 행성 그리고 인간의 형성을 조율했다. 대폭발의 진동이 우주 공간으로 퍼져 나갔고, 기본 원자들이 모여 단순한 가스가 되고, 점점 복잡한 형태의 분자와 생명체가 되어 갔다. 이러한 창조 이야기는 천문학, 양자 역학, 화학과 생물학 분야에서 나온 과학적 사실을 포함하고 있지만, 궁극적으로 입증되기는 어려울 것으로 보인다. 그래서 종교적 창조 이야기와 마찬가지로 그것은 문화적 믿음으로 색칠된 신화적 추측의 영역에 있는 것이다.

> 소멸되는 별은 지구 위의 생명체로서의 우리의 실존과 긴밀히
> 연관되어 있다. 탄소, 질소, 산소, 철분 등과 같은 생명에 필수적인
> 모든 원소는 별 내부의 핵 용광로에서 생산된다.
> 생명 탄생의 근원은 소멸되는 별들과
> 이 별들이 방출하는 원소들 안에 있다.
> – 마이클 덴턴(Michael Denton), 『자연의 운명(*Nature's Destiny*)』 –

우리가 별에서 왔다는 말은 단순히 시적인 표현이라고 생각했다. 하지만 진화의 자취와 이야기 속에서, 우리 태양을 포함한 하늘과 별들은 생물체가 있기 오래전부터 존재했다. 사실, 우리는 지구에 별들의 팽창과 폭발로 인해 나온 무기물이 존재하는 것을 알고 있다. 이러한 원소들이 결합해 안정된 형태나 불안정 형태로 만들어졌다. 오랜 시간 생존한 이러한 물질들은 다른 물질들과 결합하여 더 복잡한 형태의 구조를 만들어 냈다. 그리고 아마 가장 복잡한 형태인 우리가 이러한 분자 구조물의 정교한 산물일 것이다. 인간은 문자 그대로 과학적 창조 신화를 체화하고 있는 것이다.

연금술적 창조 이야기: 분자 포옹

지구에서 어떻게 처음 생명이 시작되었는지에 대한 나의 해석은 다음과 같다. 간단한 분자들이 뜨겁고 소용돌이치는 물속을 돌아다니며 뒤섞였다. 가장 최초의 분자 조상인 탄소와 수소 원자들은 사슬을 이루었다. 이것은 진주나 구슬들이 결합하는 모습을 상상하면 될 것이다. 이 분자 사슬들은 얇은 시트나 꾸불꾸불한 물결 형태로 스스로를 만들었다. 그 후 세포 창조가 이루어지는 과정에서 벼락, 운석, 큰 폭발, 충격파 같은 대혼란이 일어났다. 이러한 극적이고 중대한 사건들로 탄화수소 사슬들이 더 가까워졌으며, 떠도는 분자들이 서로를 만났다. 분자들은 소금물에 달라붙어 떠돌아다니며 빙빙 돌고, 만나고, 서로 포옹했다. 이렇게 합쳐진 분자들은 생명 그릇을 형성했다. 생명은 들어 있을 그릇이 필요한 것이다!

마음속에 이 과정을 생생하게 그려 본 뒤, 나는 한 편의 시를 썼다. 30년 동안 지구 생명의 기원을 연구해 온 캘리포니아 대학교의 교수 데이비드 디머(David Deamer) 박사가 분자들의 결합이 뜨겁게 요동치는 바다가 아닌 따뜻한 조수 웅덩이에서 이루어졌다고 믿는다는 사실을 알게 된 후에도, 나는 시의 단어 하나 바꾸지 않았다.

옛날 옛적, 생명이 있기 전,
뜨겁게 소용돌이치는 물과 떠돌아다니는 분자들의 세상이여
요란한 공기! 번개! 불! 빅뱅!
갑자기 분자들이 포옹하며,

조그만 바닷물방울에 안식처를 만드네

수십억 년에 걸쳐 보이지 않게 반짝이며 기름 덮인 물방울들,

서서히 세포가 되어 나타나네

약속과 생명의 신성한 불꽃을 가득 담고

『인간의 현상(*The Phenomenon of Men*)』의 저자이며 예수회 성직자이자 지구고생물학자인 피에르 테야르 드 샤르댕(Pierre Teilhard de Chardin)에 따르면, 우리가 또한 서로 포옹하는 것은 우리 분자들의 포옹하는 바로 그 본성과 능력 때문이다.[3] 물론 분자들이 인간처럼 의식, 지능, 애정이 있는 낭만적인 포옹을 한다고 상상하기는 어렵지만, 분자의 지혜는 포옹을 통해 모든 올바른 형태를 만든다. 분자들은 합쳐져 세포 자신을 보호하고 방어하고 구분 짓는 탄력 있고 유연한 표면을 가진 하나의 그릇을 형성하는 것이다.

생명에 필요한 공간: 안식처로서의 세포

담을 그릇 없이는······ 생명도 없다.

- 칼 지머(Carl Zimmer), "First Cell" *Discover* magazine -

생명을 정의하는 말 중 하나는 그것이 특정한 장소 안에 있다는 것이다.

- 데이비드 디머(David Deamer), "First Cell" 인터뷰 중 -

생명이 어떻게 시작되었는지에 대해 어떤 생각을 가지고 있든, 우리 인간이 하나의 분자의 바다라는 사실은 의심할 여지가 없다. 우리는

광대한 더미의 화학물로 구성되어 있다. 하지만 이 화학물만으로 생명이 만들어지지는 않는다. 당분, 지방, 아미노산, DNA, RNA, 무기질, 비타민 같은 중요한 구성 요소들을 다 함께 섞어도 여전히 생명이 탄생되지는 않는다. 우리의 생명력이자 본질 정신인 에너지 불꽃(energetic spark)은 인체 화학과는 다르다. 이 신성한 불꽃이 모습 속에서 안식처를 찾을 때에만 생명이 시작될 수 있다. 생명이 머무는 안식처가 바로 세포인 것이다.

약 300년 전, 영국의 과학자 로버트 훅(Robert Hooke)은 현미경으로 코르크 조각을 관찰하며 나뉘진 공간과 다공성 구조를 발견하고 세포라고 명명했다. 하지만 살아 있는 세포는 다공성의 죽어 있는 코르크와는 확연히 다르다. 훅은 그가 본 구조물을 생명의 기본 단위라고 보지 않았다. 오히려 그는 그 구조물을 '생주스(living juice)'를 담는 그릇으로 보았다.

잠시 이것을 생각해 보자. 세포는 생명이 자리 잡고 필수 요소들이 저장되어 보호받는 공간이다. 즉, 생명의 안식처인 셈이다. 우리 모두의 내부에는 약 100조 개에 달하는 세포가 있고, 이는 곧 100조 개의 안식처를 의미한다.

◆◆◆

정 의

● **셀**(cell; 라틴어 'cella'에서 파생): 저장실 또는 방. 이것은 셀의 정의 중 하나다. 다른 정의에 따르면, 셀은 수도원이나 수녀원에 있는 하나의 작은 방이다. 또한 감방을 의미하기도 하는데, 집이라고 부르는 것은 권장하지 않는다.

● **안식처**(sanctuary; 라틴어 'sanctuarium, sanctus'에서 파생): 안식처는

자신을 되돌아보거나 신성한 사람들을 기리기 위한 공간을 말한다. 미세한 생명이 존재하는 공간이며, 동시에 인간이 성스러운 것에 대해 성찰하는 장소다. 물질적이고 성스러운 이 두 가지의 안식처가 우리 안에 공존한다. 이것을 이해하고 둘 사이의 연결성을 이해한다면, 내가 그랬듯이 그것은 인생을 바꾸는 아이디어가 될 것이다. 안식처에 대한 이러한 통찰을 얻은 다음, 내 세포들과 내 자신을 신성하게 보기 시작했다. 내 세포들을 내 삶의 필수적인 부분으로 여기게 되었으며, 그들을 소중하게 보살피는 것을 잊지 않았다. 예를 들면, 마음으로 내 세포들을 데리고 가볍게 산책하는 것을 의식적으로 정해서 실천했고, 그들에게 에너지를 불어넣었으며, 마침내 내 몸 전체가 활성화되도록 했다. 내 세포들을 보살펴 주는 것을 잊지 않으면서 건강에 해로운 습관을 변화시킬 마음이 일어나기 시작했고, 내 세포들과 내 자신이 함께 살아가는 공생이라는 것을 깨닫기 시작했다.

● **신성함**(sacred): 신에게 바침, 신적 또는 종교적 목적에 헌신하거나 봉헌함, 성스러움, 숭배와 존경을 받을 만함이라는 뜻으로 쓰인다. (유사어: 숭배받는, 소중히 여기는, 신성한, 신령스러운, 축복받은, 면역성의, 경건한, 정신적인)

◆◆◆

성 찰

잠시 자신이 어떻게 하나의 안식처인지 성찰해 보세요. 자신 안에 평화롭고 안전한 느낌을 들게 해 주는 것은 무엇인가요? 당신의 어떤 한 부분이 다른 부분보다 더 안식처로 느껴지나요?

◆◆◆

탐구

내부에서 외부에 이르는 당신의 안식처

다음의 설명을 읽은 후, 눈을 감고 개인적인 평생의 안식처를 즐기기 위한 상상의 여행을 떠나 보세요.

당신이 방해받지 않을 수 있는 장소에서 5분에서 10분 정도 시간을 가지세요. 당신의 호흡에 의식을 집중하세요. 당신의 중심이라고 생각되는 것 속으로 호흡을 들이쉽니다. 그러고는 당신 외부의 가장자리까지 호흡을 내쉽니다. 당신 내면의 맨 중심과 외부의 경계 사이의 연결을 느껴 보세요. 매번 호흡할 때마다 당신은 생명으로 가득 차 있습니다. 매번 호흡할 때마다 당신 세포 세계의 안식처를 느껴 보세요. 당신 내면의 중심에서 바깥으로의 깊은 연결을 경험해 보세요. 당신의 몸 전체가 당신의 안식처입니다. 당신은 찰나의 생각으로 여기에 올 수 있으며, 예약할 필요가 없습니다. 이렇게 당신의 호흡과 세포들이 하나가 된 상태로 마음을 편안히 하세요. 그 후 당신이 준비가 되면 눈을 뜨고, 손을 털고, 그리고 당신의 세포들에게 미소를 보냅니다. 당신이라는 오묘한 그릇을 공들여 만들어 준 그들에게 감사한 마음을 보냅니다.

안식처 창조하기: 세포막의 건축학

생명의 신비로움에 접근하기 위해, 먼저 세포 그릇의 작용을 탐구할 것이다. 인간과 동물 세포 안식처의 외부 표면은 원형질 막 또는 세포막이라고 한다([그림 1-1] 참조). 세포막은 유연하고 가변성이 있다. (이

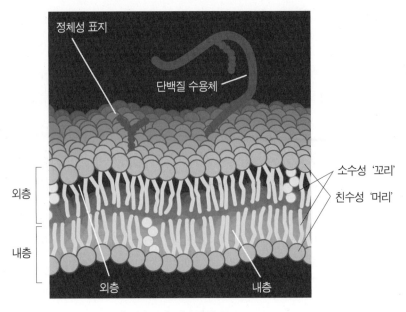

정체성 표지

단백질 수용체

외층

내층

소수성 '꼬리'

친수성 '머리'

외층

내층

[그림 1-1] 세포막의 구조

와 대조적으로, 식물 세포에는 막이 아닌 좀 더 단단한 벽이 있다.) 그것은 탄화수소 분자들의 자기조직하는 사슬 구조(지방 조직)에서 형성된 것이며, 넉넉하게 단백질로 '양념이 되어 있다.' 세포막은 세포 자신이 살고 있는 세계와 외부 세계가 만나는 경계를 형성한다. 이러한 지방 조직은 고유한 특징들을 가지고 있다. 분자의 한쪽 끝은 물을 좋아하고, 다른 한쪽 끝은 물을 싫어하며 이를 소수성(hydrophobic)이라고 부른다. 막은 내층과 외층이라는 2개의 지방 조직층으로 이루어져 있는데, 소수성의 '꼬리'는 막 내부에서 서로를 연결하고, 친수성의 '머리'는 밖으로 물이 많은 외부 환경을 향하고 안으로는 세포의 '내장'을 향하는 구조로 되어 있다. 매우 지능적이고 탄력 있는 표면을 가진 이 유연한 지방질의 막은 다음과 같은 다양한 기능을 한다.

- 세포 내부의 방어와 보온 기능
- 식별력 있는, 유연한 반투막 장벽의 제공
- 세포를 드나드는 물질의 출입 평가
- 신원 식별용 암호와 필수 정보 수용체 보유

일반적으로 세포가 성숙될수록 세포막은 점점 유연해진다. 또한 다른 세포를 더 잘 인지하고, 환경에 더 잘 반응하고, 잘 움직이고, 모양을 바꿀 수 있다.

현미경으로 확대해 보면, 우리의 세포는 꽤 단단해 보인다. 그러나 세포막을 더 자세히 들여다보면, 외부로부터 보호하는 마요네즈 같은 덮개가 오히려 열려 있으며, 그 구성 분자들이 그 속에서 움직이고 있음을 관찰할 수 있다. 우리 세포의 건강한 기능은 세포막의 유동성에 달려 있으며, 그것은 부분적으로 우리가 먹는 음식에 영향을 받는다.

세포막을 위한 영양 공급

세포막의 가장 주요한 화학적 구성 요소들은 지방, 단백질 그리고 콜레스테롤이다. 지방과 콜레스테롤의 물리적 성질은 세포막의 모양, 기능과 유동성을 조절한다. 현재의 정설에 따르면, 과도한 식이 트랜스 지방, 포화 지방, 콜레스테롤이 세포막을 더 딱딱하게 만든다. 길고 곧은 포화 지방이나 트랜스 지방 사슬이 세포막에 통합될 때, 그것들이 막을 덜 유연하게 한다. 육류, 버터, 동물성 식품들은 포화 지방의 함량이 높다. 트랜스 지방은 경화유와 마가린에 흔히 함유되어 있다. 반면, 불포화 지방은 세포막에 공간을 생성해 주도록 구부러지고 휘어지는 특성을 가지고 있다. 이는 더 많은 움직임과 유연성을 가능하게 한다. 불포화 지방을 함유한 대표적인 식품은 올리브유, 견과류, 식물성 기름이다.

세포막의 또 다른 구성 요소인 콜레스테롤은 인체 내에서 생성되기도 하고, 우리가 섭취하기도 한다. 콜레스테롤은 또한 세포막이 얼마나 단단한지에 영향을 미칠 수 있다. 왜 세포막의 유동성과 유연성은 중요할까? 왜냐하면 그것이 영양소가 세포 안으로 얼마나 잘 들어오는지, 얼마나 재빨리 세포 수용체가 정보에 대응하는지, 얼마나 효율적으로 면역 세포가 병을 유발하는 병원균을 제거하는지를 결정하기 때문이다.

◆◆

성찰

당신이 섭취하는 음식은 얼마나 유동적인가요? 아보카도, 견과류, 생선처럼 불포화 지방이 풍부한 음식을 즐겨 먹나요? 트랜스 지방이 가득한 가공 식품을 많이 먹고 있진 않나요? 생명의 안식처인 당신의 세포들을 양육하는 음식을 고를 수 있는지 생각해 보세요.

◆◆

세 번째로 중요한 세포막의 구성 요소인 단백질은 커다란 분자이며, 막 내부와 막을 가로지르는 특정한 방향성을 띠고 있다. 어떤 단백질들은 이중 구조의 지방으로 형성된 막에 걸쳐 있다가 밖에서 안으로 이동하며, 다른 단백질들은 표면에서 떠돌아다니기도 한다. 세포막의 지방과 콜레스테롤은 단백질이 움직이고 기능하게 하는 매개체 역할을 한다. 단백질 그 자체는 세포에 능력과 정체성을 부여하는 실행 분자들이다. 그것은 정보를 받아들이는 안테나와 신원 식별용 표지라는 두 가지 역할을 하는 것이다. 앞으로 이 두 가지에 대해서는 더 배우게 될 것이다. 세포막은 그 표면에 세포의 신원 확인을 위한 '암호' 뿐만 아니라 신속한 소통을 위한 듣기 장치가 갖추어져 있다.

◆◆◆

탐구

세포 그릇 체화하기: 자아 발견

세포를 체화하는 것을 배움으로써, 우리는 그 본질에 대한 실질적이고 심오한 지혜를 얻을 수 있습니다. 자, 그것을 맞닥뜨려 봅시다. 우리는 엄청난 양의 세포로 이루어져 있지만, 우리 대부분에게 세포는 추상적인 개념이며, 거의 허구적인 것에 가깝습니다. 이 훈련은 세포를 더욱 실재하고 만질 수 있도록 도와줄 것입니다. 내가 '세포와 신성함' 워크숍에서 성인 학생들과 함께 첫 번째로 하는 것들 중 하나는 그들에게 '세포 그릇 되기'를 해 보도록 하는 것입니다. 그 방법은 다음과 같습니다.

최소한 4명이 함께 모여 원 모양으로 바닥에 앉습니다. 어깨를 맞대고, 서로 등을 돌려 등이 원의 중심을 향하게 합니다. 다 함께 여러분은 내부에 신성한 공간을 보호하는 그릇을 만들고 있는 것입니다. 눈을 감고 당신이 듣고 감각하고 느끼는 것에 의식을 집중하세요. 잠시 후, 눈을 뜨고 다시 당신 주위로부터 보고, 듣고, 감각하는 것을 받아들입니다.

이렇게 몇 분 동안 바깥으로 향한 활동을 한 다음, 당신의 '세포' 중심을 향해 안쪽으로 돌려 앉아 눈을 다시 감습니다. 잠시 귀를 기울입니다. 그 후 눈을 뜨고 중심이 되는 공간을 응시합니다. 당신 '세포'를 구성하는 다른 사람들과 10~20분 정도 당신의 경험을 함께 나눕니다.

당신 자신과 당신의 세포에 대해 무엇을 배웠나요? 바깥쪽을 향했을 때 무엇을 알아차렸나요? 중심을 향했을 때에는 무엇이 달라졌나요?

다음은 두 명의 워크숍 참가자가 이 활동을 통해 경험한 것을 나타내는 글입니다.

참가자 1: "세포처럼 행동하면서, 우리는 우리가 느끼는 것을 그냥 그대로 경험하였습니다. 바깥쪽으로 향한 것은 놀라운 것이었습니다. 마치 내가 경계 근무를 하는 것과 같이, 나는 원 안의 무엇을 보호한다는 것을 느꼈습니다. 동시에 나는 내 앞에 있는 것을 수용하는 마음이 들었습니다. 내 마음이 열리고 확장됨을 느꼈습니다."

참가자 2: "세포 만들기 활동은 자기조직 시스템의 교훈과 경계의 의미를 경험하는 것이었습니다. 눈을 감고, 우리는 새롭게 형성된 세포를 넘어서 있는 세상을 직면할 수 있었습니다. 어떤 구성원들은 다가오는 소리를 들었을 때, 우리 그룹을 보호한다는 느낌을 받았습니다. 다른 구성원들은 자신의 역할을 유지해야 한다는 책임감에 두려움을 느꼈습니다. 우리는 각자 독특한 관점에 따라 외부 세상과 다르게 연결하였습니다. 나는 정보를 받아들이는 우리 세포의 능력에 흥미를 가지게 되었습니다."

◆◆

세포의 삶의 방식

이제 세포가 하나의 그릇으로서 존재한다는 것을 경험하고 그 실체를 확실하게 실감하게 되었으니, 다음의 질문을 생각해 보라. 무엇이 세포를 살아 있게 하는가? 생명을 성취하여 영위하는 데 있어서, 자연은 탄소 원자, 물 분자, 어마어마한 생명 이야기를 지닌 유전자 코드와 같은 보편적인 기본 구성 요소들을 사용한다.

세포는 생명의 가장 작은 기능적 단위다. 그리고 믿기 힘들겠지만, 과학자들이 내리는 생명의 정의가 항상 일치하지는 않는다. 우리는 모든 생명이 아주 거대하고 복잡한 탄소 함유 분자들을 바탕으로 하고 있다는 것을 알고 있다. 사실 생명이 존재할 수 있는 이유는 탄소 원자가 탁월한 결합 능력을 가지고 있어서 다른 원소들과 다양한 형태로 결합할 수 있기 때문이다. 생명 시스템은 특정한 공간적 속성들과 형태적 제약들로 고도로 조직되어 있는 것이다. 어떤 생명체가 살기 위해서는 다음과 같은 기능을 가지고 있어야 한다.

- 성장하고 번식하는 능력(자기 자신을 더 많이 만들어 냄)
- 유전적 지성을 물려받고 전달하는 능력
- 음식을 찾고 활용하는 능력: 대사(섭취한 음식을 에너지와 원료로 변환함)
- 폐기물을 배출하는 능력
- 자극을 감지하고 반응하는 능력
- 환경에 적응하는 능력

• 구조적 건전성을 유지하고 보수하는 능력

혼자서 하든 다른 세포들과 인근 세포 공동체의 도움을 받든, 우리 몸의 생존에 필요한 모든 것은 우리 세포의 생명에 의해 유지된다. 세포는 매초 수천 개의 생화학적 반응에 참여하며 생명을 영위해 나간다. 이 작은 세포들을 관찰해 볼 때, 우리의 삶도 또한 그와 다르지 않다는 것을 알 수 있다. 세포가 생명을 유지하고 생존하기 위해서 하는 것이 바로 우리 또한 생존하기 위해서 꼭 해야 하는 일인 것이다. 우리가 숨을 쉬듯이 세포들도 숨을 쉬고, 우리가 먹듯이 세포들도 먹고, 우리가 소화하듯이 세포들도 소화하며, 우리가 배설하듯이 세포들도 배설한다. 우리가 물건을 재활용하듯이 세포들도 원자를 재활용하고, 우리가 휴식과 보충으로 에너지를 재충전하듯이 세포들도 사용된 에너지를 활용하여 재충전한다. 각각의 세포는 독립적인 하나의 객체지만, 모두 고정됨이 없이 재창조하고, 균형 잡으며, 소통하면서 다 함께 한 인체의 공동체로 협력한다. 세포가 살아 나가기 위해서는 다른 세포들이 필수적이다. 하나의 세포를 세균 배양용 페트리 접시에 따로 분리하면, 단일 세포는 스스로 생존하지 못한다. 그 세포는 자신의 죽음을 프로그램할 것이다. 분자들과 세포들은 끊임없이 사라지고 새 것으로 대체되는 반면, 그들이 이루는 전체적인 패턴과 구조는 유지되는 것이다. 이것이 생명이다.

세포는 우리 자신

인체는 정자와 난자의 결합으로 생성된 수정체로부터 탄생한 수조 개에 달하는 세포로 이루어져 있다. 한 개의 세포로부터 수많은 개수로 분열해 가는 배아 발달 과정에서, 각 세포는 기능을 전문화하며 고유의 특징들을 갖고 제각기 다른 임무를 맡게 된다. 세포들은 여러 가지 다른 모양과 크기를 가지는데, 이것이 세포 기능에 영향을 미치고 세포 기능을 조정한다. 입방체 모양의 피부 세포들은 겹겹이 쌓여 우리 몸의 표면을 형성한다. 1 제곱 밀리미터의 표면을 형성하기 위해서는 약 백만 개의 세포가 필요하다. 원반 모양의 적혈구([그림 1-3] 참조)는 혈관을 타고 다니며 필요한 곳에 산소를 공급한다. 반면, 아메바 모

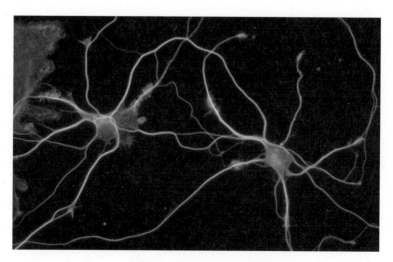

[그림 1-2] 두 개의 신경세포
(이미지: Dieter Brandner & Ginger Withers)

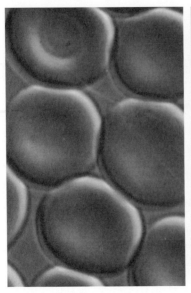 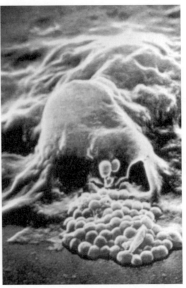

[그림 1-3] 원반 모양의 적혈구　　　[그림 1-4] 플라스틱 구슬을 향해 가는
　　　　　　　　　　　　　　　　　　　백혈구

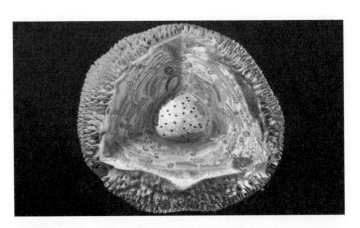

[그림 1-5] 세포의 기본 구조

양의 청소 세포인 백혈구([그림 1-4] 참조)는 조직을 헤치고 나아가며, 위험한 외부 침입자들을 찾아다닌다. 일반적으로 인간의 피 한 방울에는 약 3백만 개의 적혈구와 5천 개의 백혈구가 있다.

비록 세포들은 크기, 모양, 고유의 역할이 다 다르지만, 중요한 특징과 기능을 공유한다. [그림 1-5]에 나타난 세포의 기본적이지만 획기적인 디자인은 물질적 삶의 기능을 작동하게 한다. 세포막의 외곽 표면은 안팎을 구분 짓는 탄력적이고 방호적인 경계막 역할을 한다. 중앙의 핵심인 세포핵은 암호화된 유전 정보를 가지고 있다. 또한 세포의 구조물인 세포 골격은 정보, 선택과 움직임을 조율하는 기능과 함께 유연한 구조가 되게 한다.

단백질 생산은 골지체와 소포체의 복잡하게 얽힌 활동을 포괄한다. 미토콘드리아는 우주선 모양의 에너지 발전소이며, 작은 낱알 모양의 리소좀은 닳거나 위험한 물질들을 해체 또는 재활용한다. 세포의 생존 기술을 내면으로부터의 가르침이라고 생각해 보라. 각각의 세포는 한시도 쉬지 않고 완전성, 균형성과 유동성을 유지하며 활동하고 있다. 그렇게 세포들은 우리를 종착지까지 인도할 것이다. 우리는 그들을 어떻게 인도하는가?

◆◆

탐구

세포 기도: 당신의 세포 자기(cell self)

이것은 경계의 감각을 발견하고 '세포성(cell-ness)'의 경험에 더욱 다가갈 수 있는 쉬운 훈련입니다. 다음의 지침들을 읽고 제시된 제안에 따라 해 보세요.

조용히 앉아, 눈을 감고, 자연스럽게 숨을 쉽니다. 이제 당신의 중심이라고 느껴지는 곳으로 숨을 들이쉽니다. 매번 들이쉴 때마다 자신의 내부에 깊게 도달하도록 합니다. 다음으로, 당신의 가장 바깥쪽의 경계, 당신의 바깥 가장자리에 의식을 집중합니다. 그것이 어디에 있나요? 당신의 피부 가장자리에 있나요? 당신 육신의 가장자리를 넘어서 있나요? 그 경계의 모습에 주목합니다. 그것은 단단한가요, 거친가요, 울퉁불퉁한가요, 아니면 너덜너덜한가요? 자, 이제 당신이 이 세포 우주 안에 있다고 상상합니다. 그곳은 모든 온전한 경계에 의해 보호되는 핵심 중추이며, 당신에게 좋은 것을 그대로 수용합니다. 당신이 하고 싶다면, 세포 자기의 모든 부분을 연결하기 위해 큰 소리로 연호하거나 흥얼거려도 좋습니다. 매번 숨을 내쉴 때마다 몇 분간 소리를 낸다면 세포들이 함께 공명하는 데 도움이 될 것입니다. '음음음' 하는 소리는 특히 강합니다. 우리는 다음 장에서 세포들에게 흥얼거리는 것에 대해 더욱 자세히 배울 것입니다.

마지막으로, 잠시 세포와 한마음이 되어 자신인 이 성스러운 설계에 감사하는 마음을 내어 봅니다.

◆◆

안식처: 더 깊은 통찰

가장 넓게 정의하면, 안식처는 은신처이며 안전한 피난처다. 영적인 관점에서 또 다른 차원의 의미가 있다. 안식처는 성스러운 장소, 신성화된 구역, 또는 제단이 있는 자리, 즉 정신이 스며들어 있고 생명의 불씨가 불어넣어져 있는 곳이다.

유럽에서 기독교 교회는 기적이 일어났다거나 성인이 안치된 곳이라는 이유로 신성하다고 간주되는 장소에 종종 세워졌다. 제단 주변 지역은 안식처로 알려지게 되었다. 대부분의 현대적인 유대교 회당에서는 기도를 위한 가장 큰 공간은 같은 이름을 갖는다. 안식처는 사람들이 모여 기도하는 장소의 가장 안쪽이거나 가장 신성한 지역이다.

우리의 세포막과 같이, 사람들은 안전하고 신성한 공간을 위해 많은 종류의 '컨테이너'를 만든다. 물질 세계에서 우리는 지혜 동아리, 지원 그룹, 기도 서클과 뜨개질 그룹 안에서 안식처를 발견할 수 있다. 우리는 집이나 때로는 심지어 차 안에서도 안식처를 찾을 수 있다. 토착 전통에서 치유 서클은 공동체 전체를 포함하고, 불의 신을 숭배하는 신성한 부족 그룹에서는 기도하고 치유하며 지혜를 찾는다.

> 우리가 원형으로 연결될 때, 우리 삶에 사랑을 맞이한다.
> 우리가 서로 같이하거나 손을 잡을 때,
> 거대한 분자의 포옹과 안식처가 재창조된다.

자기 자신을 위한 '안식처' 만들기

우리 자신의 생명의 안식처로 들어갈 때 우리는 더 많은 세포의 비밀을 탐험할 수 있다. 우리의 가장 안쪽의 안식처는 우리 세포의 중심부다. 우리가 우리 자신의 신성한 본성과 한마음이 될 때 우리는 이러한 피난처를 내면에 지니고 있다는 것을 인식할 수 있으며, 어디에 있든 이것을 바깥으로 형상화할 수 있다. 예를 들어, 여행을 갈 때 나는 나만의 호텔방을 만들기 위해 초와 향 그리고 특별한 옷을 가지고 간다. 집에서는 따뜻한 아침에 매일 수련하러 가는 정원이 안식처다. 그 안에서 나는 안식처를 계속 떠올릴 수 있도록 제단을 만든다. 여기에는 초가 항상 켜져 있다. 아무리 좁은 장소일지라도 우리는 항상 신성함을 상기시키는 데 도움을 줄 수 있는 것을 만들어 낼 수 있다. 그리고 우리의 상상력의 공간 안에서 우리는 항상 각각의 세포 안에 생명의 제단이 있음을 그릴 수 있다.

◆◆

탐구

제단과 안식처 만들기

만약 당신이 안식처라고 생각되는 장소나 제단을 아직 만들지 못했다면, 잠시 성찰하는 시간을 내어 그런 장소를 찾고, 거기에 무엇을 넣고 싶은지를 생각해 보세요. 초, 돌, 크리스털, 향, 식물, 또는 가족, 조상 아니면 영적 스승의 사진 같은 물품을 생각할 수 있을 것입니다. 간단한 옷과 초는 성스러운 장소에 닻을 내리기에 더없이 충분하며, 내면의 신성함에 불을 지피고 즐길 수 있는 시간을 가질 것을 상기시킵니다.

안식처를 만드는 것은 우리 자신을 수용하고 존중하게 하며, 내적 지혜가 우리에게 말하는 것을 들을 수 있는 시간을 가지게 합니다. 이는 우리 자신의 모든 부분을 다시 연결하는 데 도움이 됩니다. 우리가 안식처로 나아가 매일 의식을 행하는 것은 우리 자신과 세포의 새로운 리듬을 만드는 데 도움이 됩니다.

◆◆

우리 세포의 비밀: 세포 인류학

현미경은 생명을 이해하는 더 깊고 큰 방법들을 열어 준다. 이는 또한 우리 세포의 숨은 활동을 드러내고, 알려지지 않은 신비로움과 다른 세계에 이르는 길을 알려 준다. 사실, 옛날에는 현미경과 망원경이 그런 힘을 가졌다고 여겼기 때문에 대부분의 사람은 세계관이 변하지 않도록 그것을 통해서 보는 것이 금지되었다.

과학자로서, 나는 현미경이 우리의 신성한 설계와 생명의 가르침에 대한 실마리를 제공한다는 것을 알게 되었다. 이 책의 서문에서 밝혔듯이, 세포와 분자에 대해 공부하기 시작했을 때 나는 확실히 깊이 있는 신화적인 의미를 찾고 있지는 않았다. 그럼에도 불구하고 그들은 '세포 인류학자'의 관점을 통하여 설명할 수 있는 황홀하고 신비로운 세계를 드러내 보였다.

◆◆

정 의

세포 인류학(celluia anthropology): 인류학은 인간의 문화와 기원을 연구하는 학문이며, 세포 인류학은 세포의 형태나 기원이 어떻게 인간의 전통, 가치 그리고 예술에 기여해 왔는지를 자세히 검토하는 것이다. 세포 인류학자는 분자 구조뿐만 아니라 우리가 만든 건축물과 예술품에 숨겨진 영적이고 사회적인 생활에 대한 실마리를 찾는 코드 발견자다.

만약 당신이 의학 바퀴(부록 1의 [사진 A–4] 참조)의 이미지를 다시 본다면, 그것이 또한 세포를 상징한다고 상상할 수 있는가?

◆◆

영적 건축

나는 세포를 포함한 우리 내면의 우주가 영적 건축의 템플릿, 즉 그 위에 신념, 가치, 예술 그리고 의례가 형성되는 발판을 제공한다고 주창한다. 오래전부터 인간은 그들의 신들에게 다가가고 접촉하기 위해 이야기와 상징, 음악과 기도를 창조해 냈다. 사람들은 건축물과 제단을 만들고, 기도를 노래하고, 모래에 그림을 그리고, 춤을 추며, 우주의 기본적인 형태와 에너지를 발견했다. 우리의 세포는 이러한 미스터리에 대한 비밀들을 포함하고 있다. 세포는 생명을 지니고 유지하기 위해 하는 일을 통해 우리에게 생명을 꿰뚫어 보는 것에 대해 가르쳐 준다. 우리는 보이지 않는 성스러운 형태의 신성함이 내적인 곳뿐만 아니라 사방에 있다는 것을 발견한다.

◆◆◆

성 찰

당신 삶의 비유로 세포의 안식처를 생각하며 다음의 질문에 대한 답을 관조해 보세요.

당신이 성숙할수록 당신은 더욱 엄격해지나요, 아니면 유연해지나요?

당신의 마음, 가슴과 몸속에 수용하는 것을 얼마나 차별하나요?

어디서 가장 안전하거나 보살핌을 받는다고 느끼나요?

당신에게 안식처는 어디이며 무엇인가요?

무엇을 가장 소중하고 신성한 것으로 가지고 있나요?

만약 당신의 영혼이 그릇을 가지고 있다면 어떻게 생겼을 것 같나요?

자급자족적인 것은 당신에게 어떤 의미인가요?

◆◆

탐 구

당신의 세포 안식처와 조화하기

당신 자신의 삶을 영위하는 지침이 되는 세포의 솜씨를 발견해 보세요.

- 자기 창조의 삶을 살아 나가기
- 변화가 필요한 것은 바꾸기
- 자신을 성장시키기
- 부드럽고 유연하기
- 자기 안팎의 신성함을 열망하기
- 제단을 세우기
- 신성한 장소를 찾기

◆◆

당신은 이제 당신 세포의 활동에 익숙해지기 시작했다. 당신이 어떻게 일상생활에서 같은 행동을 하는지를 보고 수많은 차원의 안식처를 이해하라. 생명의 신성한 그릇으로서 세포를 성찰함으로써 영감을 불러일으킬 수 있을 것이다. 이 책을 읽어 가다 보면, 각 장은 세포의 새로운 가르침과 또 다른 구조적 형태를 소개할 것이다. 여유롭게 이 항해에 임하고, 여행을 하면서 당신의 이해를 더욱 심화시키라. 당신은 성스러운 그릇이다.

나: 인식하기

나는 누구인가: 들어가는 길

세포는 어떻게 '나(I AM)' 라고 말하는가

자기와 타자의 인식

임상적으로 활용되는 세포 정체성

HLA 표지자

자기인식의 실패

자기의 향기

냄새, 자신 그리고 기억

자신의 신체적 표지자: 생물 측정학

세포 탐정: 면역계, 정체성 수호자

나는 누구인가: 자아 발견하기

자아감 찾기: 소리의 힘

흥얼거림이 어떻게 자아 회복에 도움이 되는가

소리 치료

나는 누구인가

통합된 자아를 향해

제 2 장

나: 인식하기

세포로부터 내 자신으로의 여정은 경이롭다.

- 크리스토퍼 본(Christopher Vaughan), 『생명의 시초(*How Life Begins*)』 -

앞 장에서 세포 안식처가 무엇인지 살펴보았으니, 이 장에서는 세포들이 어떻게 자기 '이름' 을 대는지 알아보자. 여기서 우리는 자기의 많은 측면을 마주하게 된다. 예를 들면, 우리 세포가 무엇으로 서로를 식별하는지, 우리가 어떻게 우리 자신을 확인하는지, 어떻게 상대방을 알아보는지, 어떻게 자기창조(self-creation)에 참여하는지 등등.

우리가 마음으로 우리 자신과 남을 인식하고 그 둘을 구분하는 경계를 짓는 만큼, 우리 세포는 물질적인 측면에서 동일한 기능을 수행한다. 우리의 세포가 이렇게 중대한 위치를 차지하고 있는지 누가 생각이나 했을까? 면역 세포 조직이 이 핵심적인 임무를 수행하며, 여기서 우리는 이 면역 세포에 대해 알아보도록 할 것이다.

세포와 자기 모두 '나(I AM)'라고 말한다. 우리가 신성함에 이르는 세포적·영적 연결을 완전히 인지할 때, 우리는 우리 자신에게 "나는 나인 바로 그것이다(I AM THAT I AM)."라고 말할 수 있다. 유대인들을 시작으로 많은 종교 전통은 신의 이름을 '나(I AM)'라고 써 왔다. 우리가 우리 자신을 완전히 포옹할 때, '나(I AM)'라고 말할 때, 우리는 일체와 더불어 공명하는가? 일체의 신성함과 공명하는가?

나는 누구인가: 들어가는 길

나는 신비로운 세포를 가르치기 시작하면서, 학생들에게 다음과 같은 문장을 완성해 보도록 했다.

I am……

I want……

I have……

당신은 이들 문장을 어떻게 완성하겠는가? 이것은 사람들이 여러 세대 동안 제기했고 우리 또한 살아가면서 수차례 자문하는 '나는 누구인가?' '나는 왜 여기 있는가?' 하는 의문으로 이끌어 준다. 이 장의 주제인 남과 자기의 구별에 대한 탐구를 시작하면서, 잠시 몇 분간 당신 자신이 어떻게 스스로를 알고 구별 짓는지 성찰해 보라.

당신은 자신의 정체성을 나타내는 여러 가지 '표지(markers)'를 가지고 있다. 당신에게는 이름, 성별, 고유의 얼굴 특징, 족보와 같은 것이 있다. 또한 자신을 표시하는 번호들이 있으며, 생년월일과 주민등록번호는 당신의 정체성을 당신의 '화폐 자아(money self)', 은행과 금융기관 그리고 직장에 연결해 준다. 이렇게 각기 다른 기관은 당신에게 직원번호 B7834, 계좌번호 5483-14-070001과 같이 최소한 한 개이상의 번호를 부여했을 것이다. 기술이 발달함에 따라, 당신은 가상세계인 인터넷상에서 당신의 신분을 확인받기 위해 점점 더 늘어나는 일련의 번호와 암호로 식별된다.

당신은 자신의 직업, 가정에서의 역할, 자신만의 종교적 · 영적 성향과 행동양식을 가지고 있다. 만약 당신의 믿음 체계에 들어맞는다면, 별자리 운세, 타로점, 행운의 숫자도 가지고 있을 것이다. 이 모든 것이 당신의 신념이나 행동과 같이 당신의 정체성을 이루거나 그 일부분이 될 수 있는 것이다.

당신은 어떻게 자신을 인지하는가? 당신이 이 세상에서 하는 일에 의해서인가? 아니면 주변 사람들이 당신을 알고 반응하는 방식에 의해서인가? 당신의 자아감은 외부적으로 또는 내면적으로 동기가 부여되는가? 이들은 당신 자신의 자아감과 세포의 자기정체성 사이의 유사점을 알아보기 전에 성찰해 볼 만한 질문들이다. 자기 자신을 아는 것은 정원을 가꾸는 것과 유사하다. 당신은 보이지 않는 것도 탐험하고, 당신의 깨어 있는 마음을 느긋하게 키워 나갈 여유로움이 있어야 한다. 당신은 또한 기꺼이 표면 아래 더 깊숙이 작업할 필요도 있을 것이다. 하지만 세포들에게 있어서 정체성의 핵심은 바로 표면이다.

'나는 누구인가?'라는 질문은 우리 세포와 정신 모두에서 그 해답을 찾을 수 있다. 우리 세포와 정신은 우리가 안전하게 있을 수 있도록 서로 함께 지속적으로 대화를 해 나간다. 몸과 마음은 자아정체성의 형성에 공동의 책임을 지며, 우리 자신을 위험으로부터 보호하고, 무엇을 믿어야 할지를 안다. 두 가지 모두 우리의 경계를 탐지하고 보호한다. 이 장의 주요 주제인, 자기와 남을 식별하는 인체의 면역계는 세포의 물리적 경계와 정체성을 식별하는 반면, 신경계는 심리적 경계와 정체성의 길을 안내한다.

◆◆

정 의

면역성(immunity; 라틴어 'immunis' 에서 파생): 공공 복무나 부과금을 면제받음. 보호받음. 특정 항체 및 민감화된 백혈구의 존재 덕분에 특정 감염 또는 독소에 저항하거나 질병에 대한 저항력을 형성하는 것과 관련된다.

◆◆

면역 세포들의 기본 역할은 뇌, 위장, 생각, 신념, 호르몬과 협력하여 '자기'와 '상대방'을 식별하는 것이다. 또한 면역 세포들은 위험을 감지하는 제2의 감각 시스템(sensory system)으로 불리기도 한다. 여기서 필히 언급할 것은, 유전자가 물리적·화학적 측면에서 개인 고유의 정체성을 형성하는 정보를 제공하는 반면, 우리 세포는 그러한 특징들을 구현하고 우리 면역 세포는 그런 특징에 따라 작용한다는 것이다.

면역 세포들의 구체적 활동을 깊이 탐구하기 전에, 먼저 세포 정체성에 대해 면밀히 살펴보자([그림 2-1], [그림 2-2] 참조).

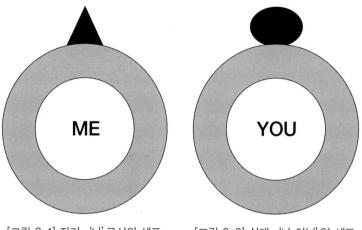

[그림 2-1] 자기, '나' 로서의 세포　　　　[그림 2-2] 상대, '나 아님' 인 세포

세포는 어떻게 '나(I AM)' 라고 말하는가

앞 장에서 다룬 세포의 건축학적 디자인에서, 경이롭고 유동적인 세포막의 바깥쪽은 세포의 정체성을 보여 준다. 우리가 사람의 외관상의 얼굴 특징들을 관찰하여 친구와 낯선 사람을 구분할 수 있듯이, 세포도 똑같이 한다. 세포막의 바깥쪽 표면에 있는 '얼굴' 은 독특하게 식별 가능한 특징들을 나타낸다. 세포 컨테이너에는 세포들이 서로를 식별할 수 있게 하는 식별 표시들이 박혀 있다. 표면의 울퉁불퉁한 모양은 '나(me)' 또는 자신을 표시하는 신원 식별 코드나 암호다. 각기 다른 바코드(bar codes)와 유사한 세포막 표면의 이러한 단백질 '서명(signatures)' 은 세포의 정체성을 나타낸다. 이러한 '나' 표지자들로 세상에 하나뿐인 당신의 세포라는 것을 구별하는 것이다.

각각의 세포는 우리와 같이 겹겹의 정체성이 있다. 가장자리의 '자기(self) 표지자 이외에도, 각 세포의 표면에는 그것이 어디서 와서 무엇을 하는지 알려 주는 '우편소인(postmarks)' 또는 '우편번호(zip codes)'를 지니고 있는 것이다. 예를 들면, 심장 세포는 혈액을 펌프질하고, 백혈구는 침입자들로부터 인체를 보호하며, 적혈구는 모든 조직으로 산소를 나르는 것 등이 그것이다.

자기와 타자의 인식

세포가 무언가에 접촉하면, 그 신원 확인 표지자 때문에 세포는 '자기'와 '타자'를 식별할 수 있다. 자기가 아닌 '타자'를 간파하고 안전 또는 위험(즉, 반드시 방어해야만 하는 위험) 중 하나를 선택해 신호를 보낸다. 생존의 거시적인 관점에서 볼 때, 그것이 병원체라면 '타자'는 위협이 될 것이다. 물질적 표지자, 모양과 접촉이 세포가 다른 세포나 분자를 인식할 수 있게 하는 데에 필수적이라는 것은 학문적으로 잘 정립되어 있다. 그렇지만 요즈음 분자의 진동 또한 인식에 부분적인 역할을 담당하고 있다는 이론을 제시하는 과학자들도 있다.

세포가 차이를 인식하는 방식은 흔히 자물쇠와 열쇠의 메커니즘에 비유하여 설명된다. 한 세포의 신원 식별 서명은 다른 세포 표면 위에 있는 수용체 자리의 암호 해독에 의해 인지된다. 즉, 두 세포 표지자의 패턴과 모양이 열쇠와 자물쇠처럼 서로 딱 맞는 것이다. 그 맞는 정도에 따라 부딪힌 것이 안전한지 아닌지를 세포는 알게 된다. 면역학자들과 생화학자들은 세포 표면의 수많은 식별 표시를 구별하는 분석 방법을 고안했으며, 이는 의학 분야에서 매우 유용하게 쓰이고 있다.

임상적으로 활용되는 세포 정체성

원래 세포 식별 표지자는 안전한 수혈을 위해 적혈구 검사에 임상적으로 사용되었다. 우리의 적혈구 표면의 분자들은 혈액형을 A, B, AB 또는 O형으로 분류한다([그림 2-3] 참조). 같은 혈액형의 혈액만 안전하게 수혈받을 수 있다. (예외의 혈액형은 만능 혈액 제공자라 불리는 O형인데, 그것은 다른 혈액형이 O형을 '타자'로 인식하지 않기 때문이다.)

그 이후, 현대 의학은 장기 이식의 발전을 위해 백혈구에서 찾아낸 여러 식별 표지자를 활용했다. 예를 들면, 신장 이식을 필요로 하는 사람의 경우 장기 제공자와 수혜자 모두의 백혈구를 검사한 후, 자신의 식별 표지자와 거의 같은 사람의 신장을 이식받아야만 한다. 만약 식별 표지자들이 매우 다를 경우, 이식받은 신장은 외부 물질이나 위협으로 인식될 것이다. 그리고 이식된 장기의 세포들은 때때로 새 숙주의 몸에 거스르는 반응을 보이기도 한다. 그럴 경우 면역계는 신장 조직을 공격하게 될 것이며, 이식된 장기는 거부될 것이다. 이러한

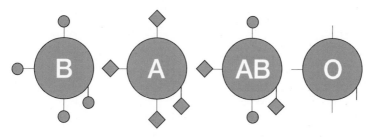

[그림 2-3] 적혈구 세포: 혈액형

식별 표지자를 인체 조직 적합성 백혈구 항원(human leukocyte histocompatibility antigen: HLA)이라고 한다.[1] 하나의 세포에는 제각기 다른 항원 표지자들이 죽 늘어서 있다. 3,000개 이상의 HLA 표지자 중에 6개만이 장기, 골수 그리고 줄기세포 이식에 매우 중요하게 작용하는 것으로 보인다. 모든 식별 표지자는 항원이라고 생각될 수 있다.

◆◆

정의

항원(antigen): 특정 면역반응을 일으키는 모든 물질. 항원은 보통 단백질 분자다.

◆◆

HLA 표지자

물론 우리 세포 표면에서 보이는 이러한 특징들은 수혈이나 장기 이식을 위하여 진화된 것은 아니다. 임상적 용도와 달리, 생물학적으로 HLA 코드들은 면역 세포에 자기방어 기능을 제공하는 역할을 한다. 여러 HLA 표지자는 각각 일정 범위의 면역반응을 나타낸다. 어떤 HLA 표지자들은 매우 빠른 반응을 나타내는 반면, 다른 것들은 상대적으로 느리게 반응한다. 모든 세포는 '자기'의 식별 표시를 나타내기 때문에, 면역 세포는 일찌감치 자궁 내에서부터 자기에게는 반응하지 않도록 훈련을 받는다. 불행히도 일부 자기파괴적 세포들은 탐지되지 않는데, 이들이 나중에 자가면역 질환을 유발할 수 있다. 또한 일생 동안 자기와 타자를 구별하는 세포의 능력이 저하될 수도 있다. 최근 HLA 검사를 통해 자가면역성 경향을 찾아내고 백신이나 약에 대한 인체 반응을 밝히게 되었는데, 이로써 임상적으로 더 많은 이익을 얻게 되는 즈음에 이른 것이다.

❖❖❖

정 의

자가면역 질환: 면역계가 세포의 한 부분, 또는 특정 분자를 위험 요소로 잘못 인식하여 '비자기(not self)'를 제거하려는 질병

❖❖❖

100개 이상의 자가면역 질환 중 75%는 여자에게서 발생한다. 또한 이 질환은 미국에서 심장 질환, 암 다음으로 세 번째로 가장 흔한 질환이다.[2] 자가면역 질환 중 가장 흔한 예는 제1유형 당뇨병, 류머티스 관절염, 그레이브스병(Graves' disease), 루푸스(lupus)다.

❖❖❖

성 찰

나 자신과 잘 맞거나 안 맞는 사람, 장소 또는 행동을 구별하는 능력을 상실했을 때는 언제였나요?

❖❖❖

자기인식의 실패

자가면역 질환은 '자기' 인식 기능이 약화된 것이다. 우리 자신의 세포나 단백질 분자가 더 이상 우리 자신으로 인식되지 않고 적이 되어버린 것이다. 특정 HLA 패턴들은 자가면역 질환으로 발전될 수 있는 가능성을 알려 주며, 과민 반응하는 면역 세포임을 나타낸다.

자신을 다른 상대방으로 잘못 인식하는 것에 설상가상으로, 일부 자가면역 질환에서는 이러한 부적절한 반응이 억제되지 않는다. 즉, 자가면역 질환은 인식과 조절 기능에 있어 오류가 있음을 뜻하는 것이다. 많은 자가면역 질환 중 인식 실패의 메커니즘은 다양하다. 먼저, 면역 세포가 일부 조직이나 단백질을 '비자기(not self)'로 받아들이는 경우다. 이것은 그 조직이나 단백질의 자기 식별 표지자가 상실 또는 변경되었기 때문이다. 이 경우는 그들의 정체성이 빼앗긴 것이나 마찬가지다. 다음으로, 면역 세포가 정체성을 잘못 판단하는 경우다. 면역 세포들이 착오를 일으켜 자기 자신을 외부 침입자인 것처럼 받아들여 자기 표지자를 잘못 해석하는 것이다.[3]

면역 세포들이 어떤 세포나 물질을 위험한 '타자(other)'로 인식하면, 그것을 공격하고 없애 버린다. 이러한 예는 다발성 경화증(multiple sclerosis)에서 찾아볼 수 있는데, 척추를 보호하는 말이집(myelin sheath)의 단백질이 외부 개체로 인식되어 공격받는 것이다. 그리하여 수십 년에 걸쳐 신경계는 서서히 파괴된다.[4]

자가면역 질환이 만연하는 수준에 도달한 듯하지만, 이는 부분적으로 자가면역을 인지하는 우리의 능력이 향상된 결과일 수도 있다. 의학에서 세포 정체성은 결정적으로 중요한 연구 분야다. 앞으로 과학자들은 세포들이 올바른 정체성을 회복하도록 하거나, 식별 능력을 상실한 세포들을 제거하는 데 도움을 줄 수 있을 것이다. 이렇게 하면 현재 자가면역 질환이 증가하는 추세를 뒤바꿀 수 있을 것이다.

의식에서의 유사점

세포의 자기인식과 정신은 유사하다. 정신신경면역학 및 심상화(imagery)의 선구자인 심리학자 진 액터버그(Jeanne Achterberg) 박사는 자가면역 질환을 가진 환자들에게 다음과 같은 질문들로 자문해 보라고 격려했다. "어떻게 나 자신을 잃어버렸을까?" "어떻게 나 자신을 인식할 필요가 있을까?" 여기에 함축된 것은 개인의 자아감이나 사고방식이 질병의 원인이 되었다는 것이 아니다. 오히려 이런 질문들을 성찰하는 것이 치유에 또 다른 차원을 추가할 수 있다는 것이다. 우리 인생의 어떤 때에 우리가 진정한 자신을 인식하지 못했다는 것을 느끼기 위하여 자가면역 질환의 진단을 받을 필요는 없다.

자기의 향기

우리는 부모님에게서 HLA 정체성 표지자들을 담고 있는 유전적 프로그램을 물려받는다. 이 표지자들은 면역반응성의 질을 나타낼 뿐만 아니라, 보이지 않는 미시 세계의 '자기(self)'를 넘어 접근할 수 있는 뜻밖의 뚜렷한 특징을 제공한다.

아이의 담요에 남아 있는 냄새를 바탕으로 실종된 아이를 찾는 한 마리의 블러드하운드(bloodhound)를 그려 보라. 그 개는 아이만의 고유의 냄새를 구성하는 '세포 배출물(cell droppings)'을 탐지한다. 우리 세포의 HLA 정체성 표지자들은 땀, 소변, 침으로 배출되며 개인 고유의 향기를 만들어 낸다. 이 냄새는 매우 강해서 출생 후 첫 24시간 동안 신생아가 다른 엄마들로부터 자신의 엄마를 구별하는 식별자 역할을 한다.[5]

성인들도 매우 미묘한 차이지만 그 냄새를 맡을 수 있다. 스위스에서 진행된 흥미로운 한 연구의 결과에 따르면, 이성에 대한 성적 매력의 일부는 우리 세포들이 발산하는 냄새의 흔적에서 찾을 수 있다. 첫째, 과학자들은 똑같이 생긴 쥐들이 오직 다른 유전자 특성을 가진 쥐들과 교미하는 것을 관찰하고 궁금하게 여겼다. 쥐가 어떻게 다른 쥐의 냄새를 맡고 그 유전 정보를 알 수 있을까? 쥐의 소변에 포함된 휘발성 물질들을 구별하기 위해 '전자코(electronic nose)'를 이용한 광범위한 연구가 행해졌으며 그 결과 다음과 같은 사실을 밝혀내었다. 즉, 다른 유전자 특성을 가진 소변은 다른 유형의 냄새가 있음을 보여 주었고, 이것이 쥐의 교미 행위에 반영되었던 것이다.

이러한 동물 실험을 바탕으로, 스위스의 생물학자 클라우스 베데킨트(Claus Wedekind)는 1995년 HLA의 차이가 남녀 사이의 성적 매력과 연결되어 있다는 이론을 연구했다. 그는 남자 대학생들에게 새 티셔츠를 나눠 주고 이틀 동안 입도록 하였다. 그리고 이 기간에 탈취제, 면도 후 바르는 로션 또는 향내 나는 비누를 쓰지 말도록 했다. 그다음 입었던 티셔츠를 각각 작은 상자 안에 넣은 뒤, 여자 대학생들에게 각각의 티셔츠 냄새를 맡게 하고는 기분이 좋은지 또는 불쾌한지, '섹시한 남자(sexy guy)' 의 것인지 또는 성적 매력이 없는 남자의 것인지를 평가하도록 했다. 여학생들은 남학생들을 보지 못했다. 결과에 따르면, 여학생들이 기분이 좋다고 했을 때, 그 티셔츠를 입은 남학생들의 HLA 표지자와 여학생들의 HLA 표지자 사이에서 유의한 차이가 관찰되었다. 반면, 여학생들이 불쾌하다고 여긴 티셔츠들은 비슷한 HLA 표지자를 가진 남학생들이 입었던 것으로 나타났다. 좋은 냄새는 서로 다른 표지자와 같았던 것이다.[6]

이 실험은 진화론적 관점에서 이해할 수 있다. HLA 표지자들은 특정한 범위의 면역 능력과 반응성을 나타낸다는 것을 기억하라. 만약 나와 매우 다른 표지자들을 가진 사람과 아이를 낳는다면, 비슷한 표지자들을 가진 사람과 짝을 이루는 것에 비해 자녀들이 좀 더 다양한 면역력을 물려받을 것이다. 흥미롭게도, 여성들이 피임약을 복용하는 경우 이러한 차이를 식별하는 능력을 잃어버리는 것으로 밝혀졌다.[7]

수년 전, 나는 매력과 냄새 간의 상관관계를 가르치던 중 이러한 연구 결과를 뒷받침해 주는 놀라운 개인적인 이야기를 접했다. 한 여성이 위기의 결혼 생활에 도움이 될까 해서 아이를 낳기로 결심했다. 일단 결혼 전부터 먹던 피임약 복용을 중단하자마자, 그녀에게는 남편의 냄새가 참을 수 없게 느껴졌다. 그 냄새의 역겨움이 너무 강해 결혼 생활에 마침표를 찍기로 결정했을 정도였다. 물론 그녀도 이렇게 행동한 자신이 무언가 잘못됐다고 생각했다. 그녀가 복용한 피임약이 부부의 세포적 '후각적' 차이를 인지하는 지각 능력을 둔하게 했던 것이다. 이러한 기본적인 생물학적 이야기를 듣고 나서 그녀는 자신이 이혼하게 된 최종 계기를 더 잘 이해할 수 있었다. 결혼 생활 중 이미 수많은 갈등이 있었지만, 그녀의 코가 말해 준 이야기가 결정적인 요인을 제공했던 것이다.

또 다른 한 여성은 앞으로 많이 연구되어야 할 분야와 관련된 이야기를 해 주었다. 그녀는 약 8개월 전 여자 아기를 입양했지만, 아기와 유대 관계를 잘 형성하지 못한 것 같았다. "혹시 냄새 때문이 아닐까요?"라고 그녀는 물었다. 아주 좋은 질문이다. 만일 양모가 생모의 땀이 배어 있는 옷 조각을 가지고 있다면, 그 양모와 아기의 관계가 좀 더 친밀해지는 데 도움이 될까?

냄새, 자신 그리고 기억

분자들이 우리 것인지 아닌지를 탐지하는 면역력과 후각 기능은 모두 자기정체성의 근간이다.[8] 또한 이 두 체계는 기억과 연관되어 있다. 특정 종류의 면역 세포들은 이전의 침입자를 기억하고, 그로부터 다시 공격받을 때 우리를 보호한다. 우리는 어떤 냄새를 통해 사랑하는 사람, 상처로 남아 있는 사건, 그리고 우리에게 중요한 다른 경험들을 기억한다. 예를 들면, 나의 어머니는 잘 차려입으시는 날에는 항상 에스티 로더 향수를 뿌리셨다. 그 향기를 맡거나 문득 생각이 날 때면, 언제나 내 기억과 정체성의 한 부분으로 사랑하는 어머니가 내 앞에 나타나신다.

냄새와 기억 간의 연관성에 관한 또 다른 예는 노인성 치매에서 볼 수 있다. 후각의 상실은 보통 기억력 감퇴와 자신의 존재감 상실보다 먼저 나타난다.[9] 하지만 후각의 상실이 항상 치매의 전조 증상은 아니다. 아연 결핍증은 후각과 미각의 상실뿐만 아니라 면역 기능의 저하로 이어질 수 있다.[10] 인후통을 낮게 하기 위해 아연 정제를 복용한 적이 있는가? 아연은 강력한 면역 활성 물질이며, 상실된 후각 기능을 회복시킬 수도 있다.

자신의 신체적 표지자: 생물 측정학

세포 표지자 이외에, 우리 몸에는 지문, 망막, 성문, 유전자 같은 자기확인을 위한 생체 특징들이 있다. 이 특징들은 모두 사람마다 고유한 특성이며, 나이와 건강 상태에 따라 변하지 않는다. (드물게 특정 신경학적 증후군 환자들의 경우 지문에 변화가 올 수 있으며, 당뇨병 환자들의 경우 망막 무늬의 변형이 있을 수도 있다.)

만성 피로 증후군을 가진 소규모의 여성 환자군에서 그녀들의 지문이 없어지는 흥미로운 현상이 일어난다.[11] 만성 피로 증후군은 신체적·정신적 증후가 섞인 복합 질병으로 3개월 이상 피로가 지속되며 쇠약해지는 상태를 말한다. 피로도가 매우 극심해 일상생활이 거의 불가능할 정도다. 이 점에 있어서 환자들은 자신의 일부분을 잃어버린 것이다. 만성 피로 증후군은 흔히 '상상 만능병(all in your head)'이라고 진단되기도 한다. 뚜렷한 치료 방법도 없다. 하지만 이 질병은 면역 불균형으로 인해 발생한다고 알려져 있다. 종종 이 환자들의 혈액 검사에서 과잉 면역 상태가 관찰된다. 흔히 이 질병이 발생하기 전에 바이러스 감염이 먼저 발생하며, 면역 세포들은 바이러스가 없어진 후에도 마치 바이러스가 아직 존재하는 것처럼 계속 반응한다.

세포 탐정: 면역계, 정체성 수호자

세포 정체성의 수호자는 인체에서 가장 복잡한 네트워크 중 하나인 면역계다. 여기서 나는 면역 세포 작용 메커니즘의 과학에 대하여 간단하지만 기술적인 개관을 할 것이다. 면역계는 나에게 세포의 신성함을 끊임없이 확인시켜 주는 실로 놀라운 과정이다.

다양한 차원의 면역 네트워크는 상호작용하는 세포 공동체, 마법의 약으로 활약하는 분자, 그리고 우리의 태도, 감정, 스트레스, 행복감 같은 일상적 경험의 결합체다.[12] 면역 조직은 진실로 심신 일체의 경험이다. 면역계의 근본적인 세포는 백혈구이며, 주요 분자는 항체와 신호 전달 물질인 사이토카인(cytokines)이다. 여기에 뇌, 호르몬 그리고 생활 방식을 포함시켜도 그것은 여전히 면역 네트워크의 한 부분일 뿐이다.

주요 탐정으로 지정된 백혈구는 먼저 미세 환경 속에서 꿈틀거리는 위험을 감지한다. 이 임무를 수행하는 데에 한 백혈구 가족의 모든 세포가 참여하며, 그것은 호중구(neutrophils), 호산구(eosinophils), 림프구(lymphocytes), 수상 세포(dendritic cells), 단핵구-대식 세포 (monocytes-macrophages) 등으로 구성되어 있다. 세포의 자기보호라는 거대한 체계에서 면역 세포들은 외부 침입자를 '비자기(not self)' 존재로 인지하는 순간 공격해 제거한다. (면역계를 30년 넘게 강의하면서 매번 학생들에게 이 면역 세포들의 행동을 전투가 아닌 적절한 비유로 설명해 보라 했지만, 아직 아무도 생각해 내지 못했다. 아마 여러분이라면 할 수 있을 것이다.)

방어 태세

이러한 면역 세포의 가족은 기본적으로 크게 두 부류로 나뉜다. 즉, 타고난 원초적인 청소부 포식 세포와 좀 더 정교하며 훈련 가능한 림프구가 그것이다. 타고난 원초적인 세포들, 즉 호중구와 단핵구-대식 세포는 비특정적이고 신속한 면역반응을 담당한다. 반대로, 림프구는 장기간에 걸친 후천적인 면역반응을 담당한다. 원초적인 청소부 포식 세포들은 비교적 큰 세균과 같이 외부에서 유입된 이물질을 탐지하는 제1차 선발대다. 이들은 다른 위협적인 세포들이나 세포 부스러기를 먹어 치운다. 그래서 그 이름이 포식 세포라 불리는 것이다. 포식 세포들은 몸속을 미끄러지듯 다니고, 가장 작은 공간이나 조직 안으로 들어가기 위해 모습을 바꾸며, 안식처를 침범한 침입자들을 탐지한다. 이들은 박테리아, 곰팡이뿐만 아니라 폐에 있는 먼지 입자까지 감지할 수 있다. 포식 세포들은 감염으로부터 우리를 방어하지만, 자신들이 한 일은 절대 기억하지 못한다.

면역 방어의 두 번째 부대는 림프구다. 이 세포들이 나타나 임무를 마무리 짓는다. 또한 이들은 숨어 있거나 보이지 않는 더 작은 바이러스들을 제거하고, 침입자들의 정체성을 기억한다. 이렇게 정교한 후천적인 면역반응은 평생 동안 교육받는 림프구에 달려 있는 것이다. 림프구의 역할에 대해서는 나중에 더 알게 될 것이다. 이 모든 세포는 '비자기'를 인지하고 반응할 수 있게 하는 표면 표지자들을 부여받았다.

염증 시나리오

당신은 정원에서 장미 나무의 가지를 자르고 있다. 그때 숨어 있는 가시에 손가락을 찔려 상처 부위에서 몇 방울의 피가 흐른다. 수백만 개의 세포가 피부의 작은 상처를 구조하고 보수하기 위해 소집된다. 혈액 세포가 헤엄쳐 다니는 혈장이 상처 부위로 몰려들어 독소를 씻어 내거나 희석한다. 백혈구 세포들이 경보를 듣는다. 호중구는 침입한 세균들로부터 나오는 신호를 듣고, 그들을 '비자기'로 인식한다. 그러고는 그들을 붙들고 꿀꺽 삼켜 버리며, 이 과정에서 세균들은 죽임을 당하고 소화된다. 면역 세포들에게 영양분을 공급하기 위해 적혈구들이 쉴 새 없이 들어와서 산소를 공급하고 노폐물을 제거한다. 또 다른 작은 혈액 세포인 혈소판은 상처 주위에 벽을 세워 침입자와 그에 수반되는 독소들을 격리시킨다. 가시의 '공격'을 받은 지 24시간 이내에 다른 청소부인 단핵구가 작업을 끝내기 위해 들어온다.

이 과정에서 가장 쉽게 제거되는 병원체는 박테리아와 곰팡이다. 병원체들이 없어지고 상처 부위가 깨끗해지면 화학적 신호들의 지시에 따라 세포들은 새 조직을 형성하게 된다. 이 하나의 시나리오는 당신이 반복적으로 경험하는 것이며, '염증(inflammation)'이라고 불린다. 다음에 당신이 베이거나, 곤충에 물리거나, 타박상 또는 화상을 입게 되면 잘 관찰해 보라. 상처 부위가 빨갛게 되고, 부어오르고, 열이 나며, 통증이 수반된다. 이것은 염증 과정의 네 가지 전형적인 신호들이며, 다름 아닌 당신의 면역 세포들이 작용하고 있음을 알려 주는 것이다.

염증은 가장 기본적인 면역반응이다. 밖에서 들어온 미생물이든 자극적인 먼지 입자든 우리에게 공격을 유발하면, 백혈구 세포들이 그 상황을 처리하기 위해 발동된다. 우리 인체의 경계를 침입하는 것은 무엇이든 우리 자신에게 해를 끼칠 수 있으며, 이것이 백혈구 세포들을 자극하여 방어적 행동을 취하게 하는 것이다.

불행히도 이 면역반응은 균형을 잃을 수 있다. 과학자들은 많은 질병이 본질적으로 염증성이라는 사실을 밝혀내고 있다.[13] 예를 들어, 우리는 고지방 다이어트가 관상동맥성 질환을 유발한다는 것을 확신하고 있지만, 설득력 있는 연구에 따르면 혈관의 염증은 하나의 주요한 숨은 요인이다.[14] 비만의 장기적인 위험과 마찬가지로, 당뇨병에서 조직을 손상시키는 영향 또한 부분적으로 염증 때문이다.

염증성 공격을 완화시키기 위해서는 신체 활동을 늘리고 과일과 야채로 가득한 식단을 즐겨라. 과일과 야채에는 과도한 염증의 위험 요소를 줄이는 데 도움이 되는 항산화 물질이 풍부하게 들어 있다. 당신이 세포 행동을 배우고 이해할 때, 통제할 수 없는 세포 반응의 위험을 줄이거나 예방하기 위해 어떻게 하는 것이 도움이 되는지 알 수 있다. 이렇게 하면 당신의 세포들이 당신을 사랑할 것이다.

두 번째 전투 준비 명령

다른 하나의 백혈구 세포인 림프구는 바이러스와 미세한 침입자의 계속적인 공격으로부터 우리를 보호한다. T 세포, B 세포 그리고 NK (natural killer) 세포로 알려진 림프구는 우리를 보호하기 위해 여러 가지 협업을 수행한다. 면역 기능상의 중요한 물질을 분비하는 내분비선인 흉선(胸腺, thymus gland)에서 나오는 T 세포는 조절 기능을 한다.

즉, 도우미 역할을 하는 T 세포는 면역반응을 활성화하고, 반대로 억제하는 T 세포는 이를 차단한다. B 세포 집단은 항원을 덮어서 중화시키는 항체 분자를 생산한다. 항체로 덮인 항원은 제거하기가 더 쉽기 때문이다. 대체로 B 세포는 이 기능을 수행하기 위해서 T 세포의 도움을 필요로 한다. NK 세포는 가장 먼저 바이러스 감염에 대항하는 방어자이며, 바이러스 공격이 시작된 지 몇 시간 이내에 바이러스에 감염된 세포들을 죽인다. NK 세포의 이러한 작업은 나머지 다른 면역 활동이 협력적으로 개시되기도 전에 행해지는 것이다. NK 세포는 또한 면역 건강에 영향을 미치는 심리적 요인과 생활 방식의 민감한 지표가 될 수 있다.[15] 이것은 NK 세포의 활동성이 시험관에서 쉽게 측정될 수 있다는 의미다. 외로움을 느끼는가? 그렇다면 당신의 NK 세포들의 활동이 둔해질 수도 있을 것이다. 명상을 하거나 웃기는 영화를 한 편 보라. 그러면 다시 이 세포들이 활발해질 것이다.

포식 세포들은 인체를 위협하는 미세한 위협을 즉시 인지하고 제거하는 기술을 가지고 태어난 반면, T와 B 림프구들은 침입자들을 제거하는 능력을 완전히 갖추기 전에 그들의 선별력이 개발될 때까지 시간을 필요로 한다. 이를 획득 면역, 학습 면역 또는 특정성 면역이라 일컫는다. 림프구와 포식 세포의 또 다른 차이점은 대부분의 림프구는 기억력을 발달시킬 수 있다는 것이다. 앞에서 언급했듯이, 포식 세포(단핵구와 호중구)들은 단순히 자신들의 역할만 수행할 뿐, 그 후에 아무것도 기억하지 않는다. 반면, 염증이나 면역 과정에서 생성되는 기억성 림프구는 동일한 유기체에 의한 미래의 공격도 방어한다. 이 때문에 홍역 예방 접종을 받은 사람은 평생 홍역에 걸리지 않는다. 수많은 림프구가 자신들을 공격할지 모르는 홍역 바이러스를 바로 식별하여 박멸해 버리는 것이다. 면역 네트워크에 대해 내가 끊임없이 놀라는 것 중에 하나는 면역계 안에 설계되어 있는 수많은 2중의 안전 장치와 위험 요소를 제거할 수 있는 대체 방법들이다. 세포들이 텅 빈 허공에서 작용하는 것은 아니며, 우리가 어떻게 하는가에 따라 그들의 능력을 도울 수도 있고 가로막을 수도 있다. 우리는 진실로 이 세포들과 협력하는 관계 속에서 살고 있으며, 그것은 전적으로 우리의 건강 유지를 목적으로 하는 공동 사업이다.

획득 또는 학습 면역반응이 연출하는 '면역 댄스'는 몸과 마음과 분자들의 모든 측면이 합쳐진 놀라울 정도로 복잡한 안무다. 이것은 세포 우주가 우리의 생존을 보호하는 데 대단히 협력적이고 협동적인 것임을 보여 준다. 우리의 생활 방식, 영양 상태, 신체 활동뿐 아니라 스트레스 등이 모두 이 안무에서 특정한 역할을 담당한다. 장기간의 만성 스트레스는 면역반응성을 저하시킬 수 있는 반면, 이완 전략은 그것을 증진시킬 수 있다.[16] 이제 이 안무의 단계에 대해 알아보자.

11단계 학습 면역반응

1. **침입자, '비자기'의 인지**: 청소부 세포 단핵구와 수상 세포가 춤을 추기 시작한다. 이들이 외부 침입자를 탐지하기만 하면 신비로운 공연이 연출된다.
2. **침입자 해체**: 위험이 인지되는 순간, 그 침입자는 조각조각 해체되며 분해된 조각들은 면역반응성을 자극한다. 이러한 자극 유발 조각들은 항원이라고 불린다. 해체시키는 세포들은 항원 처리 세포(antigen-processing cells: APC)라고도 하며, 단핵구-대식 세포와

수상 세포를 포함한다.

3. 도우미 T 세포 찾기: 항원은 깃발처럼 항원 처리 세포의 표면으로 이동한다. 이 세포는 항원을 인지하는 도우미 T 세포를 찾아 돌아다닌다. 각각의 특정한 T 세포는 오직 하나의 항원만 인식하지만, 도우미 T 세포는 약 백만 개의 다른 항원을 식별할 수 있는 능력을 갖고 있다.

4, 5. 분자 메시지 전달-격렬한 반응

4. 침입! 적합한 도우미 T 세포는 찾아지기만 하면, 항원 처리 세포로부터 화학 신호를 수신하여 자기의 수를 증식시킨다. 이런 화학 신호를 사이토카인(cytokines)과 인터루킨(interleukins)이라고 부르는데, 이들은 세포 사이의 분자 메시지다.

5. 인터루킨 1(IL1)은 특정 항원을 식별할 수 있는 더 많은 도우미 세포를 만들도록 도우미 T 세포에게 신호를 보내며, 도우미 T 세포들이 안무의 나머지를 연출한다. 면역 세포들에게 영향을 미치는 것 이외에도, IL1은 뇌까지 올라가서 체온을 올리고 졸음이 오게 한다. 이런 증상들은 염증과 싸우기 위한 에너지를 보존하는 데 도움이 된다. 체온 상승은 많은 침입자에게 치명적이다. 사실, 발열은 면역 네트워크가 작동한다는 것을 보여 주는 또 다른 단서다. 일반적으로 우리는 열이 나면 무언가가 잘못된 것으로 해석하지만, 발열은 면역 네트워크가 정상적으로 작동하고 있다는 뜻이다. 아스피린을 복용해 체온이 떨어진 인플루엔자 바이러스 감염 환자들에 대한 연구에 따르면, 아스피린을 복용하지 않은 환자 그룹보다 복용한 환자 그룹에서 오히려 증상이 더 오래 지속되었다. 아스피린은 면역반응을 약화시켜 열을 내리는 것으로 알려져 있다.

6, 7. T 세포의 B 세포 찾기

6. 도우미 T 세포는 이제 침입자의 항원 깃발을 들고, 똑같은 항원을 구별할 수 있는 B 림프구를 찾아 헤맨다.

7. B 세포는 이 T 세포를 발견하고 또 다른 분자 신호를 보낸다. 그리하여 특정 위험 인자를 식별할 수 있는 더 많은 B 세포가 생산된다.

8, 9. B 세포의 증가와 항체 생성

8. B 세포는 그 수가 증가하면서 혈장 세포로 발달하게 된다.

9. 이 혈장 세포는 항원 중화 단백질로 불리는 면역 글로블린 또는 항체를 생산한다. 면역 글로블린(immunoglobulins)은 여러 개의 등급으로 분류된다. IgG는 가장 흔한 형태의 항체이며 혈액에 존재하고, IgA는 주로 타액과 위장에서 발견된다. IgM은 새로운 감염의 첫 번째 반응으로 생산되고, IgE는 기생충 감염과 알레르기에 반응하는 항체다.

10. 억제 T 세포의 차단: 면역 방어자들이 외부 침입자들을 충분히 박멸하면, 또 다른 분자 신호 체계가 공습 경보 해제를 촉발한다. 즉, 억제 T 세포들이 면역반응을 정지시키는 것이다.

11. 중요한 악수하기: 당신은 다음 사실을 궁금해할지 모른다. 만약 면역 세포들이 침입자의 표지자를 운반한다면, 왜 '비자기'로 인식돼 공격받지 않을까? 자기 세포들은 서로를 알아보고 손을 잡으며, 그래서 공격받지 않는 것이다.

면역 네트워크는 우리의 세포 우주와 영묘한 의식 사이에서 탁월한 협력을 이끌어 낸다. 그것은 우리의 보이지 않는 신념이나 태도 그리고 심리적 자아 인식의 영향을 받는 가운데 신체적 세포 자기를 정의하는 역할을 하는 것이다.

나는 누구인가: 자아 발견하기

우리는 이제 자신을 식별하고 보호하는 세포의 뛰어난 지능을 목격하였다. 그래서 화제를 바꾸어, 무엇이 전체적 · 다면적 · 의식적 인간으로서의 우리에게 긍정적인 자아감을 부여하고, 우리는 어떻게 그것을 강화할 수 있는지 생각해 보자.

내가 어릴 적부터 가지고 있던 핵심적인 신념은 우리 모두는 저마다 여기에 있을 특별한 목적이 있다는 것이다. 생명의 탄생 때 우리에게 주어진 에너지의 불꽃을 어떻게 사용해야 하는가? 사랑하고 일하는 데 쓸 것인가? 땅을 가꾸고 아이들을 양육하는 데 쓸 것인가? 창의적 프로젝트를 꿈꾸고 끝내는 데 쓸 것인가? 우리는 제각기 자신이 누구이며 왜 여기 있는지에 대한 영감의 씨앗을 가지고 있다. 하지만 우리가 만약 이러한 영감이 없거나 듣지도 못한다면 어떻게 해야 하는가?

내 영감과 사명감이 사라져 버렸던 때가 있었다. '나'를 완전히 잃어버렸고, 영적인 자아를 찾을 수 있는 새로운 길을 여행하기 위해 어떤 주술사의 도제가 되었다. 우리는 소리와 비선형 기술을 사용하여 이제껏 알지 못했던 나 자신의 부분들에 접근하였다. 수련, 헌신 그리고 공동체와 더불어, 나 자신의 더 많은 부분을 회복할 수 있었고, 이것은 나에게 가장 위대한 자아 통합을 제공하는 길이 되었다. 나는 오래된 질문을 제기하였다. 나는 왜 여기 있는가? 세상을 더 좋게 만들고 다른 사람들을 유익하게 해 줄 수 있는 나만의 독특한 재능은 무엇인가? 대부분의 사람이 살아가면서 특정한 시점에 이런 질문을 하며, 그 정보에 접근하기 위해서 우리는 종종 비전통적 방법을 필요로 한다. 나는 이제 그 방법을 성스러운 기술이라고 부르고자 한다.

견습 기간에 내가 누구인지를 완전히 이해하고 표현하기 위해서 은밀하게 '힘(power)'에 접근하였다. 주술적 또는 토착적 문화에서, 힘은 '약(medicine)'이라고 불린다. 각 개인의 약은 자신의 개인적인 재능과 목적, 그리고 사람들을 치료할 수 있는 힘을 나타내는 것이다. 나는 내 재능 중 하나가 소리라는 것을 알게 되었다.

우리가 자신의 힘을 발견하고 능력을 발휘하기 시작할 때, 우리는 진실로 우리 자신이 된다. 우리가 가장 위대한 공헌을 하고 에너지의 선물을 더 현명하게 사용하는 것은 그때인 것이다. 우리는 자아에 접근하여 이해하고 통합하는 수많은 방법을 가지고 있다. 나에게 소리는 천부적인 약이기 때문에, 여기서 나는 당신에게 성스러운 세포 자기를 생동감 넘치게 하도록 쓸 수 있는 방법을 제공할 것이다.

자아감 찾기: 소리의 힘

미국 위스콘신 주 매디슨 시의 심리치료사인 아덴 말버그(Arden Mahlberg)는 환자들이 그들 자신의 핵심 자아감을 재발견할 수 있도록 도움을 주는 데 소리를 사용한다. 그는 『음악과 기적(*Music and Miracles*)』에서 '음~' 소리의 첫 번째 임상 경험에 관한 경이로운 이야기를 들려주고 있다. 그의 환자 중 한 명인 35세 남성은 안정적인 직장을 싫어했다. 그는 그 직장에 부적합하며 갇혀 있다고 느꼈다. 그는 우울했고, 실패를 두려워했다. 말버그는 소리를 처방하였다. '음~' 소리를 이미지화하고 흥얼거리도록 하였다. 먼저, 이미지와 소리는 그에게 더욱 편안한 수면을 제공하였다. 누구든 이것으로 어찌 이득을 얻지 않겠는가? 수개월의 수련 이후, 그는 자신의 정체성에 근본적인 변화가 발생했다는 것을 알게 되었다. 그는 새로운 안정감을 얻었으며, 결과에 대한 두려움 없이 일자리를 바꿀 수 있었다.[17]

현재 말버그는 대화 요법(talk therapy)에 진전이 거의 없는 환자들에게 종종 이 소리 전략을 사용하고 있다. 흥얼거리는 것은 환자들이 자기 자신을 발견하는 데 도움을 준다. 그는 상실감을 느끼는 환자들에게 먼저 '음~' 소리를 이미지화하고, 매일 5~20분 동안 그것을 흥얼거리게 하였다. 시간이 지날수록, 그는 이들이 더욱 명료한 선택과 결정을 하며 더욱 적극적이고 자신감 있게 되는 것을 경험하였다. 흔히 사람들은 그들 자신을 다르게 봄으로써 자신의 삶에서 새로운 리듬과 에너지를 얻게 된다. 본질적으로, 사람들은 자기 자신과 더불어 자신의 진정한 본성을 재발견하는 것이다. 당신은 누구이며, 어디에 있는가? 그것을 모른다고 느껴 본 적이 있는가? 여기 실습 과제가 있다.

◆◆◆

탐구

자기의 소리

당신의 자아감을 강화하기 위해 이 실험을 탐구해 보세요. 당신이 현재 있는 그대로 그냥 충분하다고 느낄지라도, 이것은 흥미롭게 당신의 행복을 증진시킬 것입니다.

당신이 안전하게 느끼고 방해받지 않을 장소에서 5~10분 정도 시간을 할애해 보세요. 편안한 자세로 앉은 뒤, 두 눈을 감고 '음~' 소리를 상상해 보거나 그려 보세요. 간단히 '음'이라는 글자를 상상하거나 그것을 소리로 듣는다고 생각해 보세요. 또 다른 선택은 조용히 소리를 내는 것입니다. 몇 분 동안 이렇게 해 보세요.

이제 당신은 다음 단계로 넘어가 소리를 크게 해 봅니다. 코로 깊은 숨을 들이 마십니다. 입은 벌리지 않습니다. '음~' 소리를 내면서 당신의 코를 통해 숨을 내 뱉어 보세요. 당신의 날숨이 허락할 때까지 '음~'을 계속 흥얼거려 보세요. 숨을 다시 들이마신 다음, '음~' 소리를 다시 내어 보세요. 소리가 당신의 뼈와 조직을 진동시키는 것을 느껴 보세요. 어디서 소리를 처음 느낍니까? 최소한 아홉 차례 반복해 보면 유익함을 느끼기 시작합니다.

소리의 높낮이와 강약을 달리해서 실험해 보세요. 고음일 때와 저음일 때 여러 곳에서 소리를 느낍니까? 흥얼거리는 동안 당신의 이가 맞닿을 때 차이를 느껴 보세요.

최소한 5분 정도 '음~' 소리를 낼 수 있을 때까지 며칠 동안 계속 수행해 보세요. 각 세션이 끝나면 잠시 침묵합니다. 어떤 감정을 느꼈는지 살펴보세요. 당신의 일상에서 5~20분 정도 이렇게 하는 것이 당신의 하루를 변화시킨다는 것을 알게 될 것입니다. 당신의 경험을 일기로 작성해 보세요. 당신의 몸에 변화가 있거나 의식 또는 감수성이 새로워진 것을 알아챌 수 있나요? 당신의 자아감, 당신의 경계 는 어떠한가요?

훌륭한 스승은 패턴을 변화시키기 위해서 최소한 21일이 소요된다고 말합니다. 나는 3일 연속 흥얼거리는 연습으로 시작하여 21일까지 작업하라고 제안합니다.

경고! 차를 운전하는 동안에는 수행하지 마세요. 조화로운 흥얼거림이 뇌파의 활동과 반응 속도를 느리게 하기 때문에 사람들은 종종 깊게 변화된 의식 상태로 들어갑니다. 이는 이미지화나 명상에 탁월한 준비이지만, 활동을 위한 것은 아닙니다.

◆◆

흥얼거림이 어떻게 자아 회복에 도움이 되는가

'음~' 소리의 치료 효과에 대한 인간의 지식은 수천 년 전으로 돌아간다. 소크라테스는 흥얼대는 것을 듣는 것이 스스로 만족스럽고, 집중적이며, 안정적인 상태를 유지하게 한다고 말했다. 수피교 시인인 카비르는 그 소리로 황홀경에 들어갔다고 했다. 후파 인디언(Hupa Indian) 전통은, 우리가 몸의 불편함을 느끼며 일어날 때 흥얼거리는 것은 우리의 정신이 돌아오는 데 도움을 준다고 가르치고 있다.

말버그가 '음~' 소리를 선택한 것은 그의 생각에 '음~' 소리는 자아의 원형의 소리이기 때문이다. 여기에는 많은 증거가 있다. 우리의 문화적 뿌리와는 상관없이, 유아기 때 젖을 빠는 동안 우리는 '음-음-음' 소리를 낸다. 텅 빈 입으로 소리를 냈을 때, '음-음' 소리는 전세계적으로 가장 보편적인 첫 구어인 '엄마'가 된다. 많은 언어 속에서, 엄마를 지칭하는 단어는 '음~' 소리를 강조하고 있다. 부모는 아이를 재우기 위해 자연스럽게 흥얼거린다. 우리는 맛 좋은 음식을 먹을 때에도 "음, 음, 맛있어!"라고 기분 좋은 목소리로 흥얼거린다. 아멘(amen), 옴(om), 세마(shema), 샬롬(shalom), 살람(salaam) 등 많은 문화에서 '음~' 소리가 성스러운 소리인 것이 우연의 일치일까?

힌두 우파니샤드에서, '음~' 소리는 나와 나 아닌 것, 자아와 타자,

내면과 외부 사이의 근본적인 구별을 짓는다고 한다. 다른 성스러운 전통에서는 이 소리가 하늘과 땅을 연결한다. 옴과 아멘은 기도나 영적인 시의 끝 부분에 쓰이는 소리다. 주술사이며 인류학자인 에인절스 애리언(Angeles Arrien)은 '아'가 우리의 마음과 정신을 여는 동안, '음~' 이 우리를 지상으로 돌아올 수 있게 하는 소리라고 설명하고 있다.[18]

우리가 반복적인 소리를 듣고 낼 때 우리의 뇌파는 느려지고, 원기를 회복시키는 수면의 델타파와 비슷해지는데, 이것은 또한 태아에게서 첫 번째로 발견될 수 있는 뇌파이기도 하다. 우리가 흥얼거릴 때, 우리는 자궁 의식의 평화로움을 재창조하거나 새로운 안전 지역을 만드는 것일까?

흥얼거림은 몸을 진동시키고, 세포 내에서부터 세포들이 연결된 살과 뼈를 거쳐 우리 마음속까지 이른다. 그것은 대부분의 우리 세포가 함께 공명할 수 있도록 도움을 주면서 우리를 조율하는 것이다. 이는 우리에게 자아와 의도의 개념을 하나로 맞출 수 있는 완벽한 시간을 제공한다.

만약 당신이 이미 요가나 태극권 혹은 기공과 같은 신체적인 수련을 하고 있다면, 수련에 '음~' 소리를 추가해 보라. 당신은 그것이 당신 자신을 한층 더 통합하는 데 도움이 된다는 것을 알게 될 것이다.

소리 치료

하나의 단조로운 톤으로 소리를 계속 내는 것이 명상 상태를 유도하고 깊어지게 만든다는 것은 널리 알려져 있다. 사실, 나는 '음~' 소리를 내거나 특정한 종류의 찬가를 부를 때에야 비로소 명상에 들어가는 고객들과 함께 일한 적이 있다. 이러한 정서적 집중 효과가 있음을 지켜보면서, 나는 세포 정체성 기능이 감퇴하는 면역 질환을 겪고 있는 사람들에게 소리를 시도하고자 하는 영감을 받았다. 1년 동안 나는 이 장 서두에 언급한 당혹스러운 질병인 만성 피로 증후군을 겪고 있는 8명의 여성 그룹을 상담하였다. 이것은 그 증상이 분명하지 않지만, 결과적으로 인지능력, 기억력, 체력, 삶에 대한 열정과 면역력 등의 약화를 초래하는 질병이다. 흔히 이러한 상태에 빠져 있는 사람들은 강력한 과잉 성취자들이며, 전통적으로 남성의 역할로 여겼던 일을 하는 여성들이다. 이 증후군은 확실히 여러 수준의 '자아 상실'로 표현된다. 당신이 전에 할 수 있었던 것을 못하기도 하고, 당신이 읽었던 것을 기억하지 못하며, 당신의 에너지는 바닥이 나 버린 것이다. 당신은 잠을 자지만 기력을 회복하지 못한 채 깨어난다.

나는 그 그룹의 여성들에게 이전의 자신으로 더욱 회복될 수 있는지를 확인하기 위해 '음~' 소리를 연습하게 하였다. 그들은 모두 단지 몇 분 동안이라도 소리를 내며 더 많은 에너지를 받았고, 시간이 지나면서 그들 자신에 대하여 더 나아진 기분을 느꼈다고 얘기했다.

다른 그룹들에게도 '음~' 소리를 엮어 넣기 시작하면서 나는 이것이 행복을 향상시키는 강력한 도구라는 것을 거듭 알 수 있었다. 예를 들면, 자가면역질환을 앓고 있던 한 남성은 끊임없는 근육과 관절 통증으로 괴로워하고 있었다. 그것은 그의 면역 체계가 계속해서 세포들을 파괴하기 때문이었다. 그를 고통에서 해방시켜 줄 단 하나의 전략은 소리였다. 그는 앞서 설명한 '음~' 소리를 흥얼거렸을 뿐 아니라 다른 톤으로도 흥얼거렸다.

모든 세포, 분자, 원자가 떨리고, 움직이며, 흥얼거린다. 전파 천문학자들은 우주의 모든 곳에서 끊임없이 흥얼거리는 소리를 감지한다. 우리 원자의 소리를 듣는다면, 그것은 신성한 힌두 소리인 옴(OM)과 비슷하다고 한다. 힌두 문화에서 옴은 일반적인 소리 이상의 것이다. 그것은 신이나 신성한 의식의 이름이자 그 시현임을 나타내는 것이다.

조셉 캠벨(Joseph Campbell)은 내면의 흥얼거리는 소리는 근본 에너지이고 진동이며, 우주 자체는 그 현현이라고 말했다. 만약 소리가 우주로 현현하거나 우주를 이룬다면, 흥얼거림은 우리 자신의 우주를 현현하는 데 도움이 되지 않겠는가?

◆◆

성 찰

나는 어떻게 나 자신을 인식하는가?

나는 어떻게 인식되고 있는가?

나는 어떻게 나 자신을 인식하지 못하는가?

나는 어떻게 다른 사람을 인식하는가?

내 자아의 어떤 측면을 강화할 필요가 있는가?

◆◆

나는 누구인가

우리가 자아를 인식하는 모든 방법에 대한 예를 들기 위해, '나는 누구인가?'란 질문에 대답하는 몇 가지 방법을 소개한다. 나는 원자이고, 분자이며, 세포이고, 생각이며, 감정이고, 신념이며, 손드라 (Sondra)이고, 딸이고, 어머니이고, 할머니이며, 친구이고, 애인이고, 일이며, 영혼이고, 사랑이며, 소리다.

형이상학적이고 상징적인 전통들의 관점에서 나는 누구인가? 점성술에서 나는 리브라-스코피오(Libra-Scorpio)이고, 타로점이나 수점술에서는 수녀; 정의, 11과 a2이며, 그리고 또 다른 형이상학적인 체계에서는 하트의 퀸이다. 생각해 보라. 만약 사람이 형이상학적인 특성들에 귀결되는 존재라면, 그것들이 우리의 정체성과 삶의 목적에 얼마나 보탬이 될 수 있는가? 어디서 그런 신화적이거나 신비로운 칭호들이 우리의 자아정체성을 지지하고, 강화하며, 확장시킬 수 있는가?

◆◆

몸의 기도

닻 내리기: 자기창조의 선언

다음의 훈련은 탄탄한 자아감을 얻게 하며, 당신이 되고자 하는 자아를 의도적으로 창조하거나 재창조하는 도구로서 도움이 됩니다.

당신이 안식처라고 느끼는 공간을 선택합니다. 그곳에 도착할 수 있도록 잠깐 시간을 가지세요. 그다음, 당신의 세포에 감사하고, 당신 존재의 모든 것, 당신 소유의 모든 것, 당신 앎의 모든 것의 위대한 신비에 감사하는 몇 마디를 조용하게 또는 소리 내어 말합니다.

당신의 발이 땅에 자리 잡고 닻을 내리고 있음을 느껴 봅니다. 당신의 발이 땅과 하나로 연결되어 있음을 느낄 때 땅의 에너지로부터 기운을 얻을 수 있습니다. 당신은 또한 당신의 머리가 보이지 않는 줄로 하늘과 연결되어 있다는 것을 그려 볼 수 있습니다. 단단히 자리 잡고 있다고 느낄 때까지 당신의 발을 앞뒤로 조금 움직이세요.

당신이 땅과 하늘을 잇는 줄이라고 상상해 보세요. 훌라후프를 할 때처럼 배와 엉덩이를 천천히 회전시켜서 허리로 원 운동을 합니다. 이 동작을 하고 있는 동안 당신의 어깨는 땅과 평행인 상태로 두어야 합니다. 줄의 양쪽 끝이 고정되어 있는 것처럼 움직여 보세요. 당신이 닻을 내린 느낌을 가질 때까지 계속합니다. 당신은 이제 방향을 바꿉니다. 한 방향으로 도는 것이 다른 방향으로 도는 것보다는 당신에게 조금 더 쉽고 자연스럽다는 것을 발견할 겁니다. 어느 방향이 당신에게 더 수월한가요? 이제 당신은 뿌리를 내리고 소용돌이로 회전하며, 땅과 당신의 세포를 연결하는 '음~' 소리를 더해 보세요. 몇 분 동안 이 상태를 유지합니다.

당신의 발이 닻을 내리고 땅에 단단히 자리 잡게 되었다면, 팔을 하늘을 향해 들어올리고 손목을 굽힙니다. 양손으로 가슴과 복부를 만지고, 그런 다음 허리를 굽혀 양손을 땅에 닿게 합니다. 이 동작을 최소한 3번은 반복합니다.

이것으로 뜻을 담은 기도를 합니다. 당신은 양팔을 올릴 때 인생의 다음 단계를 위한 지침과 지혜를 기도합니다. 혹은 팔을 높이 올리며 당신 존재의 모든 것과 당신 소유의 모든 것에 감사함을 표현하세요. 당신이 복부와 가슴을 만질 때, 당신의 뜻이나 더 높은 자아에 맡깁니다. 당신이 땅에 닿을 때, 뜻의 씨앗을 뿌리는 기도를 합니다. 이 씨앗이 성장할 수 있도록 무엇이든 할 것이라고 큰 소리로 말해도 좋습니다.

당신이 뿌리내려지고 이 세 가지 동작을 구현할 때, 당신은 사실상 자아 창조의 행위를 선언하게 되는 것입니다.

◆◆◆◆◆◆◆◆◆◆◆◆◆◆◆◆◆◆◆◆◆◆◆◆◆◆◆◆◆◆◆◆◆◆◆◆◆◆◆

통합된 자아를 향해

우리는 거의 보편적인 종교적 진술인 '나는 나인 바로 그것이다(I AM THAT I AM).'를 검토함으로써 이 장을 시작했다. 이제 우리의 일상 생활에서 찾는 것처럼 그 생각을 다시 검토해 보자. 우리의 마음이 계속해서 '나는 누구인가?' '현재 나는 누구인가?' 라는 물음을 고려하는 동안에도, 우리의 세포들은 건강하다면 자신들이 누구인지 정확히 알고 있다. 우리는 성숙과 변화를 향한 여행을 하면서 순간순간 우리가 누구이고 어떤 방식으로 존재하는지를 받아들인다. 그것은 '나는 나인 바로 그것이다.'를 더 깊은 차원에서 이해하도록 우리를 이끌어 준다. 받아들임은 우리 인간의 자기인식의 한 부분이다.

최근 한 학생이 나에게 세포와 자아에 대한 그녀의 경이로운 경험을 나누려고 전화하였다. 어느 날 아침 그녀의 산책은 특히 힘들었다. 그것은 그녀와 그녀 자신의 세포에게는 문자 그대로 고된 싸움이었다. 가파른 길에서 그녀의 세포들은 비명을 질렀고, 그들의 한계에 다다른 느낌이었다고 그녀는 말했다. 그 세포들은 아파서 멈추고 싶어 했다. 그 후 그녀의 의식(내가 정신과 마음이라고 부르는)은 산책에서 그 역할을 밝혀냈다. 그것은 만약 우리가 역경을 이겨 내고 언덕의 꼭대기에 다다르게 되면, 우리 모두에게는 이익이 된다는 것이다. 그녀는 그때 세포와 의식, 물질과 마음 사이의 협업을 이해하였다. 세포들은 마음의 도움을 받지 않고 그들의 일을 할 수 있다. 하지만 마음이 있는 그대로를 받아들이고, 아직 그만두지 말고 조금 더 가 보자고 할 때, 세포를 포함하여 존재 전체가 이익을 얻게 된다. 그 역경은 새로운 자아감을 증진시키는 것이다.

우리의 선택이 세포 건강에 영향을 미친다는 것을 받아들이고 인정할 때, 우리는 우리 세포의 성품을 성스러운 성배나 그릇으로서 받아들일 수 있다. 그것은 우리가 보살피고 가꾸어야 할 것으로 우리에게 주어진 것이다. 우리는 하나인 것이다. 다음 장에서는 우리의 의식이 어떻게 각 세포에 메시지를 보내고 세포들이 어떻게 서로 대화에 관여하는지를 살펴볼 것이다.

수용성: 듣기

세포 대화

수용체

분장하는 분자

구조 요청

세포 의사소통의 신체적 증거

자기의 진실을 말하는 세포

우리에게 귀 기울이는 세포: 우리는 듣는가

세포관계와 인간관계

세포와 현재

사랑의 메시지: 우리를 합쳐 주는 분자

향상된 유대감과 옥시토신 효과

화학물질을 통한 '더 좋은 유대감'

관계 속의 번지 효과: 연결

기도 수용체

우리 세포와 우리 자신을 사랑하기

제3장

수용성: 듣기

우리의 평활근 세포는 그들의 계획에 따라 척척 일을 한다. 몸 전체 시스템의 필요에
따라 세관(細管)을 열고 닫는다. 세포들은 단순히 상호 접촉하여 의사소통을 하며,
우리에게 특별한 말 없이도 이는 계속 진행된다.
이 방식은 생태계와 같다.
– 루이스 토머스(Lewis Thomas), 『세포의 삶(*The Lives of a Cell*)』 –

우리 세포와 우리 자신의 신성함을 계속 탐구해 가는 만큼, 이 장
에서 우리는 '나(me)'에서 '우리(we)'로 관점을 바꿀 것이다. 우리
세포는 우리에게 서로를 인식하는 것, 듣는 것, 말하는 것 그리고 연
결의 가치에 대하여 많은 것을 가르쳐 주고 있다. 그리고 세포의 '듣
는' 방법은 바깥 표면의 수용체 영역, 즉 '안테나'와 연결되어 있다.

세포 대화

만약 우리가 세포들의 대화를 들을 수 있다면 그들은 무슨 이야기를 할까? 직장에서 임금 인상을 위해 어떻게 다툴 것인지 또는 누가 시험을 더 잘 봤는지에 대해 그들이 이야기할 거라 생각하는가? 아니다! 아마 우리는 그들이 더 빨리 움직일지 아니면 늦게 움직일지, 호흡을 조금 더 깊게 할지, 앞으로 밀고 뒤로 당길지 등을 논의하는 것을 들을 수 있을 것이다. 또한 우리는 그들이 "메시지가 너무 많은데, 어떤 메시지에 내가 반응해야 돼?"라고 묻는 것을 들을 수 있을 것이다.

우리 세포는 어떻게 변화무쌍한 내면의 연금술적 환경을 경영하는가? 우리가 이것을 더 잘 이해할수록, 우리는 자기 자신과의 관계와 인간관계가 더욱 좋아질 것이다. 그리고 우리가 얼마나 숭고한 존재인지에 대해 보다 큰 감사함을 느끼게 될 것이다.

다시, 이전 2개의 장에서와 같이 우리는 세포의 표면, 즉 세포막으로 시작한다(그림 3-1) 참조). 우리는 세포막이 '나(I AM)'라는 그 본질을 나타내는 특정적인 표지자를 가지고 있다는 것을 배웠다. 세포막은 또한 다른 세포들과 의사소통할 수 있는 능력을 가지고 있다. 의사소통은 무엇보다 안으로 들어오는 특정 분자의 인식에 탁월한 능력이 있는 세포막의 안테나인 수용체에 달려 있다. 만약 특정 분자가 잘 맞는다면, 우리의 세심한 세포는 그를 받아들일 것이다. 이는 제2장에서 설명한 항원과 세포막 수용체 사이의 면역 협력에 대한 디자인 요건과 비슷하다. 즉, 세포들은 변화하는 환경으로부터 오는 분자 메시지들을 인식하기 위해 동일한 메커니즘을 사용하는 것이다. 노벨상 수상자인 크

[그림 3-1] 세포 모형도: 자기표지자(삼각형) 및 다양한 수용체(다른 모양)

리스티앙 드 뒤브(Christian de Duve)는 이러한 현상을 분자 상보성 (molecular complementarity)이라고 불렀다.[1]

생물학적인 정보 교환은 화학적 상보성,
즉 서로 정밀하게 합치하는 2개의 분자 구조들 사이에
존재하는 관계에 근거하고 있다.
두 파트너가 딱딱하게 굳어 있지 않기 때문에 그것은 하나의 역동적인 현상이다.
그들은 서로 포옹할 때 자기 자신을 서로에게 어느 정도 맞춘다.
포옹이 결속으로 이끄는 것이다.
- 크리스티앙 드 뒤브(Christian de Duve), 『생사의 티끌(*Vital Dust*)』-

우리 세포들은 어떤 메시지에 주의를 기울일까? 위험, 새로운 자원이나 에너지에 대한 요구, 가속과 감속에 대한 화학적 신호가 있으며, 또한 휴식과 편안함, 자원의 재생과 재활용에 대한 분자 메시지도 있다. 즉각적인 인식 때문에 우리의 세포는 나노 초(nanosecond) 단위로 반응하여 우리를 보호하고, 움직이며, 보충하게 해 준다. 하지만 어떻게 그렇게 하는가?

수용체

각 세포의 표면에는 그 생존에 필수적인 정보를 감지하는 기능을 가진 수천 개의 수용체가 널리 산재해 있다. 어떤 수용체는 오직 특정한 메시지만 받아들일 수 있는 형태로 되어 있다. 우리가 이전에 살펴본 자물쇠-열쇠 메커니즘의 비유가 또한 여기에 적용된다. 즉, 세포는 특정한 화학적 신호를 인식할 수 있는 수용체를 가지고 있어야만 그 신호에 반응한다. 이것은 결국 수용체와 메시지 둘 다 상호 올바른 공간적 · 기하학적 · 3차원적 구조를 가져야 함을 의미하는 것이다. 어떤 과학자들은 수용체와 메시지 둘의 진동이 또한 이러한 역동적인 대화에서 역할을 한다고 말한다. 수용체는 고정되어 있지 않다. 수용체는 메시지를 붙들고 그것에 자신을 맞춘다.

세포막은 인지질이라 불리는 이중의 지방층으로 구성되어 있다는 것을 상기하라. 이들 인지질은 합쳐져서 안정적인 '비누방울' 과 같은 형태를 이룬다. 단백질 수용체들은 이러한 지방질 표층에서 떠돌아다니지만, 어떤 것들은 세포막에 일곱 번이나 걸터앉아, 세포의 안팎에 닿아 있다. 수용체는 자신의 '손' 으로 세포의 외부에서 온 메시지 분자를 붙잡고, 세포 안에 있는 자신의 '발' 을 움직여 메시지를 받았다는 것을 전 세포에 알려 준다. 만약 세포 내부의 모든 다른 필요한 메커니즘이 관여하고 스위치가 켜지면, 세포는 메시지에 반응한다. 이는 수용체의 물리적 구조에 특정한 형태 변화를 수반한다. 즉, 수용체는 자기가 인식하는 분자에 닿으면 그 형태를 바꾸는 것이다. 『믿음의 생물학(*The Biology of Belief*)』이란 책에서 브루스 립턴(Bruce Lipton)은 이러한 세포막 활동이 세포의 뇌를 구성한다고 기술하고 있다. 그렇지만 세포 지능에는 세포막 수용체 이상의 더 많은 것이 요구되며, 그것은 다음 장에서 더 많이 배우게 될 것이다. 수용체와 결합하는 분자는 (만약 목표가 있다면) 결국 세포가 특정 활동에 대한 스위치를 켜도록 하는 것이다. 세포 활동의 예로는 더 많은 에너지를 만들거나 속도를 줄이거나, 수축시키는 것 등이 포함된다. 세포의 상호작용을 분자 포옹으로 그려 볼 수 있을 것이다. 수용체는 신호 분자를 껴안는다. 만약 너무 꽉 조이게 껴안으면 '켜짐(on)' 스위치가 너무 오래 지속될 것이다. 만약 너무 헐겁다면 세포는 무엇을 해야 할지 모를 수 있다. 세포가 하고 있던 일을 바꾸어 다른 행동을 취할 수 있도록 하는 것이 적절한 결합이다.

세포 수용체의 중요성에 대한 우리의 첫 번째 통찰 중 하나는 아드레날린이 어떻게 작용하는지 시험하던 약 60년 전에 시작되었다. 에피네프린(epinephrine)으로도 알려진 아드레날린은 우리 몸에게 행동할 준비를 하라고 일러 주며 압박하는 분자 신호다. 이것은 간세포를 촉진하여 포도당 저장 형태인 글리코겐을 포도당으로 전환함으로써 혈액 속에 흘러들어 가게 한다. 그리하여 아드레날린은 혈액 내에 충분한 당분을 투입하여 모든 일이 원만히 돌아가도록 하는 것이다. 투쟁-도피 반응(the fight-or-flight response)인 스트레스는 극심한 물리적 혹은 정신적 도전에 의해 야기되는 것이다. 그것은 근육으로의 에너지 이동, 혈압 상승을 통한 세포로의 산소 공급, 즉각적인 생존을 위한 총체적 활동 강화 등의 화학적 드럼롤(drumroll)을 연주한다. 만약 세포가 위험 신호를 받으면 우리는 싸우거나 달아나거나 할 것이다. 몸 안의 거의 대부분의 세포는 제각기 특유의 방식으로 반응을 하지만 아드레날린에 대한 수용체를 가지고 있다. 아드레날린이 있을 때 심장 세포들은 더 빠르게 진동하지만 췌장 안의 세포들은 인슐린 분비를 멈춘다. 우리 몸의 모든 부분은 위험으로부터 우리를 구해 내기 위한 일들을 하는 것이다.[2] 다양한 수용체 형태에 대한 느낌을 가지려면 아드레날린의 형태(부록 1의 [사진 A-8] 참조)와 카페인의 형태(부록 1의 [사진 A-9] 참조)를 비교해 보라. 세포가 다양한 화학물질에 반응하기 위해서는 여러 종류의 수용체가 필요하다는 것을 쉽게 알 수 있다.

> 만약 과학자들이 알아낸 수용체마다 각기 다른 색깔을 부여한다면,
> 보통의 세포 표면은 최소한 70가지 유형의 다른 색상으로
> 만들어진 모자이크처럼 보일 것이다.
> 어떤 유형의 수용체는 50,000개, 다른 유형의 수용체는 10,000개,
> 제3의 수용체는 199,000개 등.
> – 캔더스 퍼트(Candace Pert), 『감정의 분자(*Molecules of Emotion*)』 –

분장하는 분자

우리의 신체는 수천 개의 다른 분자 메시지를 생산한다. 제약 개발자들은 이러한 사실을 이용하며, 그것은 우리 몸속 분자의 형태와 화학적 성질을 흉내 내는 '사기꾼(impostor)' 메시지를 합성하는 것이다. 사실, 현대 의학에서 사용되고 있는 많은 약은 수용체가 관여하지 못

하도록 자연적인 신호들을 막음으로써 약효를 달성하고 있다. 그 예로, 흔히 혈압을 낮추는 데 사용되는 베타 차단제로 알려진 약들은 특정한 아드레날린 수용체에 맞추어 아드레날린이 정보를 전달하는 것을 차단한다. 그렇게 해서 그 약들은 '실행 준비 완료'와 같은 아드레날린 신호들을 차단하거나 낮춰 주고, 심장이 정신없이 뛰지 않게 유지해 준다.[3]

이러한 사기꾼 분자들은 폭넓은 효과를 가지고 있다. 내가 미국심장학회(American Heart Association)에서 첫 번째 강연을 준비했을 때, 심장 전문의인 내 상사는 내게 초조함과 심장 고동을 완화시켜 주는 베타 차단제인 프로프라놀롤(propranolol)을 복용할 것인지 물어보았다. 공개 연설을 두려워하거나 시험을 치르는 사람들은 때때로 스트레스를 받는 사건 전에 이런 베타 차단제를 먹는다. 나는 투약 대신에 명상을 하는 자연적인 방법을 쓰기로 결정했지만, 세포 수준에서의 의사소통의 변화가 고도의 물리적 긴장 상태를 완화시켜 줄 뿐 아니라 우리의 감성적 경험에 강력한 영향을 미친다는 것이 흥미진진했다.

구조 요청

분자 메시지들이 끊임없이 들고나는 것은 생명과 생존에 필수적이다. 위기 상황에서 세포는 도움을 요청하고, 협력자에게 알리고, 에너지를 요구한다. 그것은 분자 메시지 화학 창고를 갖춤으로써 가까이 있는 세포들뿐만 아니라 멀리 떨어져 있는 세포들과도 공동 행동을 해나간다. 스트레스로 우리의 에너지가 요구되면, 우리의 세포는 그 자원을 재빠르게 태워 버린다. 이런 일이 일어날 때, 우리는 마음과 분자 그리고 세포 사이의 협력을 통하여 세포들이 원기를 회복하고 평화로운 상태로 되돌아가도록 긴장을 풀어 줄 수 있다.

우리 세포는 놀랄 만한 통신사이며, 우리 안에서 동시 합창으로 수많은 언어를 말할 수 있다. 만약 당신이 현재 어떤 것에 의해 위협을 느끼고 있거나 미래에 대한 걱정으로 괴로워하고 있다면, 세포는 홈그라운드를 보호하고 방어하기 위한 즉각적인 근무 태세에 들어가고, 생존을 보장하기 위한 자원을 동원한다. 순간순간 우리와 우리 세포는 위험에서 벗어나 안전한 천국으로 향하는 능력을 함께 공유한다. 그리고 우리 세포는, 우리가 무엇을 생각하고, 무엇을 상상하며, 무엇을 실제로 경험하는지, 즉 우리가 내보내는 모든 메시지를 낱낱이 듣고 있다. 우리가 이 사실을 안다면 잠깐 하던 일을 멈추고 지금 여기에 현존하는 것이 얼마나 중요한지를 새겨 볼 필요가 있지 않겠는가.

세포 의사소통의 신체적 증거

오래전에, 심리학 분야를 변모시킨 스위스의 심리치료사 칼 융(Carl Jung)은, 어떤 정서 상태는 이에 상응하여 심장박동이 빨라지거나 손바닥에 땀이 나는 것과 같은 물리적인 반응을 동반한다는 것을 알게 되었다.[4] 그 이후 거짓말 탐지기와 같은 기계의 정서적 상태 측정에 많은 생리적 신호가 이용되고 있다. 인류 역사에서 우리가 이런 기계를 쓰게 된 것은 잠깐이다. 우리 자신의 감지 능력은 어떨까? 이제부터 우리 몸에 본래 있는 고유의 생리 신호들을 알아보자.

우리 몸 안에서 알아차리기 가장 쉬운 분자 변화는 스트레스 호르몬 칵테일에서 비롯된다. 우리는 거리를 걸어가는 어떤 남자를 두려워한다. 그는 위협적으로 보인다. 우리는 간신히 교통사고를 모면한다. 우리는 아마도 절대 발생하지 않을 무서운 것들을 상상한다. 우리는 걱정한다. 세포 수준에서, 탁월한 스트레스 신호인 아드레날린은 우리가 싸우거나 도망갈 준비를 하게 한다.[5] 그것은 혈당이 높아져서 우리의 심장 박동이 더욱 빨라지게 한다는 것을 기억하라. 이것은 정서적 변화와 분자적 변화가 일어나고 있다는 몸의 증거인 것이다. 혈액 순환은 다리에 있는 큰 근육에 연료를 공급하고, 필요하다면 우리가 도망갈 수 있도록 해 준다. 혈액이 다리로 이동할 때, 이는 손으로부터 이동한 것이다. 이것이 차갑고, 촉촉한 손이 우리가 스트레스나 두려움을 느끼고 있다는 신호가 되는 이유다. 우리는 숨을 빠르고 얕게 쉰다. 턱을 악물게 되고, 어깨와 목의 근육이 긴장하게 된다. 이러한 모든 신체적인 변화는 분자와 세포 사이의 의사소통의 결과다. 이 경우, 다른 스트레스 호르몬과 함께 아드레날린 분자들이 심장, 근육 그리고 폐 세포의 수용체와 연결되며, 장기적으로 지속되는 스트레스인 경우에는 면역 세포의 수용체와 연결된다.

세포가 위험 신호를 널리 알릴 때, 신체의 모든 부분이 반응하는 것을 분명하게 알 수 있다. 이는 반대 상황에서도 마찬가지다. 그 '위험한' 남자가 지나가면서 웃으며 인사를 하거나, 사고가 일어날 뻔했던 일을 피했다는 것을 깨닫게 될 때, 공습 경보가 해제되는 것이다. 그때 우리는 긴장이 풀린다. 우리는 호흡 속도가 늦어지고, 이를 악물던 턱과 팽팽해진 근육에 긴장감이 풀리며, 손도 따뜻해진다. 세포가 그 주위의 환경을 듣는 것처럼, 우리는 안에 있는 그들 활동의 메아리를 들을 수 있다. 그리고 이들 반응을 알아차리는 것이 늘어날수록, 우리는 어떻게 그들을 관리할 수 있는지 알 수 있으며, 필요한 경우 의도적으로 영향을 미칠 수 있다. 우리가 몸의 암시를 더 잘 읽을 수 있다면, 우리는 더욱 건강한 방법으로 대응할 수 있는 법을 배울 수 있다.

지금 몇 분 정도 시간을 내서 당신의 몸이 이 순간 어떻게 느끼고 있는지 지켜보라.

◆◆

탐구

몸 스캔하기

눈을 감고 당신의 몸 중 긴장하거나 팽팽한 곳이 있는지 찾아보세요.

당신 손의 온도를 느껴 보세요.

자, 한 손을 당신의 가슴에 올리고 다른 한 손을 배에 대고 호흡의 리듬을 느껴 보세요. 가슴이나 배 중 어느 쪽이 더 많이 움직입니까?

당신이 어떻게 당신의 턱과 어깨를 유지하는지 느껴 보세요.

이러한 관찰은 당신의 '현재'에 대한 감각 상태를 보여 줍니다.[6]

만약 당신이 이 탐구를 계속 진행하고 싶다면, 특히 스트레스가 많은 시간이나 무서웠던 순간을 떠올려보세요. 이런 기억을 가슴에 담고, 이전의 '현재'로부터 어떤 신체적인 변화가 있는지 느껴 보세요. 숨이 빨라졌나요? 당신의 어깨가 긴장되었나요? 그 기억을 보내고, 세포가 균형을 되찾을 수 있도록 편안한 장면이나 평화로운 순간을 떠올려 보세요.

◆◆

당신의 생각과 세포는 방금 위험과 안전에 대한 대화를 했다. 이것이 나타내는 기적, 즉 마음과 분자의 상호작용의 신성함에 감사하라. 우리의 '스트레스 칵테일'을 촉발시키는 것이 단순히 물리적인 사건이 아니라는 것을 명심하라. 우리의 마음이 화학 반응에 중요한 역할을 하고 있는 것이다.

신체적 증거는 당신 내면의 정서 상태를 알 수 있게 하고, 항상 당신과 함께한다. 당신은 언제 어디서든 그들에게 주의를 기울일 수 있다. 예를 들면, 다음에 당신이 어떤 회의에 가서 당신의 손이 차갑게 느껴진다고 하자. 그것은 당신의 세포들이 '위험' 신호를 보내고 있는 것인지 모른다. 이제 당신이 그 메시지를 받은 상황에서, 당신은 어떤 조치를 취하고 싶은가?

자기의 진실을 말하는 세포

1880년 후반, 한 환자가 의사에게 특정한 악취를 맡게 될 때마다 자신의 손과 다리에 전기가 흐르는 것처럼 따끔거리는 느낌이 있다고 호소하였다. 이후 그 프랑스인 의사는 피부의 전기적인 성질은 감정의 변동과 함께 변한다는 것을 발견하게 되었다. 결국 이러한 발견으로부터 현대의 정신생리학이 탄생되었다. 피부의 전기적 활동은 전기 피부 반응(galvanic skin response: GSR)으로 알려지게 되었으며, 앞서 언급한 거짓말 탐지기와 같이 그것을 측정할 수 있는 기계가 개발되었다. 땀샘 상태를 측정하는 GSR은 피부 표면으로 전달되는 두뇌활동의 측정 지수다. 피부의 전기 반응에 관한 첫 세대 연구자 중 하나였던 칼 융은 이를 무의식에 대한 생리적 창문으로 보았다.

이 초창기에 느꼈을 신나는 기분을 상상해 보라. 당신은 퀴퀴한 냄새가 나는 오래된 연구실에 앉아 있고, 당신의 손가락은 큰 기계에 연결된 정교한 전선 세트에 붙어 있다. 당신이 친구의 얼굴을 상상할 때마다 기계의 바늘이 움직인다. 그때 일으키는 자신의 감정적·신체적 반응에 친구가 실제로 그곳에 있을 필요가 없다는 것을 당신은 깨닫는다. 그녀는 오직 당신의 상상 속에만 존재할 뿐이다. 하지만 그녀가 당신을 신체적으로 변화시키는 것이다.

심리학자 제임스 페니베이커(James Pennebaker)가 거짓말 탐지기 테스트를 관리하는 기술자들에게 스트레스의 정신생리학을 강연하기 위해 초빙되었던 1980년대 후반으로 되돌아가 보자. 기술자들은 사람이 범죄에 대한 심문을 받을 때 몸과 마음에 어떤 일이 발생하는지 알고 싶었다. 일반적으로 테스트를 받는 동안, 거짓말을 하는 사람은 측정 가능한 스트레스 반응을 보인다. GSR과 피부 전기 전도도 이외에, 현대의 거짓말 탐지 측정에는 심박 수, 근육 긴장도, 목소리 변화, 기타 감정적 불안감과의 연계성 등이 포함되어 있다. 페니베이커는 이러한 각각의 변화의 근저에 있는 생리학적 메커니즘을 설명할 수 있었다. 하지만 그가 자기 일생의 연구뿐 아니라 세포 자기에 대한 우리의 지식을 바꾸어 놓을 어떤 것을 배우게 될 줄 누가 알았겠는가.

그것은 사람들이 범죄에 대해 실제로 자백했을 때, 그들이 스트레스가 아닌 이완 반응을 드러낸다는 것이었다. 거짓말 탐지기 테스트를 관리하는 그 전문가들이 페니베이커에게 그러한 현상에 대한 설명을 요청했다. 범죄자들은 죄를 시인한 결과, 이제 격변과 소란, 아마도 투옥으로 이어지는 미래에 직면하게 된 상황에서 어떻게 이완 반응을 할 수 있는 것인가?

페니베이커는 그때 대답을 할 수 없었지만, 나중에는 개인적 행복과 진실을 말하는 것에 대해 현재 우리가 알고 있는 것을 알려 주는 아주 놀라운 발견을 할 수 있었다. 텍사스 대학교 심리학 전공 학생들과 함께 한 후속 연구에서, 그는 자백 그 자체를 분석하기 시작하였다. 그는 학생들에게 남한테 절대 얘기하지 않았던 비밀이나 트라우마를 서면으로 '자백'하도록 하였다. 그는 학생들이 비밀을 털어놓은 다음에 면역 건강이 향상되고 스트레스 호르몬 레벨이 감소하는 놀라운 사실을 발견하였다.

그는 이러한 현상을 다음과 같이 설명하였다. 사람들은 범죄를 저질렀거나, 학대를 했거나 받았거나, 또는 남 몰래 두려워하는 것과 같은 괴롭거나 두려운 이야기를 억누르려고 한다. 그렇게 억누르는 경험 그 자체가 많은 스트레스를 유발한다. 그리고 그들의 세포는 이와 상응하여 불편과 불안이라는 전형적인 증상으로 반응한다. 그러나 억눌렀던 이야기가 등장하면서 해방과 안도의 물결이 일어난다. 다시 말해서, 자기들이 잘 지킨 비밀을 털어놓음으로써 그들은 그와 연관된 불편한 생각들을 놓아 버릴 수 있으며, 행복한 상태로 돌아갈 수 있는 것이다. 그들의 세포들에게는 이제 평화의 불가사의한 힘을 발휘할 수 있는 기회가 있는 것이다. 그리고 그 세포들은 실제로 그 힘을 발휘한다.[7]

거의 20여 년 동안 페니베이커는 사람들에게 하나의 간단한 작문 과제를 내주고 있으며, 그것은 다음의 〈탐구〉 훈련에서 볼 수 있다. 그의 제안을 따라 이 과제를 해 본 많은 사람은 자신의 면역계가 강해진 것을 알게 되었다. 학생들은 자신의 성적이 향상된 것을 확인하였다. 때로는 삶이 완전히 변하였다. 일상의 걱정거리로 씨름하는 사람, 일자리를 잃어버린 사람, 불치병과 대치하는 사람, 폭력 범죄의 희생자, 심지어 대참사의 생존자 등 많은 부류의 사람들이 혜택을 받았다.

초기 연구에서 페니베이커는 건강 문제에 큰 관심을 가지고 있었다. 그래서 그는 학대받은 내력과 같은 강렬한 비밀을 가진 사람들을 대상으로 연구했는데, 이들이 더욱 병에 걸리기 쉬운 사람들이기 때문이다. 그는 만약 사람들이 자기의 비밀을 나눌 수 있는 길을 찾는다면 그들의 건강이 개선될지가 궁금하였다. 물론 결과는 개선되는 것으로 나타났으며, 심지어 다른 사람에게 한 마디 알릴 필요조차 없었다. 그들이 작성한 종이는 즉각적으로 폐기되었음에도 불구하고, 그런 비밀에 대해 글을 쓰는 간단한 행동이 건강에 긍정적인 영향을 미쳤다. 그리고 이것은 이런저런 건강 문제를 가진 사람들에게도 효과를 보였다. 천식을 가진 사람들은 폐 기능이 향상되었고, 관절염을 가진 사람들은 관절의 통증이 완화되었다. 이 연구의 핵심적인 내용은 비록 사람들이 단지 4일 동안 한 번 앉은 자리에서 15~20분 정도 작성을 하였더라도, 연구가 진행된 총 6개월 동안 그들의 증상은 계속 개선되었다는 것이다.[8] 이는 세포 전략을 담은 우리의 요술 주머니에 있는 강력한 도구이며, 우리 세포가 우리에게 귀 기울이도록 하게 하는 방법인 것이다.

우리의 세포 안식처는 본능적으로 "진리가 너희를 자유롭게 하리라."라는 성경의 가르침에 따라 살고 있다는 것을 페니베이커의 흥미로운 연구는 보여 주고 있다.

◆◆◆◆◆◆◆◆◆◆◆◆◆◆◆◆◆◆◆◆◆◆◆◆◆◆◆◆◆◆◆◆◆◆◆◆◆◆

탐구

당신과 당신의 세포: 진실 말하기

이 간단한 전략이 어떻게 당신에게 혜택을 줄 것인지 알기 위해 심각한 트라우마나 질병으로부터 고통받고 있을 필요는 없습니다. 매일 15~20분 정도 당신의 가장 큰 스트레스의 요인이나 감춰진 수치심과 같이 현재 당신을 괴롭히고 있는 것에 대하여 당신의 생각과 감정을 적어 보세요. 더 길지도 짧지도 않은 딱 4일 동안만 매일 작성해 보세요. 그 이야기에 대한 사실들을 기술하는 것이 아닙니다. 오히려 그것들에 대한 당신의 감정을 표현해 보세요. 당신이 작성한 것을 다시 읽거나 다른 사람에게 보여 줄 필요는 없습니다. 원한다면 그것을 찢어 버리거나 태워도 됩니다. 이는 당신과 당신의 세포를 위한 훈련이며, 집착을 놓아 버리는 것으로의 초대장입니다.

◆◆◆

우리 내면의 안식처에서 작용하는 역학 내부에는 심오한 교훈이 있다. 그것은 우리의 세포가 진실을 알고 있다는 것이다. 우리의 생리는, 다른 사람들에게 숨기고 싶은 것을 포함하여 우리가 생각하는 것에 반응한다. 우리는 친구와 가족, 이웃, 그리고 동료로부터 어떤 것을 숨긴다. 그러나 우리의 세포로부터는 숨길 수 없다. 그들은 우리 머릿속의 모든 의사소통, 우리 자신에게 속삭이는 모든 말을 듣고 있다. 이 때문에, 우리를 괴롭히는 이야기와 감정을 표출할 때 우리 세포들은 큰 위로로 반응한다. 그들은 다시 안전한 피난처가 된다.

우리에게 귀 기울이는 세포: 우리는 듣는가

내가 우리 세포에 대해 배운 것 때문에, 세포들이 우리가 생각하는 것을 듣고 그에 따라 반응한다는 것은 나에게 분명해졌다. 이는 나 자신의 듣는 행동을 관찰하게 하였고, 그로 인해 최근에 새로운 통찰력을 가지게 되었다. 당신 스스로 이것을 인식하는지 살펴보라. 나는 한 번 이상 내가 전에 들어본 이야기를 말해 주는 친구와 산책하고 있다. 내면으로, 나는 그녀의 이야기에 반응을 나타내고 그녀가 얘기하는 것을 판단하기 시작한다. 그 후 '아하' 하는 순간이 오고, 내면의 목소리가 나지막이 물어본다. '반응하는 대신 지금 그냥 듣고 있는 게 어떨까? 그러면 어떤 일이 벌어질까?' 나는 사람들이 나에게 말하는 것에 최소한 내면으로 반응하는 경향이 있다. 사실, 나는 듣는 것에 따라 나의 모든 생리 기능을 침울 또는 전쟁 상태로 내보낼 수 있다. 당신은 어떠한가? 우리가 다른 사람을 판단하거나 비판하는 내면의 대화를 할 때 우리 세포는 반응한다. 그것은 우리가 비밀을 억누르는 때와 같다. 세포도 또한 그것을 듣고 스트레스나 화로써 반응한다. 그래서 내 안의 비평가는 사라지는 것 말고는 어떤 일도 할 필요가 없다. 내면의 소리로 '지금'을 일깨움으로써, 나는 그냥 내 친구 이야기를 들었다. 내 몸은 편안하게 되었고, 그냥 그녀와 함께 있음에 더 깊이 연결되어 있다는 것을 느꼈다. 단지 내면의 재판관 없이 듣는 것이 이렇게 큰 차이가 나게 할 수 있단 말인가.

그런 자기계시 이후, 남의 말을 들으며 반응하려는 나 자신을 볼 때마다 나는 내 세포를 문득 떠올린다. 그리고 나는 단지 그냥 들을 수 있는 선택권이 있음을 상기한다. 그 결과 나는 기분이 더 좋아지고, 내 관계 또한 좋아지게 된다. 이것은 내가 대화에서 아무 말도 하지 않는다는 것이 아니다. 나는 단지 반응적인 모드로 빠져들지 않도록 주의하고, 상대방이 무엇을 말하는지 듣는 데 의식적으로 내 관심을 집중하는 것이다. 나는 세포를 고려하는 법을 배우고 있다. 그들은 내 내면의 대화뿐만 아니라 외부 세계를 듣고 있다. 그리고 나는 마음속으로 친구를 부정적으로 판단하거나 심지어 내 자신을 비판하는 것과 같은 불필요한 정보를 그들에게 제공하지 않을 수 있다.

우리 세포로부터 얻은 이 교훈은 우리를 위한 지혜를 담고 있다. 우리 모두는 세포가 하는 것처럼 판단하지 않고 듣는 사람들이 필요하다. 사랑하는 사람, 동료, 심지어 정부 기관을 포함해서 말이다. 이것은 우리의 생존과 행복에 중요한 것이다.

세포관계와 인간관계

우리는 이제 우리 세포들이 우리의 생각과 느낌뿐 아니라 다른 사람들과도 서로서로 관계 맺고 있다는 것을 알게 되었다. 어떻게 그들이 다른 사람들과의 관계를 요인으로 포함할 수 있는가? 경청하고 의사소통하는 것은 확실히 건강한 관계에 중요한 역할을 한다. 사람들과의 관계가 우리 자신의 건강에 필수적인 역할을 할 수 있는가? 50여 년 전, 4,500명이 넘는 남녀의 사회생활과 건강 습관을 10년 동안 추적한 연구에서 중대한 결과가 나왔다. 이 전염병학 연구에서 연구자들은 획기적인 발견을 할 수 있었다. 그것은 사회적 관계가 적거나 없는 사람들은 더 풍부한 사회적 삶을 사는 사람보다 더 일찍 죽는다는 것이었다. 우리는 사회적 연결이 신체적 건강에 심오한 영향을 미친다는 것을 배우게 된 것이다.[9]

이 대단히 흥미로운 연구 결과에 대한 더 많은 증거는 펜실베이니아주 로제토라는 지역에서 발견되었다. 전염병 학자들은 로제토에서의 심장병으로 인한 사망과 관상동맥 질환의 비율이 미국의 다른 지역에 비해 훨씬 낮았기 때문에 로제토에 관심을 가지고 있었다. 로제토 거주자들이 무엇을 다르게 했길래 미국 제일의 치사 질병으로부터 보호될 수 있었던 것인가?

정밀하게 조사해 보니, 상식을 벗어난 결과가 나왔다. 로제토 거주자들은 건강 바보, 즉 건강에 과도하게 신경 쓰는 사람들이 아니었다. 그들은 운동을 많이 한 것도 아니고, 대부분 과체중이었으며, 흡연을 했고, 또한 고지방 식단을 즐겼다. 그들은 모두 심장병 위험 요소들을 지니고 있었던 것이다. 그들이 선택한 의심스러운 생활 방식에도 불구하고, 그들의 실효성 있는 건강 비결은 공동체적, 문화적 그리고 가족적인 강한 유대로 밝혀졌다.

몇 년 후, 젊은 세대가 도시를 떠나기 시작하면서 그들은 달갑지 않은 현실에 직면하게 되었다. 그들이 심지어 금연을 하고, 운동을 시작하고, 식단을 변화시키는 등 건강 행위를 향상시켰음에도 심장병의 비율이 극적으로 올라간 것이다. 왜 그랬을까? 그것은 그들이 이웃이나 가족과 정답게 지내던 지극히 밀접한 관계를 잃어버렸기 때문이다.[10] 이와 같은 연구로부터 우리는, 사회적 분리는 콜레스테롤이나 흡연이 늘어나는 것 못지않게 중대한 심장병의 잠재 요인이 된다는 것을 알 수 있다. 인간관계는 세포 관계만큼 중요하다.

초기의 대규모 집단 연구가 이루어진 이후, 정신신경면역학 분야의 과학자들은 지원 시스템이 있는 것은 질병으로부터의 회복, 바이러스성 감염의 예방, 건강한 심장의 유지에 도움을 준다는 것을 입증하였다.[11] 예를 들어, 1990년대에 연구자들은 사회적 · 심리적 태도의 생물학적 연관성을 밝혀내기 위해 건강한 참여자들과 함께 실험실 연구를 시작했다. 먼저 이들을 감기 바이러스에 실험적으로 감염시켜 격리하고, 감염의 증상과 증거를 확보하기 위해 관찰하였다. 모두 바이러스성 감염의 면역학적 증거를 보였지만, 그중 일부만 감기의 증상을 나타냈다. 병에 걸린 사람이 누구인지 맞혀 보라. 실험실 밖 그들의 '실생활(real life)'에서 스트레스를 가장 많이 받고 사회적 상호작용이 가장 적다고 밝힌 사람들이다.[12]

세포와 우리는 공동 운명체

공동체는 아래로 세포의 단계에 이르기까지 우리의 치유 네트워크의 일부분이다. 세균 배양 접시에 홀로 남아 있는 단일 세포는 살 수가 없다. 사실, 세포는 고립될 경우 자신을 죽이도록 프로그램되어 있다! 뇌가 개발되어 가는 과정에서 다른 세포들과의 연결에 실패하는 뉴런들은 또한 자기 자신을 죽이도록 프로그램되어 있다. 이것은 생명 유지는 연결을 필요로 한다는 사실을 보여 주는 증거다. 어떤 세포도 혼자서 살 수는 없는 것이다.

우리의 몸속 소우주에서 보는 것은 그대로 더 큰 유기체인 우리 자신에게 반영된다. 우리의 세포가 삶을 유지하기 위해서는 연결을 필요로 하는 것과 같이, 우리 역시 가족, 친구 그리고 공동체와의 정기적인 접촉이 필요한 것이다. 인간관계는 세포와 우리 자신 그리고 우리의 영혼에 영양분을 준다. 아마도 미래의 내과 의사는 자신의 차트에 다음과 같은 처방전을 적어 놓을 수 있을 것이다. "친구 두 명과 저녁을 먹거나 아침에 산책을 하고 제게 전화하세요." 하지만 우리는 이런 깨달음을 얻은 의사를 기다릴 필요가 없다. 우리가 우리 자신에게 처방할 수 있다. 애매한 약속과 최선의 의도만 고집하지 말고, 진짜 점심을 먹자.

> 위대한 성자 힐렐(Hillel)이 말씀하시길, "지금 아니면, 언제?"
> 오직 현재밖에 없다. 과거는 기억이고 미래는 꿈이다…….
> 오직 현재만 참이니, 매 순간 가치 있게 살라.
> - 랍비 데이비드 아론(David Aaron), 『하나님이 충만한 삶(The God-Powered Life)』 -

세포와 현재

물론 우리의 의사소통과 관계의 질 또한 우리의 세포에 영향을 미친다. 오하이오 주립대학교의 제니스 키엘콜트-글레이저(Janice Kielcolt-Glaser)와 그녀의 남편 로널드 글레이저(Ronald Glaser)가 수행한 신혼부부에 관한 대단히 흥미로운 연구는 우리의 갈등 대처 방식의 성격에 따라 우리의 세포가 어떻게 영향을 받는지를 보여 준다. 열띤 부부 싸움을 한 신혼부부들을 처음부터 24시간 동안 관찰하였다. 그리고 이기간 내내, 스트레스 호르몬의 변화를 보기 위해 그들의 혈액을 검사하였다.

연구자들은 부부 싸움이 벌어진 동안과 그 직후에 이르기까지 남녀모두에게서 높은 스트레스 호르몬을 발견했는데, 이것은 놀랄 만한 일이 아니었다. 더욱 주목할 만한 것은 다툼이 성별에 따라 다른 생리적·심리적 반응을 야기한다는 것이었다. 부부 싸움 이후 여성들의 스트레스 호르몬은 얼마간 높은 수준에서 유지된 반면, 일반적으로 남성들은 스트레스를 누그러뜨리고 관심을 그들의 아내에게서 다른 데로 돌렸다. 여성들은 계속하여 자기주장을 곱씹었으며, 설상가상으로 남편들의 관심에서 벗어나게 된 상황에 화가 났다. 이것은 우리가 실제로 스트레스 상황을 경험한다면 그것을 놓아 버려야 함을 일깨워 주는 훌륭한 연구다. 만약 우리가 그 상황을 계속 곱씹으면, 우리의 몸과 수조 개의 세포 안식처를 극심한 고통 속에 가두게 되는 것이다. 이러한 방식으로 우리의 세포를 불균형 상태로 내몰게 할 때, 우리는 질병과 피로의 위험을 각오해야 할 것이다. 우리는 선택권이 있다.

우리의 세포들은 항상 지금 여기에 있는 반면, 우리의 생각은 그들에게 어제의 지금을 곱씹도록 하는 형벌을 내릴 수 있다. 마음이 반응할 때, 경계를 늦추지 않고 항상 듣고 있는 우리의 세포들은 이러한 호출에 반응한다. 이것이 내면의 투덜거림을 더욱 평화로운 상태로 살살 몰고 가는 것이 중요한 까닭이다.

언젠가 다음에 당신의 마음이 당신을 스트레스의 세계로 휩쓸어 간다면, 당신의 세포는 당신 삶의 신성한 그릇임을 잊지 말라. 그들에게 당연한 현재라는 선물을 제공하라. 과거나 미래로부터 당신의 관심을 전환시키라. '왜 ……했지?'와 '……라면 어떻게 될까?' 하는 세계에서 벗어나 당신의 마음을 쉬게 하라. 당신 바로 앞과 당신 주위와 당신 내면에 있는 것에서 휴식을 취하게 하라. 당신의 세포와 친구가 되라. 그들을 평화로움과 안도감의 분자들 속에 목욕하게 하라. 사랑의 신비한 힘 속에 흠뻑 젖게 하라. 바로 지금.

몇 년 전, 나는 사이언스 버즈 카페에서 세포와 신성함 워크숍을 진행하기 위해 캘리포니아의 한 타운인 소노마로 운전하고 있었다. 길을 가는 동안 줄곧 내 마음은 돈 문제에 대한 근심과 남자 친구에 관한 걱정 사이에서 왔다 갔다 하고 있었다. 행복한 포도밭 경치를 즐기는 대신, 나의 관심은 다른 곳에 있었다. 그리고 잠시 후, '아하' 하고 이 생각이 내 의식으로 뛰어들어 왔다. '그대의 세포들은 항상 현존하고 있다.'

받은 메시지는 아주 분명하고 이해하기 쉬웠다. 나는 스스로 불필요한 불편함과 긴장을 조성하며 내가 조금도 원한 데가 아닌 곳으로 질주하고 있었던 것이다. 우아, 고맙다, 세포야! '바로 지금.'

사랑의 메시지: 우리를 합쳐 주는 분자

우리는 위험, 위협과 스트레스가 우리의 세포와 신체에 미치는 영향을 살펴보았다. 그렇지만 우리는 또한 사랑과 연결, 공감과 편안함의 분자를 배달하는 내면의 약국을 가지고 있다. 사실 사랑과 애정은 과학에서 신성함으로 가는 완벽한 다리를 형성한다.

우리는 아드레날린이라는 하나의 주요 스트레스 호르몬의 연구를 통해서 세포 수용체가 어떻게 활동하는지를 예를 들어 설명하였다. 그렇지만 스트레스 상황 동안 우리의 생존을 보장하기 위해 많은 다른 화학적 물약이 분비되는데, 여기서 남녀 사이의 스트레스 반응에서의 흥미로운 분자적 차이를 볼 수 있다.

우리의 세포가 아드레날린과 코르티솔(cortisol) 같은 자극성 분자들을 분비하는 것 이외에, 스트레스를 받는 동안 남자와 여자는 또 하나의 다른 분자 약을 분비한다. 바로 유대감과 고요함의 분자인 옥시토신(oxytocin)이다.[13]

뇌와 뇌하수체에서 생산된 호르몬이며 뉴로펩타이드(neuropeptide)

인 옥시토신은 일반적으로 임신과 출산에 연관되어 있으며, 임신의 마지막에 분만, 자궁 수축과 젖의 분비를 촉진시키기 위해 증가된다. 분자 합성체인 피토신(pitocin)은 종종 분만을 유도하기 위해 사용되는데, 동물에게는 모성애를 일으키는 것이다. 생각하는 것조차 괴로운 일이지만, 성 경험이 없는 암컷 쥐에게 옥시토신을 투여하지 않는다면 그것은 자기 종족의 새끼들을 실제로 먹어 버릴 것이다. 옥시토신을 받으면 심장에 급격한 변화가 유발된다. 암컷은 다정한 엄마 쥐처럼 행동하고, 이제는 새끼를 보살피려고 할 것이다. 옥시토신은 엄마와 아이 사이의 유대감을 형성시키는 분자이며, 실제로 이것은 모든 온혈 동물에게 유대 맺는 행동을 일으키는 분자 메시지다.

UCLA에서 진행된 연구들에 따르면, 스트레스에 대한 반응으로 여성들은 일반적으로 돌봄과 친구 되기라는 것을 나타내었다. 연구자들은 이런 유대 맺는 행동에 대한 분자적 설명을 제시하였는데, 그것은 옥시토신이다.[14] 이것은 한때 여성 전유의 호르몬으로 간주되었지만, 우리는 지금 남성과 여성 모두 이를 만든다는 것을 알고 있다. 하지만 여성은 에스트로겐(estrogen)에 의해 그 진정시키는 효과가 증폭되지만, 남성의 경우 남성 호르몬인 안드로겐(androgen) 때문에 그 효과가 억제된다.

우리의 초기 부족 시대를 고려해 보면, 남자들은 사냥하기 위해 나가지만 여자들은 집을 지키고, 아이들을 돌보며, 공동체의 의식주에 정성을 들인다. 음식을 준비하고, 주거지 구조물을 유지하고, 옷과 다른 유용한 물품을 만든다. 다른 여자들과 이러한 막중한 책임을 공유하는 것은 전체 그룹의 생존을 보장했다. 이처럼 공유하려는 여성의 세포적 기동력은 현재까지도 남아 있다. 여성이 스트레스 시간을 경험할 때 그들이 열망하는 것은 보호하고 양육하고, 돌보고 친구가 되어 주는 것이다. 쿠키를 굽고, 밥을 먹고, 아이들의 요구를 돌보고, 자신이 믿는 사람에게 전화를 건다. 여성은 유대를 찾고, 자신의 삶에서 사람들이 자신의 이야기를 듣고 감싸 주는 것을 원한다. 예를 들면, 연구 대상이었던 신혼부부의 부부 싸움에서 만약 남편이 아내에게 다시 관심을 가지고 대했다면 그녀의 스트레스 반응은 점점 빠르게 줄어들었을 것이다. 그녀가 만약 친구에게 전화를 했어도 같은 상황이 발생했을 것이다. 반대로 남성 또한 친구 그룹에게 의지하지만, 스트레스를 받을 때에는 자신의 연결 욕구에 대해 여성만큼 솔직하지 않는 경향이 있다.

이 돌봄과 친구 되기 반응은 인간의 수렵 채집보다 훨씬 더 거슬러 올라간다. 이는 암컷 영장류의 유전자 프로그래밍으로부터 진화되어 왔다. 수컷 영장류는 다른 분자 프로파일(molecular profile)을 가지고 있으며, 종종 경쟁적이고 전투적이다. 그들은 물러나서 자신의 신체적 또는 정서적 상처를 돌본다. 심리학자들은 이 기초 생화학에 의해서 남성이 스트레스나 분노에 대한 반응으로 고독한 침묵에 빠져드는 까닭을 설명할 수 있다고 생각한다. 남성은 남성 동굴로 가고, 여성은 부엌으로 가거나 전화를 한다.

옥시토신에는 분위기 전환자라는 분자 메신저가 있는데, 그것은 우리를 진정시키고 다른 사람들과의 친밀을 촉진시킨다. 이 분자는 풍부한 에스트로겐을 지닌 암컷 종족이 더 쉽게 관리할 수 있는데, 이는 단순히 성별의 문제다.

탐구

옥시토신 만들기

즉석에서 알맞은 양의 옥시토신을 가장 쉽고 빠르게 받을 수 있는 방법을 찾아보세요. 다른 사람을 껴안기입니다. 당신의 성스러운 세포들에게 연결을 선물하세요.

◆◆◆◆◆◆◆◆◆◆◆◆◆◆◆◆◆◆◆◆◆◆◆◆◆◆◆◆◆◆◆◆◆◆◆◆◆◆◆

향상된 유대감과 옥시토신 효과

혈액 안의 옥시토신 분비는 혈연 관계, 연결 그리고 신체적인 접촉으로 시작된다. 갓난아기는 자기 엄마에게 얼굴을 비비고 엄마의 체취를 알아본다. 엄마는 아기를 기르고, 엄마의 손길과 어루만지기는 아기와 엄마의 유대감을 고취시킨다. 그리고 이것은 성인들에게도 마찬가지다. 당신 친구의 손을 만지고 당신 애인의 어깨를 안마해 주라. 당신은 정서적 유대감을 증진시키는 분자 메시지를 자극하고 있는 것이다.

애인의 감각적인 촉감은 옥시토신의 생산을 증대시키고, 이는 전희가 성적 흥분을 향상시키는 까닭을 설명해 준다. 옥시토신 수준은 성적 자극 동안에는 증가하고, 오르가슴에서는 최고치에 달한다. 남성인 경우 사정 후에 옥시토신이 높은 수준에서 약 30분 동안 유지되고, 여성인 경우 옥시토신 수준은 오르가슴 이후 오래지 않아 급격하게 떨어진다.[15] 아마도 오르가슴 후에 오래 지속되는 옥시토신은, 남성이 종종 성행위 후 수면에 쉽게 빠지는 이유를 설명해 줄 것이다. 그것은 옥시토신의 효과 중 하나가 깊은 휴식이기 때문이다. 또 다른 효과는 애매한 생각(fuzzy thinking)이다. 만약 당신이 애정 행위 후에 '멍해진 (spaced out)' 느낌을 가진다면, 그것은 아마 옥시토신이 사고나 판단하는 능력을 일시적으로 감소시키기 때문일 것이다.

옥시토신의 생산은 나이에 따라 증가한다. 비록 여성의 출산 능력은 시간이 지날수록 상실되지만, 시간이 지나감에 따라 친구를 사귀고 유대를 맺는 능력은 확장된다. 육아에 참여하고 있는 남성 또한 옥시토신 수준이 상승하게 되며, 아이와의 유대감이 나아지게 된다.[16) 아빠가 자기 아이를 안고 있을 때, 아빠의 테스토스테론(testosterone) 수준은 감소한다. 이것은 어느 정도 그의 '사랑 물질(love chemicals)'이 증가하기 때문이다. 다행스럽게도, 많은 다른 종류의 '사랑 물질'이 존재한다. 문자 그대로 우리는 손가락 끝에 기쁨 약국(pleasure pharmacy)을 가지고 있다.

화학물질을 통한 '더 좋은 유대감'

옥시토신은 인간적인 애착과 정서적으로 친밀한 관계를 형성하는데 주요한 생화학적 토대가 될 수 있다. 연결로 나아가게 하는 몇 가지 방법들로 따뜻함, 심상화, 마사지, 최면 등이 있다. 친밀함을 고취시키는 약에는 엑스터시(ecstasy)와 마리화나(marijuana)가 포함된다. 인도대마(Cannabis sativa)와 블루 코호시 뿌리(blue cohosh root)를 포함하여 많은 식물에도 옥시토신이 존재하며, 이러한 식물들은 우리의 세포로부터 옥시토신 분비를 촉진시킨다.

유대감은, 서로 짝이 된 분자들끼리 꼭 껴안고 조화를 이루는 세포 포옹처럼 많은 방법으로 건강을 촉진시킨다. 옥시토신의 주입을 받은 동물은 혈압과 스트레스 호르몬이 모두 감소하고, 상처는 더 잘, 더 빨리 치유된다. 옥시토신의 장점 중 최상의 것은, 옥시토신을 최종 주입한 다음에도 그 효과가 몇 주 동안 지속된다는 것이다. 어루만짐을 받은 토끼는 손길을 받지 못한 토끼 동족과 달리 실험적인 세균 감염에 병들어 쓰러지지 않았다. 이것은 왜 사랑, 구애, 애무, 애완동물 등이 건강을 증진시키고 스트레스를 경감시키는가, 왜 밀접한 관계가 스트레스의 유해한 영향으로부터 우리를 지켜 줄 수 있는가 하는 것을 이해하는 데 도움을 준다. 일반적으로 여성의 수명이 남성보다 길다. 그런데 우리 생명을 연장하는 것이 건강한 유대감일까?

우리의 세포처럼, 우리는 우리가 믿고, 알고, 존중하는 사람들과 유대를 맺는다. 우리의 세포는 우리에게 다음과 같은 길을 알려 준다. 만약 세포들이 침략자나 스트레스 분자로부터 받은 정보를 믿지 못하면 그들은 모든 힘을 집중하여 그것을 제거한다. 언제, 어디서 그리고 누구로부터 당신은 사랑과 연결을 받고 있는가? 당신이 그 사람들과 접촉할 때마다 당신은 자신의 세포에게 사랑의 분자를 보내는 것이다. 그리고 우리의 성스러운 본성은 본래 사랑으로 가득 채워져 있는 것이 아닌가?

관계 속의 번지 효과: 연결

나는 최근에 '번지 효과(bungee effect)'에 대해서 이해하기 시작했고, 이를 보여 주기 위해 개인적인 이야기를 공유할 것이다. 수십 년 동안 나는 남자 친구와 장거리 연애를 했다. 그의 향기는 나를 취하게 했고, 그의 손길은 내 마음을 사로잡았으며, 우리는 만날 때마다 24시간 내내 서로의 몸과 영혼을 더 가지고 싶어 했다. 나는 이러한 이상야릇한 방식에 익숙해졌고, 더 많은 것을 갈망했다. 하지만 그것은 나를 중독되게 만들었다. 우리가 서로 헤어질 때마다, 그가 수천 마일 떨어진 저녁노을 속으로 사라질 때마다, 나는 그냥 내 삶으로 돌아갔다. 번지 줄이 완전히 늘어진 상태가 된 것이다. 그리고 얼마간의 시간이 지나면(보통 약 3개월 정도 후), 나는 줄이 당겨지는 느낌을 받았다. 나는 그를 생각하기 시작했고, 그가 잘 지내는지 궁금했으며, 그리고 나는 알아야만 했다. 나에게는 목소리, 손길, 관계 같은 또 다른 '히트'가 필요했다. 그도 줄이 당겨지는 느낌을 받을 때까지는 연락이 없는 것에 만족하면서 자신의 삶을 살았다. 그도 밧줄의 다른 쪽 끝에서 살면서 비슷한 경험을 했던 것이다.

나는 옥시토신으로 정신적 연결을 하기 전 여러 해 동안 이러한 패턴에 당혹해 했다. 우리는 함께할 때마다 다음 몇 달 동안의 만족감과 평화로움을 얻기에 충분한 대량의 세포 약, 사랑의 분자들을 서로에게 전달하였다. 그 후 약효가 사라지고, 덥석 잡는 것은 번지 줄이었다. 우리는 보충이 필요했다. 그리고 우리는 합치고 싶어 했으며, 유대감의 분자들에게 연료를 공급하려는 마음이 솟아올랐다. 친밀감은 세포 수준에서 사람들을 연결시킨다. 그것은 영원히 쉽게 깨지지 않는 유대감인 것이다.

기도 수용체

우리는 우리 세포가 분자 메시지를 들으려고 귀를 기울이는 방식에 대해 많은 것을 배웠다. 하지만 의도, 영적 지도 그리고 기도와 같이 측정하기 더 어려운 의사소통은 어떤가?

샌프란시스코 종합병원에서 수련의로 있을 때 심장 전문의 랜디 버드(Randy Byrd)는 기도의 힘에 대한 획기적인 연구의 기틀을 만들었으며, 기도가 심장마비로 고통받고 있는 중환자실 환자들에게 도움이 될 수 있는지를 연구하였다. 비록 환자들은 자신이 기도를 받고 있는지는 알 수는 없었지만, 기도를 받지 못한 사람들보다 이차적 심장발작과 합병증이 더 적었다.[17] 그 이후로 기도가 육체적 건강에 주는 효과를 검증하는 많은 연구가 행해졌으며, 앞의 연구와 비슷한 결론을 나타낸 것도 있고 이와 상반되는 결론을 보여 준 것도 있다.[18] 우리의 세포는 반드시 어떻게든 메시지를 받을 수 있어야 한다. 기도를 위한 우리의 세포 수용체는 어디에 있을까? 지금까지는 아무것도 밝혀내지 못했다. 원격 치유의 힘에 관한 또 다른 선구자인 래리 도시(Larry Dossey)를 비롯한 과학자들은 기도 에너지는 극도로 낮은 주파수의 전자기파로 이동하여 세포에 접촉하고 영향을 미친다고 추측하고 있다.[19] 현재는 이것이 미스터리지만, 우리는 세포 호출과 반응의 또 다른 형태를 찾은 것이다.

우리 세포와 우리 자신을 사랑하기

이 장에서 배운 신성한 메시지는, 귀 기울여 듣고 받아들이는 우리 세포의 능력을 감사하고 존중하는 한편, 우리는 어떻게 하고 있는지를 우리 삶의 모든 측면에서 성찰하라는 것이다. 우리가 우리 자신과 다른 사람들에게 말하는 단어들에 주의를 기울여 보자. 우리가 손을 내밀어 연결하는 방식을 살펴보자. 그리고 기억하라. 우리의 세포는 듣고 있다.

우리의 세포는 신으로부터 삶의 신성한 불꽃을 부여받은 분자들의 친밀한 포용으로 형성되어 있다. 그들은 신성한 사랑을 담는 성스러운 그릇이며, 지금 여기에서 연결을 추구한다. 세포는 고체 모습의 현실적 존재, 즉 우리를 물질적으로 존재하게 만드는 관찰 가능한 실체로 존재하지만, 그들은 또한 모든 시대를 통하여 신령스러운 가르침에 반영되어 있다. 그들 안에 들어 있는 교훈은 주고받음, 열림과 부드러움, 양육과 보호, 공동체와 진리 등이다.

우리 세포들은 자기에게 제공되는 정보를 인식하는 데 열려 있을 때 오직 받아들일 수 있다. 우리 자신에게 물어보자. 우리는 얼마나 세포와 같은 방식으로 존재할 수 있는가? 우리는 가장 적합한 것을 받아들이는 데 열려 있는가? 우리 세포가 정보를 무료로 제공하듯이 우리는 남들에게 주는가? 우리는 진실을 가장하는 메시지를 제공하는가? 또는 우리는 스스로를 꾸미지 않고 함께하는가? 우리는 지금 여기 살고 있는가? 우리의 세포는 이 모든 질문에 대한 답을 가지고 있다. 잊지 말고 귀 기울이자.

성찰

나는 얼마나 수용적인가?

나는 얼마나 귀 기울여 듣는가?

나는 얼마나 의사소통을 잘하는가?

나는 말, 감정, 기도, 에너지 장 중 무엇을 어떻게 가장 잘 의사소통하는가?

나는 의사소통하기 위해 무엇이 필요한가?

나는 진실을 말하고 진실되게 살아가고 있는가?

나는 평소 의사소통을 통해 협력하는 분위기를 조성하는가?

경청은 아무리 해도 모자람이 있다.

– 메리 올리버(Mary Oliver) –

생명의 기본 구조: 선택하기

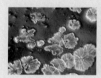

생명의 구조: 세포의 주인공

유연한 변화 수용

세포의 의사결정: 삶과 죽음

셀룰러 불교

놓아 버림

미지의 세계로의 출입구: 암

변화하는 암

교차로

변화하는 의식

진정한 합의: 과학과 영적 수행의 만남

끈들의 조율

에너지 '알아보기'

유연한 의식

파이프 정화

자신의 세포 주술사 부르기

한계 늘리기

생명의 기본 구조: 선택하기

각각의 세포는 자신의 환경에 대한 정보를 흡수하고, 상황에 맞게 대응한다.
– 보이스 렌스버거(Boyce Rensberger), 『생명, 그 자체(*Life Itself*)』 –

우리 세포와 의식의 가장자리를 당기고 변화를 유도하는 것은 무엇일까? 무엇이 세포가 어느 한 곳을 다른 곳보다 더 집중하도록 선택하게 만드는가?

세포 생물학자들은 세포가 그런 방식으로 행동하는 것은 유전자, 단백질, 신호분자 때문이라고 오랫동안 믿어 왔다. 오늘날 선구적인 과학자들은 물리적으로 세포를 비틀고, 구부리고, 떠미는 기계적 힘들이 세포가 수행하는 활동을 조절하는 데 도움을 준다는 것을 보여 주고 있다.[1]

세포의 방향을 결정하는 반투명하고 역동적인 연결망은 우리 세포 디자인에 내재되어 있다. 앞에서 배운 바깥의 수용체가 우리 분자의 소리를 '듣는' 반면, 세포 구조 또는 '끈(strings)'은 '행동'으로 구현한다.

안과 밖을 연결하는 가운데, 끈들은 진동하고 밀고 당기며 세포가 할 일을 하도록 안내한다. 끈들의 새로운 펄럭임은 활동의 새로운 멜로디를 연주한다. 이것이 세포의 비밀을 알아낼 수 있는 길이다.

세포 매트릭스의 장력 정도는 세포의 발현과 운명을 조절한다.[2] 끈들이 팽팽하게 펴지면 어떤 하나의 유전적 메시지와 결과를 유발하고, 장력이 조금 느슨해지면 다른 하나의 메시지와 결과를 낳는다. 똑같은 유전자들과 똑같은 내면의 지능이라고 할지라도 다른 미래가 펼쳐지는 것이다. 힘과 장력의 균형을 맞추는 이 과정은 텐세그리티(tensegrity)라고 불리는 디자인의 보편적 법칙이다.[3] 텐세그리티는 인공 구조물과 세포뿐 아니라 심지어 복잡한 조직의 패턴을 안내한다. 우리는 그것을 건물, 원자, 거미줄, 별, 분자 등에서 볼 수 있다([그림 4-1],

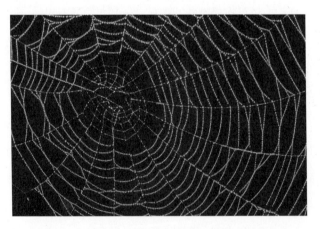

[그림 4-1] 세포 골격 구조 모양과 유사한 거미줄

[그림 4-2], [그림 4-3] 참조).

◆◆

정 의

텐세그리티(tensegrity): 서로 반대로 작용하는 장력과 수축의 균형을 통하여 스스로 안정시키고 지지하는 모든 물리적 구조를 뜻한다. 구조물들은 내부와 외부의 힘의 균형을 통해 기계적으로 안정화된다. 이 용어는 건축가이자 미래학자인 버크민스터 풀러(Buckminster Fuller)가 '장력의 완전성(tensional integrity)'을 조합하여 만든 조어이며, 밀고 당김이 상생적 관계에 놓여 있는 상태를 설명하고자 고안된 것이다.[4] 풀러는 인류가 만든 건축물 중 가장 견고한 측지선 돔(geodesic dome)을 설계하는 데 이 구조를 적용했다([그림 4-2] 참조).

◆◆

[그림 4-2] 버크민스터 풀러의 측지선 돔(캐나다 토론토)

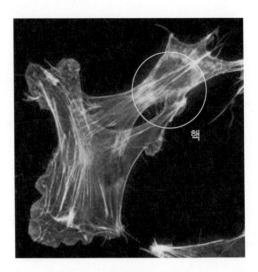

[그림 4-3] 실제 쥐 태아 세포의 텐세그리티(세포 골격)
* 실 같은 구조물로 표현되어 있다.
(이미지: Feldman, M. E., et al.)

도널드 잉그버(Donald Ingber)는 1970년대 생물학 학부생으로 한 디자인 관련 수업을 수강하면서, 장력에 의지하여 긴 관들을 함께 붙들고 안정적 형태를 만드는 조각품들에 대해 배웠다. 이에 대해 곰곰이 생각하면서 그는 세포들도 틀림없이 텐세그리티 구조물이라고 직감적으로 느꼈다. 현재 하버드 대학교 교수로 재직하고 있는 잉그버 박사는 세포 디자인, 조절 및 지능 지도(map)에 텐세그리티를 포함시켰다. 생물학적 수준에서, 텐세그리티는 형태와 기계적 장력의 변화가 세포의 선택과 행동에 어떠한 영향을 미치는지 이해하게 한다.

만약 내가 한순간의 공시성(synchronicity)을 경험하지 못했더라면 이 중요한 세포의 양상에 대해 간과했을 것이다. 생물학을 공부한 후 수십 년 뒤인 1998년, 나는 한 서점에서 대중 잡지들을 훑어보고 있었다. 책장 양쪽 끝에 있던 두 논문이 눈에 띄었는데, 하나는 『요가 저널(*Yoga Journal*)』에 실려 있었고, 다른 하나는 과학 저널 『사이언티픽 아메리칸(*Scientific American*)』에 실려 있었다. 두 논문 모두 내가 한 번도 들어보지 못한 풀러의 조어인 텐세그리티를 인용했다. 그중 한 논문에서 저자 카를로스 카스타네다(Carlos Castaneda)는 인간의 의식을 변화시키는 것으로 알려진 텐세그리티 운동(tensegrity movements)이라는 고대의 수련에 대해 다루었다.[5] 한편, 잉그버 박사가 쓴 또 다른 논문은 생명의 구조 그 자체에 대해 깊이 파고드는 것이었다. 그에 따르면 우리 세포는 텐세그리티 구조를 가지고 있으며, 그 구조가 세포의 의사결정 능력을 가이드한다는 것이다. 이러한 구조적 원리가 우리 몸을 구성하는 미세 요소들과 우리 의식 모두에 작용할 수 있다는 생각은 놀랄 만한 하나의 새로운 발견이었다.

생명의 구조: 세포의 주인공

이 뛰어난 세포 구조 디자인이 살아 있는 세포들에 나타나 있는 것이 세포 골격(cytoskeleton)이다. 세포 골격은 세포의 근육과 뼈에 비유되며, 세포의 모든 구성 요소를 연결해 주는 비계 구조물이고, 세포가 붕괴되지 않도록 지지해 주는 역할을 한다. 이 세포 골격 매트릭스는 분자들을 운반하고, 정보를 조정하며, 유전자 발현을 조절한다. 세포의 밀고 당김의 균형을 맞추는 능력을 지닌 세포 골격은 세포 지성과 의식의 중추에 대한 가장 최신의 생물학적 후보다.[6]

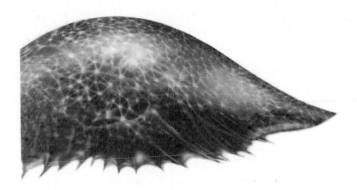

[그림 4-4] 세포 골격 구조 그림(이미지: Slim Films)

지금도 많은 과학자는 세포의 지능이 유전자 내부에 깃들어 있다고 주장한다. 하지만 유전자 지성은 단순히 나선형 구조의 긴 DNA 분자들로부터 형성된 화학 기호들의 광대한 텍스트다. 이 텍스트는 생명에 필요한 단백질 구성 요소들을 만드는 조리법을 제공한다. 하지만 요리사는 누구이며 어디에 있는가? 일부 비판적 과학자는, 우리가 유전자 코드를 해독하는 대신 세포들이 어떻게 형성되는지를 밝혀낸다면 요리사와 역동적 세포 지성에 더 가까이 접근할 수 있다고 주장한다. 달리 말하면, 세포 공동체에서 유전자는 계획(plan)이고 세포 골격은 그 계획을 마련한 주인공(mastermind)이다.

저명한 과학자인 브루스 립턴(Bruce Lipton) 박사는 유전자 너머 세포막(cell mem-brain)의 수용체 수준으로 세포 지성을 한 단계 끌어올렸다. 이 장에서는 수용체와 세포 골격의 상호작용이 빚어 내는 세포 지성에 대해 알아보자.

세포 구조와 내부 비계를 살펴보기 위해 세포보다 더 작게 줄인 우리 모습을 상상해 보자. 노벨상 수상자인 크리스티앙 드 뒤브(Christian de Duve)는 우리를 세포 항해자, 즉 '세포 안의 선원'이라고 부를 것이다. 세포의 안식처로 들어서기 위해서는 먼저 세포의 바깥쪽 표면에서 진동하는 수용체들을 거쳐 항해해야 한다. 내부로 들어서면 수천 개의 매우 미세하게 움죽거리는 소리가 제일 먼저 우리의 주의를 끈다. 잠시 멈추고 귀를 기울이면, 우리는 세포 중심의 커다란 '심장'인 세포핵을 관찰하게 된다. 윙윙거리며 쉴 새 없이 돌아가는 에너지 발전소인 미토콘드리아의 소리도 들을 수 있다. 우리가 서 있는 바닥을 실험해 보기 위해, 마치 트램펄린 위에서 하듯이 부드럽게 뛰어오른다. 우리 발 아래에는 젤라틴 같은 반투명한 세포질 외에는 아무것도 보이지 않는다. 더 자세히 관찰하면, 우리를 받치고 세포 전체로 연결되는 이 '젤로(Jell-O)'같은 바닥 곳곳에 미세한 끈들과 관들이 반짝이고 있는 것이 보인다. 우리가 움직이면 끈들이 반응한다. 세포의 한 부분에서 뛰어오르거나 가볍게 걸으면 나머지 부분이 장력의 변화에 맞춰 적응한다. 이 역동적이고 진동하는 매트릭스가 세포 지성의 진정한 주인공이다.

세포 골격의 구조는 뚱뚱한 미세소관(microtubules), 가는 미세 필라멘트(skinny microfilaments), 그리고 길고 얇은 중간 필라멘트(intermediate filaments)라는 세 종류의 단백질로 구성되어 있다. 이 진동하는 필라멘트, 관 그리고 끈들은 버팀목과 도르래처럼 작용하며, 그물망 구조처럼 세포로 퍼져 있다. 각각의 구조는 힘을 가해 세포 행동을 지휘하고 조정하며 조율한다. 수십 년간 과학자들은 세포들이 움직이고 형태를 바꾸고 분할하는 데 미세소관이 도움을 준다는 것을 알고 있었지만, 그것이 세포 장력을 조절하는 파트너라는 것을 밝혀낸 것은 최근에 들어서다. 장력의 변화는 유전자 발현과 그에 따른 세포 능력에 영향을 미친다. 간단히 말해, 세포의 물리적 상태의 변화는 유전자를 바꿀 수 있는 것이다. 예를 들어, 똑같은 유전자 정보를 지닌 세포라 할지라도 쪽 뻗은 세포는 둥글게 뭉쳐진 세포와는 다른 운명을 갖는다. 밀고 당김, 잡아챔과 놓아 버림의 과정 속에서 세포의 비계는 다른 능력과 유전자 프로그램을 나타낸다. 이 역동적인 여러 힘의 상호작용으로 말미암아 세포는 끊임없이 '귀 기울이며' 다음에 무엇을 할지를 '선택하는(choose)' 것이다.

마치 한 개의 조약돌이 연못 위에 떨어질 때처럼
신호의 물결은 메시지가 들릴 수 있도록 세포 내부로 반응을 전달한다.
그리고 침묵하며 행동을 기다리거나 더 귀를 기울인다.
- 크리스토퍼 본(Christopher Vaughan),
『생명은 어떻게 탄생하는가(*How Life Begins*)』 -

유연한 변화 수용

이것을 더 깊이 생각해 보자. 세포들은 모양과 장력을 바꾼다. 그들은 딱딱하게 될 수도 있고, 느슨해질 수도 있다. 각각의 물리적 상태는 세포의 능력에 영향을 미친다. 예를 들어, 면역 청소부 세포가 박테리아 침입의 메시지 같은 신호를 받으면 그것은 즉각 반응한다. 평소에 동그란 형태의 청소부 세포는 자신을 길게 늘어뜨려 먹이를 향해 신중하게 움직인다. 침입자와 마주치는 순간, 그것은 끈적한 단백질로 침입자에 딱 달라붙는다. 그리고 자신의 모양을 바꿔 침입자를 둘러싸고는 그것을 제거한다. 이러한 반응이 이루어지기 위해서는 세포막 수용체들이 위험, 즉 자기가 아닌 것을 감지하고 달라붙는 과정이 필요하며, 다른 한편 세포의 내부 구조는 이에 응하여 세포 활동을 조정한다.

또 다른 형태 변환자인 미세소관은 약 10분마다 계속적으로 분해되고 재건하며, 그래서 우리 세포는 항상 변화하고 준비된 상태에서 대응하기 위해 자신을 재창조한다.[7] 이는 우리 자신과 우리 안의 세포들이 변화를 수용하는 데 얼마나 유연한지 보여 준다. (다른 종의 적혈구를 인지하고 다가가는 인체 백혈구[청소부 역할의 호중구]의 사진을 보라. 부록 1의 [사진 A-1] 참조.)

세포의 의사결정: 삶과 죽음

세포 장력과 형태는 삶과 죽음을 지휘하고 조정한다. 살아 있는 세포들은 양자택일의 결정을 한다. 즉, 그것은 생식하거나 성숙하는 것, 달리 말하면 자기복제를 하거나 성장하는 것이다. 생식 세포들은 유전자 지능을 오직 더 많은 세포를 만들 때만 사용하지만, 성숙한 세포가 필요로 하는 자원들은 생산하지 못한다. 성숙한 세포는 다른 유전자 그룹을 이용해 자신의 삶을 영위할 뿐, 생식하지는 않는다(⟨표 4-1⟩ 참조). 세포 골격의 숨어 있는 끈과 구조가 이 모든 과정을 조절한다.

페트리 접시 안에서 세포들이 어떻게 성장하는지 관찰해 보면, 먼저 그들은 접시 표면에 튼튼하게 닻을 내리고, 새로 입주한 플라스틱 집에서 펼쳐 나간다. 그들은 달라붙고, 쭉 뻗고, 펼쳐 나가며 유전자들이 분열을 시작하도록 신호를 보낸다. 그리하여 전체 표면이 새로운 세포들로 꽉 찰 때까지 새로운 세포들은 생성된다. 마치 피부 세포들이 상

〈표 4-1〉 생식 세포들과 성숙 세포들의 예

생식 단계: 더 많은 세포 생성	성숙 단계: 기능과 생성물
하나의 간 세포가 분열하여 더 많은 간 세포 생성	새로 생성된 단백질로 마약이나 독소를 해독
하나의 부신 세포가 자가 복제 분열	아드레날린을 생산해 혈관으로 분비
하나의 면역 세포가 더 많은 림프구를 생성	항체, 인터페론, 방어 물질들을 생산

처를 치유하기 위해 상처 부위의 틈을 메우는 것과 같이, 그들은 더 많은 세포를 만들기 위해 뻗어 나간다.

만일 플라스틱 집이 많은 세포로 너무 혼잡해지면, 쭉 뻗은 세포 중 일부는 접시를 놓아 버리고 더 둥근 모양을 취하기 시작한다. 만약 너무 많은 세포가 같은 공간과 자원을 놓고 경쟁하게 되면 복제 유발 유전자의 스위치가 꺼지고, 심지어 자기파괴 유전자의 스위치가 켜지기도 한다. 세포들은 공동체의 이익을 위해 스스로 희생하고 다른 세포들에게 더 많은 공간과 음식을 제공하도록 하는 '선택'을 하는 것이다. 이러한 세포들에 대해 생각해 보자. 이것이 세포의 이타주의를 나타내는 것인가?

최대 장력으로 쭉 뻗은 세포(생식 유전자 신호)와 최소 장력으로 둥글게 뭉친 세포(사멸 유전자 신호)의 양극단 사이에 '적당한' 장력을 가진 세포들이 존재한다. 이 중간적인 물리적 상태에서 유전자 프로그램은 완전히 성장한 성숙한 세포의 멋진 명품을 생산하도록 세포들에게 지시한다. 이러한 성숙한 유전자 반응에 의해 세포 자신과 우리의 삶에 필요한 것들을 유지하는 것이다. 세포들은 생식하거나 성숙하거나 또는 사멸하는데, 그것은 한 번에 한 단계를 행하는 것이다.

유전자가 없는 성숙한 적혈구를 제외한다면, 인체의 모든 세포는 똑같은 유전자를 지니고 있다. 어떤 유전자 프로그램은 세포가 당겨질 때 시작되는 반면, 또 다른 프로그램은 장력이 완화될 때 시작된다. 실행되는 유전자 지시는 세포 장력, 위치, 그리고 인체의 화학적 칵테일에 의해 영향을 받는다. 세포의 이러한 모든 의사결정 뒤에는 세포 골격이 있다.

달라붙어 완전히 쭉 뻗은 세포들은 스스로를 복제하며, 몇 번이고 동일한 과정을 반복한다. 끈끈한 집착을 놓아 버리고 여전히 유연함과 힘을 보유한 세포들은 성숙력을 발휘한다. 이 두 가지 중 어느 것도 하지 않는 세포들은 완전히 놓아 버리고 풀어지며, 스스로에게 되돌아가서 안락한 죽음을 맞이한다.

셀룰러 불교

놓아 버리는 것을 배우라.
삶의 신비로움이 찰나찰나 우리를 그냥 통과할 수 있도록 하라.
그것을 두려워하지 않고, 붙들거나 집착하지 않고……
놓아 버림과 찰나의 삶을 사는 것은 우리의 영적 내면을 성숙하게 한다.
결국, 우리는 사랑하는 것과 놓아 버림이 같은 것임을…… 발견하게 된다.
두 가지 모두 끊임없이 변하는 우리 삶의 매 순간을 느낄 수 있게 해 주고,
다음 일어날 일에 완전히 몰입할 수 있도록 해 준다.
- 잭 콘필드(Jack Kornfield), 『가슴의 길(A Path with Heart)』 -

불교 이론에 따르면, 집착을 놓아 버리는 법을 배울 때 우리는 정신적 여정에서 성숙해진다. 그것은 우리의 세포들도 마찬가지다. 집착을

내려놓을 때 세포들은 더욱 성숙해진 시민으로 진화하게 된다. 세포들은 자기 삶의 여정에서 먼 길을 가는 것이다. 정신적 성숙과 깨달음을 위해 집착을 놓아 버리는 발상은 철학적·심리학적 이론에서만 시작됐을까? 아니면 내면의 미세 우주의 관찰 또는 비전에서부터 그 실마리가 비롯된 것일까? 무엇이 놓아 버림의 과정을 거친 다음에 영적으로 성숙하게 된다는 개념에 영향을 미친 것일까?

◆◆◆◆◆◆◆◆◆◆◆◆◆◆◆◆◆◆◆◆◆◆◆◆◆◆◆◆◆◆◆◆◆◆◆◆◆◆

성찰

집착과 놓아 버림

거대한 오크 나무의 씨는 대지의 자궁에 자리를 잡는다.

그것은 싹과 뿌리를 내려 대지를 붙잡는다.

자기를 놓아 버리고 뿌리를 깊이 내리며 나무는 햇빛을 향해 위로 성장할 수 있다.

하나의 아주 작은 수정란은 엄마의 자궁 속에서 단단히 착상된다.

그것은 자궁을 붙잡고 1조 개의 세포로 구성된 아기로 자란다.

세상의 밝은 빛 속에 자궁을 놓아 버리고 아기는 성장한다.

우리는 일생 동안 자기 복제와 성장과 성숙의 패턴을 거쳐 나간다.

그것은 완전히 모든 것을 놓아 버리는 마지막 숨을 쉴 때까지 계속된다.

◆◆◆◆◆◆◆◆◆◆◆◆◆◆◆◆◆◆◆◆◆◆◆◆◆◆◆◆◆◆◆◆◆◆◆◆◆◆

탐구

세 가지 상태

나는 학생들을 가르치면서 우리가 세포의 행동을 구현하면 우리의 신체를 통하여 마음으로는 알기 어려운 개념들을 물리적으로 배울 수 있다는 것을 발견했습니다. 세포의 상태에 대한 다음의 탐구는 당신에게 세포의 지혜를 끌어낼 수 있도록 도움을 줍니다. 이 훈련을 위해 최소한 15분 정도를 할애합니다. 노트와 특별한 펜 또는 색연필 세트, 아니면 어떤 것이든 나중에 당신의 경험에 대한 소감을 작성하기 위해 필기도구를 준비합니다. 만약 당신이 그룹 속에 있다면 한 사람은 계시원(timekeeper) 역할을 하며 약 5분 남짓한 간격으로 상태를 변경할 때마다 이를 알려 줍니다. 만약 당신이 혼자서 진행한다면 당신은 상태가 변화할 때를 감지하거나 타이머를 맞춰 둬야 합니다.

편안하게 바닥에 앉고 당신의 마음과 공간을 방해받지 않게 합니다. 당신이 세포라고 상상해 봅니다. 세포로서 당신은 다음의 세 가지 상태 중 선택을 할 수 있습니다. ① 당신은 달라붙어서 닿을 수 있는 데까지 쭉 뻗은 존재가 되어 바닥에서 떨어지지 않고, 더 많은 세포를 만들며, 같은 일을 되풀이하고 싶나요? ② 다음으로 당신은 둥글게 뭉쳐서 평온한 임종 과정을 받아들이는 경험을 선택할 수도 있습니다. ③ 아니면 당신은 성숙한 세포가 되어, 더 이상 바닥에 단단히 들러붙어 있지 않고 성숙함을 더해 갈 수 있습니다. 당신은 하나의 면역 세포나 춤추는 뉴런 또는 약동하는 심장 세포와 같이 완전히 성장한 세포로서 이 역할을 할 수 있습니다.

상상력을 사용하여 당신이 먼저 실현하고 싶은 상태에 집중합니다. 최소한 5분 정도 이를 유지합니다. 그 후 또 다른 상태로 전환하고, 이렇게 하는 것이 어떤지 느끼고 감지해 봅니다. 마지막으로, 세 번째 상태를 선택합니다. 이것을 하는 순서는 어떻게 해도 좋습니다. 당신이 훈련을 다 마쳤다고 느낄 때, 당신이 경험한 것을 작성해 봅니다. 당신은 무엇을 깨닫고 배웠습니까?

이것은 항상 흥미진진한 탐구이며, 이 과정에서 사람들은 자기 자신에 대하여 상당히 많은 것을 알게 됩니다. 이는 생물학을 더 잘 이해하는 것보다 더욱 중요할 수도 있습니다. 이러한 상태를 당신 자신의 행동에 대한 비유라고 생각해 보십시오. 무엇이 첫 번째로 그려집니까? 당신은 당신 자신을 더 많이 만들며 같은 행동을 되풀이할 필요가 있습니까? 당신은 똑같이 반복되는 패턴에 갇혀서 너무 꽉 붙잡고 놓아 버릴 수 없지는 않습니까? 당신은 완전히 놓아 버려야 할 무언가가 있습니까? 당신은 당신 삶의 성숙 단계에 서 있습니까?

◆◆

내 강의를 수강하는 학생 중 한 명은 이 연습을 실천해 보기 전에는 죽음의 단계를 경험하길 원하지 않았다. 그래서 그녀는 그것을 거의 마지막 순간까지 계속 미뤘다. 그녀가 마침내 완전히 놓아 버리는 경험을 하게 되었을 때, 매우 편안함을 느꼈다. 전혀 무섭지 않았다.

놓아 버림

2010년 여름까지만 해도 나는 놓아 버림 과정을 주로 세포적 · 심리학적 그리고 비유적 용어로 보았다. 그때 암 환자 지원 그룹을 이끄는 어떤 사람을 만나게 되었다. 우리는 세포와 치유에 대해 논의하면서 놓아 버림에서 새로운 가능성을 보았다.[8]

그는 함께했던 사람들 중 암이 완치됐거나 치유 불능의 상태에서 증세가 호전된 사람들에 대해 이야기해 주었다. 그의 관찰에 따르면 이 사람들의 공통점은 어떤 큰 것을 놓아 버린 것이었다. 그것은 아마 죽음에 대한 두려움이나 악연과 같은 것을 크게 놓아 버린 일이었을 것이다. 그는 그 환자 그룹에 합류했다. 림프종 4기가 상당히 진행되었다는 치명적 진단을 받은 지 6년이 지난 지금, 그의 암은 완화된 상태다.

나는 그와 함께 세포의 놓아 버림 과정을 되돌아보았다. 우리 모두 큰 발견과 깊은 통찰을 할 수 있었다. 그 대화로 다시 돌아가 보자.

최대의 장력으로 붙어 있는 세포들은 계속해서 똑같은 세포들을 만들어 낸다. 어떤 것에 대해 더 집착하고 더 긴장해 있을수록, 우리는 똑같은 것들을 더 많이 만들어 낸다. 똑같은 실수를 하고, 똑같은 프로그램, 몸, 마음 그리고 세포를 만드는 것이다. 자유롭지 못하기 때문에 우리는 똑같은 오래된 것을 반복할 수밖에 없다.

'아직 충분하지 않다' '그렇게 좋지 않다' 처럼 온갖 부정적인 말에 얽매여 우리는 긴장하게 된다. 부정적인 것에 대한 나의 극심한 정신적 긴장이 그 같은 상태에 내 자신을 옭아맬 수 있다. 내가 마침내 '충분하지 않다' 를 놓아 버린다면 어떻게 될까? 내 몸과 마음이 다른 메시지를 받아들일 수 있게 될까? 내 몸으로 여러 다른 세포 상태들을 경험하면, 그것이 이 오랜 반복된 패턴을 버리는 데 도움이 될까?

우리가 스스로를 옭아매는 집착을 완전히 놓아 버릴 때, 아마도 우리 세포들은 더 이상 실행할 필요가 없는 프로그램을 놓아 버릴 수 있을 것이다. 만일 우리가 완전히 놓는다면, 우리에게 필요 없는 암세포와 같은 세포들이 죽음에 대하여 스스로 프로그램할 수 있게 될까? 크게 놓아 버리는 암 환자들은 자기 암세포에게 놓아 버림을 허용함으로써 사실상 세포 자신의 죽음을 맞이하도록 할 수 있지 않을까?

우리 세포들에 대한 더 직접적인 이해로 우리 자신에 대한 더 깊은 이해를 할 수 있게 된다면 어떻게 될까? 두려운 일, 특정한 관계 또는 파괴적 상황을 놓아 버리는 것이 그저 감정적 변화만이 아니라 세포적 차원에서도 동시에 일어난다면 어떻게 될까? 그렇게 되면 어떨까?

이 대화에서 추구한 물음들은 그동안 줄곧 나 스스로도 곰곰이 생각해 왔던 것이다. 하지만 이것으로 어떤 사람의 암이 여전히 존재하는 것이 그가 놓아 버림을 하지 않거나 할 수 없기 때문이라는 것은 아니다. 암은 그것보다는 훨씬 복잡하기 때문이다. 이 물음들은 단순히 치유에 대한 흥미를 돋우는 아이디어를 제공한다.

미지의 세계로의 출입구: 암

암세포의 장력이나 환경을 바꿈으로써 암세포를 변화시키는 게 가능할까? 과학자들은 실험실에서 일부 암세포는 건강한 정상 세포들보다 더 단단하며, 이 단단함이나 딱딱함이 정상적 세포 성장에서 벗어난 무질서를 일으킨다는 것을 발견하기 시작했다.[9] 내가 처음으로 유방의 종양 세포들이 유방의 정상 세포들보다 딱딱하다는 내용을 읽었을 때, 그것은 놀라운 일이 아니었다. 왜냐하면 많은 암세포가 정상 세포들보다 덜 성숙하고 덜 유연하기 때문이다. 일반적으로 정상의 미성숙한 세포들은 성숙한 세포들보다 단단하다. 펜실베이니아 대학교의 과학자 발레리 위버(Valerie Weaver) 박사는 조직 배양을 통해 자란 세포들을 연구한 결과, 건강한 조직과 비교해 유방의 악성 조직이 더 단단한 것을 알아냈다. 그뿐만 아니라 그녀는 건강한 세포들도 딱딱한 물질 위에서 자라면 비정상 조직을 이룬다는 것을 입증했다. 무슨 까닭일까? 그것은 세포 '끈'이 당겨지면서 기계적 장력이 증가했기 때문이다.[10]

이와 대조적으로, 당김과 흡착 그리고 긴장을 관리하는 화학물질은 세포가 좀 더 정상적으로 보이는 유선 조직으로 성장하도록 했다. 위버 박사는 돌연변이 유전자들이 세포 장력을 증가시키는 생화학적 경로를 활성화한다는 가설을 세웠는데, 그것은 암으로 발전하는 초기의 사건이다. 나아가 그녀는 우리가 특정한 암세포의 역학 구조에 간섭함으로써 그 암세포 유전자들의 이상 현상을 무효화할 수도 있다고 제안했다. 도널드 잉그버는 종양의 물리적 환경을 변화시켜 암 진행 과정을 뒤바꿀 수 있는지를 연구하고 있다. 그는 건강한 매트릭스(matrix)를 닮은 인공 물질을 이식하여 종양의 미세 환경을 조작해 보고 있다. 더 부드러운 '매트리스(mattress)' 위에서 세포들이 성장하도록 해 준다면, 그것이 암세포가 자신의 유전자를 바꿀 수 있게 하는 환경이 될까?

우리는 항상 기적 같은 치유의 수수께끼를 풀어 보려고 한다. 사람들이 특정한 방식으로 자신의 태도나 근육 조직을 부드럽게 하면, 그로 인해 세포들이 정상화되어 가는 움직임이 일어난다. 이것이 한 설명이 될 수 있을까? 만약 내가 수년간 실험실에서 백혈병에 걸린 백혈구 세포들이 더 정상적으로 되는 것을 보여 주는 연구를 하지 않았더라면, '암세포가 정상 세포가 될 수 있을까?' 하는 의문이 들지 않았을지도 모른다. 우리는 실험실에서 무해한 화학물질을 이용해 백혈구 세포가 그렇게 변하는 결과를 얻었다. 그렇다고 해서 우리가 세포나 유전자의 장력을 변화시킴으로써 분자들이 작용하는지를 실험해 본 것은 아니다. 하지만 이 과정에서 세포들이 성숙한 능력을 갖추어 갈수록 세포막은 더 유동적으로 되는 것을 알 수 있었다. 그러나 실험실 밖에서는 아직 의문이 있다.

우리의 논의 범위를 넓혀 주는 다음의 질문들이 있다. 만일 딱딱한 환경이 정상 세포들의 조직 파괴에 일조한다면, 개개인과 사회 전체의 경직성은 어떨까? 유연하지 않은 것이 우리의 발전에 어떻게 영향을 미칠까? 우리 개개인은 더 부드럽고 편안한 환경을 조성하기 위해 무엇을 할 수 있을까?

> 왜 더 부드럽게 하려고 하지 않는지 궁금한 적이 있는가?
> – 릴리 톰린(Lily Tomlin) –

현미경을 다시 들여다보면, 우리는 과학자들이 다음과 같은 사실을 발견한 것을 알 수 있다. 만약 배아 줄기세포들이 시험관 내 딱딱한 구조 위에서 성장한다면 근육 세포로 자랄 가능성이 더 높은 반면, 부드럽고 탄력적인 구조 위에서 성장하면 신경세포로 자라게 될 것이다.[11] 달리 말하면, 환경 역학이 세포의 장력과 그 유전자 발현에 영향을 미치며, 줄기세포에게 어떤 세포로 자라야 할지, 어떤 유전자를 사용할지를 알려 주는 것이다.

변화하는 암

암 예방과 치료에 대한 나의 열정은 이 병으로 생명의 위협을 받는 아이들과 많은 시간을 보내면서 생겼다. 화학 요법과 방사선 치료가 도움이 되지만 그 엄청난 부작용 때문에 나는 암을 역전시킬 덜 유독한 다른 대체 방법이 없을까 고민했다. 탐구를 계속하면서, 결국 나는 세포의 최종 형태를 물리적으로 변화시키는 데 있어서 텐세그리티의 역할과 세포에 대해 더 많이 알게 되었다. 또한 그것은 치유를 위한 내면의 실천이 점점 깊어지도록 나를 인도했다.

교차로

이 책의 서문에서 나는 병원 소아과 층의 '풍선녀'로서의 경험과 꼬마 알바로와 특별한 관계를 맺은 경험을 이야기했다. 병세가 완화된 지 1년이 지난 뒤 알바로의 백혈병이 재발했을 때, 나는 그 상황에 압도되었다. 그의 죽음은 필연적인 것처럼 보였고, 난 어찌 해야 할 바를 몰라 난감했다. 그때 나는 태도 치유 센터의 임상 책임자이자 심리학자인 토머스 핑크슨(Tomas Pinkson) 박사에게 도움을 요청했다. 그는 미국에서 최초의 호스피스 중 하나를 시작한 사람이므로 매일 삶의 종말에 대처하고 있다는 것을 나는 알고 있었다. 알바로의 임박한 죽음에 어떻게 대처해야 할지 물어보기 위해 연락했을 때, 그는 나에게 "당신이 대처하는 게 아닙니다. 그냥 느끼는 겁니다."라고 말했다. 당연히 나는 느끼고 싶지 않았다. 그래서 그에게 도움을 요청했던 것이다. 슬픔을 극복하리라 믿었다.

핑크슨 박사를 그의 사무실에서 만났다. 전형적인 깨끗한 업무 공간을 기대했던 내 예상과 달리, 놀랍게도 그는 토착민 치유자의 공간 같은 곳으로 나를 안내했다. 그곳은 전혀 다른 세상이었다. 바닥에는 나

바조 러그(Navajo Rug)와 드럼들이 놓여 있었고, 벽에는 그림들과 후이촐(Huichol) 미술 작품이 걸려 있었다. 그는 나를 자기 맞은편 바닥에 앉도록 했다. 내가 자리를 잡게 되었을 때, 그는 작은 나뭇가지 뭉치 같아 보이는 것에 불을 붙이고 연기가 나도록 입김을 불었다. 그다음 내 주변에 그 연기를 휘저었다. 나는 나중에 그것이 미국 원주민들의 에너지 정화와 집중을 위한 의식이며, '연기 태우기(smudging)'라고도 불리는 깨끗 태우기(burning sage)라는 것을 알게 됐다.

그때부터 핑크슨 박사의 내면의 지혜에 대한 직관적·비선형적 접근은 내 호기심을 불러일으켰으며, 그는 내 마음과 영혼을 치유하는 평생 스승이 되었다. 그에게서 나는 내 안의 의심하는 마음을 놓고 이미 모든 것을 알고 있는 내 마음 자리에 들어가는 것에 대해 조금씩 배웠다.

변화하는 의식

주술적 의식에 대한 내 첫 경험은 지리적·심리적·정신적으로 인류 발전의 최첨단의 장소, '좌파 해안(left coast)' 캘리포니아의 드럼 동아리에서 일어난다. 때는 1985년이고, 장소는 고풍스러운 커뮤니티 센터다. 나는 토머스에게서 초대받은 장소에 도착하기 위해 좁고 구불구불한 시골길을 거쳐 왔다.

깜박이는 촛불은 어두운 방을 밝힌다. 사람들은 바닥에 원으로 둘러앉아 있다. 어떤 사람들은 드럼을 치고, 래틀(rattle, 타악기의 일종)을 흔들고, 찬양을 하고, 어떤 사람들은 그냥 가만히 서 있다. 과학자인 나의 눈에는 낯선 광경이다. 도대체 내가 왜 여기에 오기로 했는지 모르겠다. 나는 재빨리 도망가야 할 경우를 대비해 출입문과 가까운 빈 공간에 앉는다. 내 마음속에 끊임없는 잡념이 생겨났다. '날 여기서 당장 나가게 해 줘. 여기서 이러고 있는 나도, 이 원을 이루고 앉아 있는 모든 사람도 다 정신이 나간 것 같아.'

나는 어색하고 엄청난 시간 낭비가 될 것 같은 느낌을 견디는 데에 도움이 될 것이라 믿고 눈을 감는다. 하지만 리드미컬한 드럼과 래틀소리와 진동이 내면의 조용한 곳으로 날 밀어 넣기 시작한다. 그에 수반되는 나의 정신적 노력과 육체적 몸부림에도 불구하고, 다른 무언가가 나를 집어 삼킨다. 잡념이 멈추고, 내 마음속 풍경이 이미지들로 채워지기 시작한다. 그리고 내가 여기 있는 이유가 점점 뚜렷해진다. 나는 이전에 경험했던 것보다 더 깊은 차원의 지혜와 연결되고, 내 지능을 넘어서 있는 앎을 구하게 되는 것이다. 곧 나는 이 신성한 공간에 자리하게 되고, 차분한 느낌이 나를 감싼다. 나는 나 자신과 연결되고, 이방 안의 다른 사람들과 연결되며, 순간의 신성한 거룩함과 연결된 느낌을 받는다. 내면의 고요함, 평온함의 순간들. 누가 알겠는가? 어쩌면 깨달음이 내 존재를 파고드는지도 모를 일이다.

그 후에 신성함에 대한 놀랍지만 거의 마지못해 한 경험을 부정할 수 없었다. 끊임없이 올라오는 내 마음속 독백이 다시 시작되었다. 이를 어떻게 이해할 수 있을까? 내게 일어난 일이 사실이라고 진정 믿기 전에 어떻게 의식과 감정들에 변화가 일어났는지에 대한 물리적 설명이 필요했다. 어떻게 평온과 지혜로의 내면의 변화가 나뿐만 아니라 의식의 상태가 변한 그 방 안의 다른 사람들에게 일어났는지 이해할 수 없었다. 해답을 찾는 데는 오랜 시간이 걸렸다. 수십 년이 지난 후 가장 파악하기 어려운 세포 골격에 대해 배우면서 비로소 이해하기 시작했다.

진정한 합의: 과학과 영적 수행의 만남

우리가 북을 치고, 웃고, 몸을 움직이고, 사랑하고 또는 특정한 형태의 쾌락을 경험할 때, 우리 몸 안에 엔도르핀(endorphin)이라는 화학물질의 분비가 급증한다.[12] 분자들이 오르내리고, 뇌파가 변하고, 세포 장력이 완화되고, 우리는 자신의 정서적 상태를 완전히 재창조한다. 우리 세포는 신체적 리듬과 우리 감각의 진동하는 에너지를 이용하여 이러한 유쾌한 상태를 만들 수 있는 능력을 갖추고 있다. 에너지의 전이가 일어난다. 우리의 근육은 부드럽게 이완된다. 우리는 심지어 또 다른 차원의 존재나 앎에 도달할 수도 있다. 윙윙거림, 북소리, 빛, 움직임, 분위기, 생각 등이 몸과 마음과 영혼을 변화시키는 곳, 그곳이 바로 우리의 세포 비계 안인 것이다.

형태 변화

세포 골격의 근본 매트릭스는 유전자 조절을 뛰어넘는 다른 역할도 한다. 그것은 '형태 변화기(shape changer)'이며 에너지 변환기(energy transformer)다. 어떤 이는 그것이 의식의 자리라고 한다.

형태 변화는 정보를 전달한다

변신(shape-shift)은 주술사, 마술사 또는 신비주의자에게 해당하는, 흔히 쓰지 않는 단어다.[13] 당신은 코요테로 모습을 바꾸는 카를로스 카스타네다(Carlos Castaneda)의 돈 후앙이나, 영혼이 그를 움직일 때마다 크고 검은 개로 변신하는 해리포터의 대부 시리우스에 대해 읽어 봤을 것이다. 이런 아이디어는 스토리텔링이나 신화에서는 알맞지만, 우리의 목적상 여기서의 변신이란 우리 관점을 바꾸고 정서적·정신적·육체적·영적 에너지를 변화시키는 것을 의미한다. 많은 신성한 가르침에 따르면, 우리 몸의 모습을 바꾸면 우리의 의식도 변한다(그 반대도 마찬가지다). 우리의 잠재력도 변한다. 여기서 과학은 고대의 오랜 주장을 뒷받침한다. 그것은 특정 방식대로 우리의 몸을 움직인다면, 느끼는 감정과 할 수 있는 능력을 변화시킬 수 있다는 것이다. 우리의 세포 왕국도 변한다. 그것은 우리를 변신하게 만든다.

고대의 신비주의자, 주술사들은 장력을 변화시키는 특정 자세들이 몸과 마음과 우주 에너지를 하나로 합쳐서 전반적인 웰빙을 증진시키는 것을 발견하였다. 이런 목적으로 마음과 정신을 변화시키기 위해 많은 전통문화에서 복잡한 형태의 동작들을 이용해 왔다. 인류학자 펠리치타스 굿맨(Felicitas Goodman)은 주술적 춤, 태극권(tai chi), 요가, 고대 의식 동작들이 이에 포함된다고 언급했다.

카를로스 카스타네다는 멕시코에서 몇 년간 머물며 야키족(Yaqui) 주술사인 돈 후앙 마투스(Don Juan Matus)와 함께 주술과 마술을 연구했으며, 고대의 신체적 수련들이 우리로 하여금 에너지 흐름을 감지하고 몸을 변신하게 한다고 주장했다. 그가 매직패스(magical passes)라고 한 것을 행함으로써 우리는 내부와 외부 에너지에 모두 주파수를 맞추어 의식 변화를 일으킬 수 있다. 비록 그는 우리가 여기서 논의하고 있는 세포의 텐세그리티에 대해 언급한 적은 없지만, 그럼에도 불구하고 이러한 기법들을 텐세그리티 운동으로 집대성했다. 이것이 그 중대한 날 서점에서 내가 찾은 요가 저널에 실린 논문의 주제였다. 텐세그리티 운동은 매직 패스와 앞서 언급한 다른 신체 수련들에 적합한 용어다. 이들은 모두 근육과 장기들을 긴장시키고, 스트레칭하고, 이완하는 것을 강조한다. 이는 우리 안의 미세한 세포들이 자연스럽게 하는 바로 그 운동과 유사한 것이다.

명백한 의문 하나가 든다. 만약 우리가 매직 패스, 기공 또는 춤에 참여한다면, 우리는 우리 세포들의 장력, 기억 패턴 또는 유전자를 변화시킬 것인가? 우리는 그들의 지능과 미래를 바꿀 것인가? 우리 몸을 움직임으로써 우리 마음 상태, 에너지 장 또는 의식을 조절할 수 있을 것인가? 활발한 신체적 활동이 왜 수명을 연장시키는지에 대한 새로운 설명을 우리 세포 내부의 텐세그리티의 특성으로 해 줄 수도 있음을 생각해 보라. 그것은 우리의 기분과 에너지를 변화시키고, 쾌락, 웰빙 그리고 평온함에 대한 우리의 잠재력을 확대한다. 운동은 우리의 삶을 바꿀 수 있다. 스리 오로빈도(Sri Aurobindo)는 이를 '세포를 위한 요가' 라 불렀을 것이다.

텐세그리티의 도움으로 세포들은 형태를 바꾸고, 움직이고, 자라며, 무엇을 할지 '선택' 한다. 그들은 긴장과 긴장 완화를 통해 우리를 관리한다. 신체 조직이 건강하고 유연하기 위해서 우리 몸은 스트레칭하고 운동하는 것이 필요하다. 요가와 다른 형태의 운동, 안마와 카이로프랙틱 등은 이 원리를 바탕으로 하는 치료적 개입으로도 볼 수 있다. 우리의 '세포 주술사(cellular shaman)' 라고 하는 것에 접근함으로써 이런 요법들은 우리를 몸 안으로 끌어들이고, 생각을 정리할 수 있도록 도와주며, 에너지를 고양하고, 더 이상 우리에게 도움이 되지 않는 패턴을 놓아 버리도록 장려한다. 우리 안팎으로 일어나는 힘들의 매트릭스에 집중할 때, 우리는 삶을 변화시킬 수 있다. 여기가 과학과 신성한 지혜가 만나는 자리다.

하나의 단단한 근육이 전체 구조를 변화시킬 수 있음을 생각해 보라. 장딴지 근육이 당겨지거나 책상에서 일어나면서 목에 통증을 느낀다면, 이 경우에 해당함을 알 것이다. 긴장한 구조들은 한 가지 중요한 공통적 요인이 있다. 그것은 긴장 상태가 구조 전체로 계속 전달된다는 것이다. 몸 전체가 통증이나 당겨진 근육에 반응한다. 근육은 세포 다발들로 이루어져 있고, 줄어들고 늘어나며, 또는 같은 자리에 얼어붙을 수 있다. 한 자세로 고정되어 팽팽하게 당겨진 근육은 신체 다른 곳으로의 혈액, 호흡 그리고 정보의 순환을 약화시키고, 만성 통증을 유발할 수 있다. 경직된 폐 세포들은 호흡을 방해할 수 있다.

> 이러한 라이닝(lining), 포장 재료, 케이블, 계류 장치들은 하나의 연속 물질이다.
> 이 네트워크 덕분에 몸의 각 부분은 다른 모든 부분과 연결되어 있다.
> 우리의 모든 부분은 그 네트워크에 둘러싸여 있다.
> - 딘 후안(Deane Juhan), 『사람의 몸(*Job's Body*)』 -

◆◆

성찰

우리의 세포 매트릭스 내부의 신비로운 일들을 이해함으로써 우리는 세포들로부터 다음과 같은 교훈을 배웁니다. 재생과 변화를 위해서는 스트레칭하고 움직이

라. 오늘 당신은 어떻게 스스로 스트레칭을 했습니까?

◆◆

끈들의 조율

세포들도 근육처럼 '음색(tone)'을 가지고 있다. 비유하자면, 팽팽한 바이올린 줄은 그 줄의 다른 점들을 누를 때 다른 소리가 난다. 비슷한 방식으로, 세포 끈들이 어디에 얼마만큼 비틀어지고 눌렸는지에 따라 세포는 화학적 신호를 다르게 처리한다.

세포 매트릭스의 물리적 특성을 상기해 보면 알겠지만, 우리는 끈들로 구성되어 있다. 우리의 모습을 바꾸는 신체적 · 역동적 또는 주술적인 수련을 행할 때, 세포 구조는 우리를 변신시킨다. 이제 세포의 끈은 우주의 끈에 포함된다.

이것이 사실인지는 개인의 경험을 통해서만 알 수 있다.

줄은 진동한다. 한 개의 기타 줄을 튕기면 주변에 있는 줄들도 진동한다. 줄들은 서로 공명하는 것이다. 드럼도 마찬가지다. 하나의 드럼을 치면 가까이에 있는 드럼도 반응하며 진동한다. 우리 안의 세포 끈들이 운동, 콧노래, 음악 그리고 구호에 반응하는 것을 생각해 보라. 당신 내면의 공명하는 지성을 기억할 때, 세포들과 함께 조화를 이루는 것은 완전히 다른 의미를 띤다. 아마 세포의 비계 구조물이 에너지, 동작, 그리고 진동 치유가 일어나는 곳일 것이다.

탐구

기량을 뽐내 보세요

흥얼거리고, 움직이며, 춤을 추거나 마사지를 받으세요. 무엇이 당신을 놓아 버리게 하는지 찾아보세요.

◆◇◆

에너지 '알아보기'

미국 노스웨스턴 대학교의 저명한 과학자 구엔터 알브레히트-뷔엘러(Guenter Albrecht-Buehler)에 따르면, 세포의 운동은 세포 지능의 일부분이다.[14] 세포들은 서로를 향해 의도적으로 움직이는 것처럼 보인다. 현미경을 통해 세포들이 서로 접촉했다가 멀리 미끄러지는 것을 볼 수 있다. 움직임을 이끌기 위해 세포들은 독특한 '눈' 으로 서로의 에너지를 보고 '읽는다.' 눈이란 미세소관의 특이한 구조물인 중심소체를 말하며, 각각의 세포에 2개씩 존재한다. 중심소체는 한때 세포분열만 이끈다고 간주되었지만, 현재는 모든 세포 운동을 총괄할 수도 있다고 간주된다. 독특한 수학적 구조를 가진 중심소체는 27개의 미세소관이 3개씩 한 묶음을 이루는 모두 9쌍의 단위체이며, 가운데 속이 빈 원통 모양으로 구성되어 있다([그림 4-5] 참조).

비틀어진 파이프를 닮은 중심소체는 흔치 않은 구조로 되어 있으며, 이것의 기능은 한층 더 특이하다. 중심소체는 주변 세포들로부터 생성되는 적외선 에너지를 감지할 수 있다고 한다. 이 때문에 중심소체들

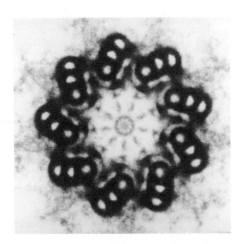

[그림 4-5] 중심소체: 3개의 미세소관으로 구성된 9쌍의
미세소관 다발(이미지: Don W. Fawcett)

이 에너지를 통해 서로를 '알아보는' 것이 가능하다.[15] 세포들은 중심
소체의 눈을 통해 서로 열을 받아들인다.

유연한 의식

에너지를 감지하는 중심소체 관들은 교차하고 꼬이며, 휘고 유연하
다. 가까이에 있는 세포들은 이에 반응하고 똑같이 한다. 노벨상 수상
자인 프랜시스 크릭(Francis Crick)과 세계적으로 저명한 물리학자인 로
저 펜로즈(Roger Penrose) 경도 알브레히트-뷔엘러 교수의 연구에 참여
하였는데, 그들은 중심소체들이 그 자신의 모양을 변형시켜 정보를 전
달하는데, 이것은 미세소관 한쪽 끝에서 다른 쪽 끝으로 전자들이 흐
르는 결과라는 것을 제안했다.[16] 이 연구자들에 따르면, 세포 관 아래

전자의 흐름이 '의식'인 것이다.

의식? 이것은 무엇일까? 어디에 있는 것일까? 기본적으로 합의하는 한 가지 생각은, 우리가 깨어 있고 의식할 때 의식이 있다는 것이다. 이 것으로부터, 펜로즈와 마취 전문의 스튜어트 해머오프(Stuart Hameroff) 는 미세소관이 인간 의식에 관여한다는 이론을 탐구했다.[17] 해머오프 는 마취의 효과를 연구하여 세포적 증거를 제시했는데, 여기에는 뇌 세포 안 미세소관의 마비 및 수면 유도제로서 에테르(ether)와 할로세 인(halothane)이 사용되었다. 의식이 깨어 있는 상태는 잠시 중단되지 만, 생존 기반의 뇌 기능은 계속 활성화된다. 그래서 뇌 안의 미세소관 들이 마취로 '동결'될 때 인간의 경계 의식은 사라진다. 의식과 관련한 미세소관과 세포 구조의 흥미로운 역할은 더 많은 연구가 진행되어야 할 분야임이 분명하다.

파이프 정화

지금까지 수년의 수련 기간에, 그리고 그 길을 걷기 시작하기 전에 도 우울증은 나의 주기적인 동반자였다. 그것은 내가 변화를 원했지만 그렇게 할 수 없을 때, 내가 옴짝달싹 할 수 없을 때 가끔씩 찾아왔다. 내가 과거와 비생산적인 습관과 행동의 수렁에 빠져 있을 때마다 나의 선생님인 토머스는 말했다. "당신의 파이프들을 깨끗이 하라. 당신이 스스로 자신의 파이프를 깨끗이 하기 전까지 영혼은 당신을 꿰뚫어 변 화를 일으킬 수 없다."

나는 그가 말하는 파이프가 무엇인지, 그것이 어디 있는지 알 수 없었지만 그에게 결코 물어보지 않았다. 사실은 내가 알지 못한다는 것에 당황했다. 이 관은 동맥과 정맥, 호흡기관, 에너지 통로인가? 나는 이러한 수수께끼 같은 관들에 크게 신경 쓰지 않았다. 그것을 주술사들이 사용하는, 여전히 내가 이해할 수 없는 또 다른 표현으로 받아들였다.

여하튼 나는 내 인생에서 가장 암울했던 시기 중 수년간 내 마음과 기분을 떨쳐 버릴 수 있는 상당히 신뢰할 만한 전략을 배웠다. 물론 내가 그 전략을 꽤 자주 쓴다면 말이다. 구호와 주술적 춤은 현재까지 지속되고 있는 매우 일관된 체인지 메이커다. 예를 들어, 최근 이 원고를 집필하던 어느 날 아침, 나는 오래된 '옴짝달싹 못하는 상태'가 되돌아온 것을 느꼈다. 내 생각은 케케묵은 것 같고 몸과 마음은 침체됨을 느꼈다. 나는 휴식을 갖고, 초를 켜고, 깨꽃(salvia, sage)을 태우고, 눈을 감았다. 나는 구호를 외치기 시작했고, 내 가슴과 흉곽 그리고 심장이 진동을 하고 흥얼거림을 느꼈다. 그 순간, 내 세포들 역시 진동하여야 한다는 한 생각이 떠올랐다. 내 세포 안식처 내의 보이지 않지만 유연하고 광섬유 같은 관과 그물망이 그 전자들의 흐름과 더불어 튀어 오르고, 뒤틀림을 펴고, 유연해야 하는 것이다.

"아하!" 하는 순간, 아이디어가 번쩍 떠올랐다. "당신의 관들을 깨끗이 하라!"는 주술사의 지시에서 관은 중심소체일 수 있다. 구호를 외치고 흥얼거리는 것은 당신의 세포 주술사를 활성화하는 것이다.

자신의 세포 주술사 부르기

세포 주술사는 보이지 않는 줄을 당기고,

그리고 이러한 빛나는 필라멘트가

당겨지거나 밀릴 때 모든 것은 변화한다.

고고학자로서 세포 주술사는

배우거나 즐기거나, 막거나 헤쳐 나가거나, 또는 완전히 피할

오래된 패턴들을 파헤치고 남아 있는 것들을 검토한다.

당신의 주술사가 선택할 수 있도록 도우라.

이런 것을 생각해 보라. 당신에게는 배우자나 부모님에게 화내며 반응하거나, 긴장한 상태에서 먹거나, 교통 체증 속에서 기다리며 손톱을 물어뜯는 것처럼 특정한 행동양식이 있다. 이는 마치 당신이 모든 좋은 의도에도 불구하고 옛날 그 장소로 계속 되돌아오게 붙드는 특질이 있는 것과 같다. 이와 같은 반복적 행동들은 당신 몸의 세포에 각인된다.

당신이 같은 행동을 계속 되풀이하는 것에서 벗어나, 당신의 기분과 행동, 그리고 습관적인 반응을 바꿀 수 있는 새로운 패턴을 창조할 수 있다고 하자. 심리치료는 도움을 줄 수 있고, 세포 주술사에게 의뢰하는 것 또한 도움이 될 것이다.

탐 구

새로운 리듬을 두드리기

주술적인 드럼 테이프를 듣고, 드럼 동아리에 가입하며, 새로운 것을 발견해 보세요.

◆◆

몸의 기도

감사함 표현하기

손목을 굽혀 보세요. 앞뒤로 구부려 보세요.

하늘을 향해 팔을 쭉 펴고, 당신의 손목을 다시 굽혀 보세요.

감사함을 표현하세요.

땅 쪽으로 팔을 쭉 펴고, 땅을 만지고 감사함을 표현하세요.

이를 세 번 반복하세요.

매번 당신은 감사의 기도나 다른 뜻의 기도를 할 수 있습니다. 즉, 고마움을 느끼거나, 고통으로부터 벗어나고, 새로운 훈련을 하거나, 용서하는 기도를 할 수 있습니다. 당신 내면의 지혜에 귀 기울임으로써 당신은 어떤 기도를 해야 할지 알게될 것입니다.

◆◆

탐 구

시각화 여행

이 여행을 준비하기 위해 잠시 앉거나 걸을 수 있는 좋은 장소를 찾아 시간을 가집니다. 만약 당신이 걷는다면, 발들이 당신을 어디로 안내하는지에 귀 기울입니다. 자신을 편안하게 합니다. 주위를 둘러봅니다. 산들바람 소리를 듣습니다. 살

갖에 닿는 공기와 햇살을 느낍니다. 주변의 냄새를 빨아들입니다. 숨을 들이쉬고 내쉬며 공기의 흐름을 함께 편안하게 합니다. 우주를 들이쉬는 것은 우리를 우주와 합치게 합니다.

다음의 설명들을 적어 두세요. 아니면 그냥 기억하셔도 좋습니다. 당신의 상상력을 자유롭게 하고 여행을 즐기시기 바랍니다. 당신이 은폐되고 따뜻한 완벽한 원형 구조물에 들어간다는 상상을 합니다. 그 가운데에는 불이 있고, 부드럽게 북소리가 울려 퍼지며, 공기가 잣나무 향기로 가득합니다. 당신은 고향에 와 있습니다. 당신과 당신의 세포들은 평화롭게 휴식을 취합니다. 당신의 눈이 어둠에 적응했을 때 주위를 둘러봅니다. 사람들은 원을 그리며 앉아 있고, 드럼을 두드리며, 구호를 외치고 있습니다. 자리를 잡고 그 안에 당신과 함께 있는 사람이 누구인지를 알아봅니다. 드럼은 당신 심장의 리듬을 두드리고 당신은 당신 심장에 숨을 불어넣습니다. 그것은 드럼 소리와 공명하고 있습니다.

당신의 심장 세포들은 드럼과 같은 리듬으로 고동칩니다. 세포들은 당신의 전신을 통하여 자신들의 곡을 연주합니다. 당신은 숨쉬고, 움직이고, 춤추고, 흥얼거리고, 세포 드럼을 치며 함께하는 리듬을 만듭니다. 당신의 마음은 이 세포 춤 속에서 평온해집니다. 당신은 보다 큰 에너지로 연결되어 확장됩니다. 당신 자신의 신성함을 접촉하고 당신 자신의 세포 주술사를 경험합니다.

이 부드러운 공간을 즐기며 당신의 세포, 당신의 주술사 그리고 함께 있는 사람들에게 질문을 합니다. "내 삶을 넓히는 데 도움이 되는 것으로 내가 알거나 해야 할 것이 있습니까?" 긴장을 풀고 듣습니다. 당신에게 오는 어떤 것이든 받아들입니다. 당신과 함께하는 사람들이 당신의 여행을 안내하는 메시지를 가지고 있을 수 있습니다. 평화로움을 받아들이고 당신의 세포가 하는 모든 일에 대해 감사합니다. 함께한 지혜로운 안내자들에게 감사합니다. 당신이 준비되면, 당신의 손발을 턴 후 깨어 있고 살아 있는 현재로 돌아옵니다. 이제는 당신이 배운 것을 물리적인 행동으로 실천하여 닻을 내립니다.

◆◆◆

성 찰

우리가 우리 몸을 움직일 때, 우리는 새로운 패턴을 창조하기 시작합니다. 우리의 세포 실(cellular threads)과 신경 근육 배선은 새로운 경험을 엮고 정착시킵니다. 우리는 오래된 습관들을 유지하게 하는 가닥들을 끊어 버립니다. 다음에 당신이 오래된 원하지 않는 똑같은 방식으로 반응하는 자신을 볼 때, 소리와 움직임을 통하여 그 행동에 대한 집착을 깨뜨려 버립니다. 그 열쇠는 시작하는 것입니다.

나는 무엇을 내려놓아야 하는가?

내 삶에서 과도한 긴장이 있는 곳은 어디인가?

나의 성숙에 장애가 되는 생각이나 사람 혹은 습관들에 집착하는가?

무엇이 나를 넓어지게 하는가?

무엇이 나를 쪼그라들게 하는가?

나는 어디에서 매우 반복적인가?

◆◆◆

우리 세포 구조 속으로

우리의 경험들이 엮이고 다시 엮인다.

무엇이 우리의 관심과 의도를 끌어들이고 있는가에 따라

우리는 짜임새와 패턴들을 변화시킨다.

우리는 항상 창조 상태에 있다.

당신은 무엇을 선택할 것인가?

매듭을 풀라!

오래된 끈들과 붙드는 점들을 파괴하라!

새로운 패턴을 엮으라!

한계 늘리기

나는 많은 의식을 해 본 고대의 성소를 찾아가 보자고 제안한 산타 페에 살고 있는 한 친구를 방문하고 있다. 얼마나 좋은 생각인가! 날은 화창하지만 춥고, 하늘은 파란 겨울 빛으로 환하다. 우리는 반델리어 국립 기념물(Bandelier National Monument)의 드물게 경비도 없는 입구 하나에 도착한다. 몇몇 차만이 그곳에 주차되어 있고, 우리는 곧 이유 를 알게 된다. 모든 국립공원과 기념물이 잠겨 있었다. 연방 정부는 돈 이 모자라서 얼마라도 아끼기 위해 이들을 폐쇄해 버린 것이다.

닫힌 것인가? 어떻게 이럴 수 있지? 우리는 온 힘을 다해 여행해 왔 고 그곳에서 기도하고 싶은 것이다. 나는 특히 사진을 찍고 싶었다. 나 는 캘리포니아와 애리조나에 있는 암면 조각과 그림 문자 사진을 촬영 한 적이 있다. 지금은 뉴멕시코에 있는 성소에서 무엇이 나를 기다리 고 있는지를 볼 수 있는 기회인 것이다. 나는 우리의 선조들이 우리가 배우도록 남겨 둔 것을 연구하고 문서화하는 것을 좋아하게 되었다. 사실, 나는 인간적이든 다른 것이든 모든 문화에 공통되는 숨겨진 언 어를 밝혀내려는 시도를 해 오고 있는 것이다.

친구와 나는 서로를 쳐다보고, 우리의 임무 수행을 막고 있는 울타 리를 쳐다본다. 선택은 명확하다. 울타리를 넘어가자! 몇몇 차를 주차한 사람들은 이미 그렇게 했을 것이다.

우리는 진입 경로를 지나 위쪽을 향하여 완만한 등산길을 오르기 시작한다. 그 후 우리는 거대한 화강암 바위들을 넘고 나서 갈림길에 도착하고, 그리고 선택한다. 시야에 들어온 사다리를 타고 올라갈 것인지, 아니면 길을 따라 쭉 걷다가 돌아올 때 사다리를 타고 내려올 것인지 하는 선택이다. 나의 고소공포증이 나를 위해 결정한다. 만약 사다리로 내려간다면, 나는 아래를 쳐다봐야 할 것이다. 이는 나를 아연실색하게 한다.

우리는 올라간다. 우리가 정상에 도착하고, 내가 발아래에 있는 단단한 메사(mesa) 언덕을 느낄 때, 우리는 "돌아오세요! 공원은 닫혔습니다. 반델리어도 닫혀 있습니다."라는 소리를 듣는다.

그것은 공원 관리원이었고, 당장 기념물을 떠나라고 요구한다. 나는 그와 몇 분 동안 언쟁을 하며, 그 불가피한 무서운 사다리 내려가기를 미룬다. "우리는 세금을 내고 있습니다." 나는 그에게 말한다. "이곳은 우리의 공원이고, 언제든지 방문할 수 있습니다. 그리고 우리는 어떤 피해도 끼치지 않습니다."

"이 공원은 문을 닫았습니다. 당장 내려오세요."

갑자기, 잠시 내 안의 두려움으로부터 벗어나 엄청난 상실의 느낌이 스쳐 지나간다. 나는 신성한 땅에서 추방되는 데에서 오는 인간적 비탄의 큰 아픔을 느낀다. 내가 신성한 장소의 땅을 만질 때, 나는 가끔씩 수백 년 된 생명의 영혼을 느낀다. 그것은 오랜 기간의 생활, 훈육, 기도, 놀이, 손 잡기, 사랑으로부터 오는 메아리다. 내가 신성한 땅 위에 설 때 나는 기억할 수 있다. 그곳을 떠나는 것은 내 가슴을 아프게 한다.

내 언쟁은 효과가 없지만, 그래도 우리는 내려와야 한다. 공포에 질려서 나는 내 친구를 따라 사다리를 내려가기 시작한다. 나는 성스러운 여행이나 원정에 착수하는 것처럼 느낀다. 사실 나는 그렇다. 사다리를 반쯤 내려갈 무렵, 나는 떨리는 손을 뻗어 배낭을 열고 카메라를 꺼내서 내 여행을 기록한다.

하지만 이를 이 장에서 언급하는 까닭은 그 순간 우리 모두는 뻗어 나갈 수 있는 힘을 가지고 있다는 것을 상기하게 되었기 때문이다. 우리 모두 하고 있는 것이다. 두려움은 나를 마비시키지 못한다. 내 세포와 나는 움직임을 선택할 수 있다. 이 힘은 당신과 당신의 세포 모두에 내재되어 있다.

우리 모두는 영혼 깊숙이 우리가 이미 알고 있는 것을 불러오는 선택을 할 수 있다. 우리는 그것을 올바로 하기 위해 여기에 온 것이다. 우리 모두 각각 자신에게 있는 신성함과 성스러움의 가슴에 불을 붙이기 위해 여기에 온 것이다. 마음, 문화, 도그마 혹은 업보 등과 같은 방해꾼들 때문에 그것을 기억해 내지 못할 수도 있다. 하지만 우리는 우리 세포의 밀고 당기기, 즉 세포에 내재된 지능은 잊어버리지 않는다.

에너지: 지속시키기

에너지 정의하기: 분자들을 넘어서

우주 에너지

우리의 세포 에너지: 특이한 기원

에너지 생산

에너지 은행: ATP

재생 가능한 에너지

ATP 생산과 당신의 '진정한 삶'

에너지 생산의 급진적 특성

에너지 관리와 약물 복용

에너지 소요량 증가

에너지를 소모시키는 스트레스와 긴장감

에너지 그래프

에너지를 관리하고 지속시키기

에너지와 에너지

에너지 장

신성한 에너지

제5장

에너지: 지속시키기

당신을 통하여 행동으로 발현되는 활력 넘치는 생명력, 꿈틀거리는 에너지가 있다.
당신은 항상 유일한 존재이기 때문에 그 발현 또한 독특하다.
당신이 그것을 막을 경우, 그것은 다른 매개체를 통해서는 존재할 수 없으며
소멸될 것이다. 그것이 얼마나 좋은지, 얼마나 고귀한지, 다른 발현과 어떻게 다른지는
당신이 판단할 일이 아니다. 당신이 할 일은 그냥 분명하고 직접적으로 그것을
자기 것으로 간직하고 그 통로를 열어 두는 것이다.

– 마사 그레이엄(Martha Graham) –

지금까지 우리의 과학적 초점은 세포들의 물리적 특성에 있었다. 우리는 이 모바일 메시지 전달자들이 수조 개의 동료 세포와 끊임없이 채팅한다는 것을 알 수 있었다. 또한 이 세포들이 분자와 움직임, 형태 변화, 심지어 진동을 통해서 어떻게 이야기하는지를 보았다. 하지만 에너지는 어떠한가? 이 장에서 우리는 다양한 에너지 영역을 탐구할 것이다. 여기에는 우리 세포의 분자 에너지의 실체, 큰 차원에서의 활성 에너지와 생명력의 관계뿐만 아니라 우리와 에너지의 개인적 관계, 즉 우리가 어떻게 에너지를 투입하고 재생하는지가 포함된다.

먼저, 알베르트 아인슈타인이 세계적으로 가장 유명한 공식인 E=

179

mc^2을 처음 제시했을 때 우리의 우주에 대한 관점이 어떻게 변했는지 생각해 보자.[1)]

이 유명한 공식에 따르면, 에너지와 물질은 같은 것의 두 가지 형태이며 근본적으로 상호 전환될 수 있다. 물질이 매우 빠르게 움직일 때 에너지와 같은 형태가 된다. 만일 물질이 충분히 빨리 움직일 수 있다면 빛 에너지로 전환될 수 있을 것이다. 또한 이 공식에 따르면 물질은 에너지로 가득 차 있다.

수조 개의 세포들은 자기네와 우리를 유지하기 위해서 적절한 양의 에너지 분자가 항상 필요하다. 이 에너지는 어디로부터 오며, 우리는 이를 어떻게 관리하는가?

에너지 정의하기: 분자들을 넘어서

과학자들은 에너지를 일을 할 수 있는 능력으로 정의한다. 에너지는 열, 칼로리, 줄(joule), 기초대사량 등으로 측정되며, 세포 내에서는 ATP(adenosine triphosphate) 분자들로 측정될 수 있다. 물리적 에너지에는 생물학적 에너지, 화학적 에너지, 열 에너지, 전기 에너지, 원자력 에너지, 자기 에너지, 양자 에너지 같은 많은 형태가 있다. 알다시피 에너지는 또한 행복 에너지, 분노 에너지, 열정 에너지, 슬픔 에너지, 권태 에너지, 열중 에너지 같은 정서적 영역들도 포함한다. 나아가 에너지는 측정 불가능한 생명력, 기(氣) 또는 프라나(prana)뿐만 아니라 사랑, 영혼, 믿음, 기도 등 위대한 불가사의의 중심에 있다. 우리가 그것을 무엇이라고 부르든지, 긍정적 특성의 에너지는 삶의 웰빙과 기쁨에 기여하며, 약화된 에너지는 피로, 우울과 낮은 활력의 원인이 된다.

생화학 전공 학생으로서, 나는 에너지의 개념을 처음으로 알게 되면서 당을 이산화탄소와 물로 분해하는 복잡한 일련의 과정을 통해 세포들이 어떻게 화학적 에너지를 생산하는지 배웠다. 끊임없이 일어나는 이 과정은 세포 안식처의 건강과 회복을 유지한다.

세포들의 분자 에너지 생산에 대한 이해를 하게 된 지 수년 후, 나는 사람들에게 스트레스 관리를 가르치기 시작했다. 우리가 누구든지 무엇을 하든지, 몸이든 마음이든, 소우주(microcosm) 안이든 대우주(macrocosm) 안이든, 세포에서부터 영혼에 이르기까지 에너지로 가득하다는 것을 더 깊이 이해하게 된 때도 이때였다. 우리는 각자의 에너지와 총체적 자원을 어떻게 관리하는지 알아야 하는 '에너지 존재(energy beings)'다. 우리 내면과 주변에서 약동하는 힘들을 자각해 갈 때, 무엇이 우리를 소진하게 하거나 기운차게 하는지 발견할 수 있다. 이렇게 할 때 우리 자신의 에너지를 현명하게 투입하는 법에 대하여 폭넓은 선택을 할 수 있게 될 것이다.

개인적으로 의미 있는 에너지에 대한 탐구는 대부분 내가 아파서 치유의 이치를 이해하려고 했을 때 일어났다. 낫기 위해서 내가 공부한 거의 모든 치유 전통의 중심에는 결국 에너지가 있었으며, 여기에는 한의학, 레이키(Reiki), 안수 치료, 요가, 마사지, 척추 요법(chiropractic), 각종 토착 요법 등이 있다. 이 모든 치유 요법에서 다룬 내용은 분자 에너지가 아니었다. 오히려 우리 몸속과 주변에 흐르는 보이지 않는 힘이었다. 이 생동하는 힘은, 예를 들면 기(qi), 쿤달리니(kundalini), 프라나(prana), 쿠푸리(kupuri), 넘(num)과 같은 다양한 이름으로 불리지만 모두 동일한 보이지 않는 힘을 뜻한다.

기(氣, qi/chi)는 한의학에서 우리 몸과 다른 모든 것에 흐르는 에너지를 설명하기 위해 쓰이는 용어다.[2] 한의학에 따르면, 인체에서 에너지는 경락(meridians)이라 불리는 경로들을 통해 흐르며, 이 에너지가 침체되거나 균형이 깨질 때 질병이 발생한다고 한다. 침술은 에너지의 균형을 맞춰 주는 요법 중 하나이며, 또 하나의 다른 방법은 기공 수련이다. 내가 처음으로 기의 개념을 접했을 때 그것은 그냥 또 하나의 난해한 개념이었을 뿐이고, 기공 스승에게 배우기 전까지 그 존재가 의심스러운 상상의 것이었다. 몇 번의 수련 모임 후, 기는 더 이상 애매한 개념이 아니었다. 난 기를 느낄 수 있었다.

기공은 기 에너지를 양생하는 것을 의미하며, 한의학의 기본 구성 요소 중 하나다. 이 개념이 유래한 중국에는 실제로 학생들에게 치유 수련법을 가르치는 기공 전문의가 있다. 그들은 환자라는 표현을 쓰는 대신 학생이라고 부른다. 고대의 주술적 춤에서 유래되었다고 알려진 기공은 태극권의 토대가 되었다. 기공 수련은 기를 실질적으로 경험할 수 있게 해 주며, 결과적으로 호전된 건강을 가져다준다. 내가 지난 10년이 넘는 기간 동안 감기 한 번 걸리지 않은 것은 매일 기공 수련을 한 결과다.

한의학에 따르면, 기와 가장 가까운 표면에 있는 신체 부위는 혈자리(gates)다. 손바닥 한가운데에 노궁혈(laogonggate)이 있는데, 이것은 기를 발산하는 주요 혈자리다. 내 맥박, 호흡, 심장박동과 다른 기운을 처음으로 느낀 곳이 내 양손의 손바닥이었다. 찾기 어렵고 보이지 않는 에너지를 처음 경험할 수 있는 부위는 우리 자신이나 다른 사람의 손이다. 지금 당신에게 이 경험을 함께할 수 있도록 하겠다. 이는 특히 회의론자에게 좋은 수행법이다.

탐구

스스로 기 에너지를 발견하기 위해 몇 분의 시간을 가져봅니다.

편안한 자세로 앉거나 서 있습니다.

당신의 손가락으로 손바닥을 만져 보세요. 중지로 손바닥의 중심을 만지면 그곳이 노궁혈입니다. 당신 손의 에너지 중심을 만져 보고 손을 편안히 합니다.

자, 이제 두 손을 합장하고, 몸을 따뜻하게 한 후 기의 순환을 자극하기 위해 힘차게 문지릅니다.

다음으로, 팔을 어깨 너비로 펴서 가슴 앞쪽으로 내밀어 봅니다. 한쪽 손바닥은 위로, 다른 한쪽 손바닥은 아래로 둡니다. 팔꿈치는 약간 구부려 줍니다. 어깨, 팔 그리고 손을 편안히 합니다. 편안하게 숨 쉬는 것을 잊지 마세요.

부드럽게 펌프 작용을 하는 것처럼 20번 정도 손을 쥐었다 폅니다. 이제 팔을 앞으로 편 상태에서, 손바닥의 방향을 뒤집어 위를 보던 면이 아래를 보게 합니다. 한 번 더 손을 20번 정도 쥐었다 폅니다. 마칠 때는 손을 쥔 상태로 있습니다.

팔을 내리고 팔꿈치를 허리 쪽으로 가져갑니다. 쥐어진 두 손은 서로를 향하게 합니다. 그럼, 손바닥을 마주하고 손을 천천히 폅니다. 두 손 사이에서 특정한 느낌, 즉 저리거나 뻑뻑한 느낌을 가질 때까지 서서히 양손을 가깝게 합니다. 당신은 무엇을 느끼시나요?

두 손 사이에 어떤 감각도 더 이상 느끼지 못 할 때까지 두 손을 천천히 떼어 내세요. 보이지 않는 공을 가지고 노는 것처럼 손을 앞뒤로 움직이세요.

이것이 기입니다.

사람들은 자신이 경험한 기를 열, 압력 또는 힘, 얼얼함, 자력, 맥박, 온기 같은 다양한 방법으로 설명한다. 당신은 아무것도 느끼지 못했을 수도 있으며, 이는 탐구하는 동안 당신이 긴장했음을 의미할 수 있다. 운동을 한 뒤 혹은 더 편안할 때 다시 시도해 보라. 비록 지금은 아무것도 느끼지 못해도, 한번 양손에 이것을 느끼게 되면 격렬한 운동이나 태극권의 부드러운 동작을 할 때 손바닥으로부터 또 다른 느낌이나 힘을 감지할 수 있을 것이다.

회의론자들은 '기'나 심오하고 측정 불가한 다른 형태의 에너지는 존재하지 않고, 이를 활용한 치유 방법들은 사기에 지나지 않는다고 말한다. 나는 항상 하나의 반박할 수 없는 과학적 사실에 근거한 주장으로 맞선다. 그것은 우리가 바이러스를 눈으로 볼 수 있는 기술을 개발하기 전까지는 바이러스도 가설적 개념에 불과했다는 사실이다. 고배율의 전자현미경이 발명된 후에야 바이러스의 존재가 증명되었다. 그때까지는 '감지 불가능한 힘(undetectable force)' 또는 '세균'이 많은 질병의 원인이었다. 실재성을 주장하기 위하여 과학은 객관적 측정에 의존한다는 것을 잊지 마라. 우리가 '기'를 측정할 수 있게 되면, 보이지 않는 바이러스의 존재도 믿게 되듯 아마 회의론자들도 '기'의 실체를 납득할 수 있게 될 것이다. 언젠가는 기를 어떻게 측정하는지 알게 되는 날이 올 것이라고 믿는다.

한편, 앞의 탐구 활동에서와 같이 계속 직접적으로 경험해 볼 의향이 있다면, 기공과 태극권 같은 수련을 통해 이 보이지 않는 힘의 이득을 얻을 수 있다. 점점 증대되고 있는 '기'의 효과에 관한 서양의 과학적 증거들은 국립보완대체의학연구소(National Center for Complementary and Alternative Medicine) 홈페이지(nccam.nih.gov)에 방문해서 찾아볼 수 있다. 이와 관련된 최초의 한 연구는 통증 완화를 위해 쓰인 침술 치료가 인체의 엔도르핀 수치를 올렸다고 발표했다. 이 통증 완화 분자는 앞 장에서 우리가 간단히 다룬 것이다.

우주 에너지

모든 생명체가 생존하기 위해서는 에너지가 필수적이다. $E = mc^2$의 공식으로 돌아가 열역학 제1법칙에 따르면, 에너지는 새롭게 생겨나거나 파괴되지 않으며 단지 한 가지 형태로부터 다른 형태로 전환될 뿐이다.

빛 에너지를 분자 에너지로 바꾸는 에너지 전환에 있어서 식물은 인간보다 월등히 일을 잘한다. 식물은 이 에너지를 이용해 주변 환경에 있는 질소, 물, 이산화탄소 같은 단순한 화학물질을 생명 유지에 필수적인 복잡한 유기 분자로 변환시킨다. 이 과정을 광합성이라 한다. 식물은 자급자족하는 태양열 집열기이며, 또한 다른 생물에 영양분을 제공한다.

우리 인간은 태양에너지를 한정된 일에만 쓸 수 있다. 예를 들면, 세포들의 비타민 D 합성을 돕거나 선탠을 하거나, 기분을 북돋울 때 쓴다. 인간과 다른 동물도 태양에너지를 이용해 단순한 화학물질을 영양분으로 바꿀 수 없다. 걷고, 날고, 기어 다니는 우리는 모두 우리를 위해 광합성을 하는 식물에 온전히 의존한다. 이는 지구상에서 생명의 상호 의존성과 더불어 녹색 에너지 발산처로서의 열대우림, 농장, 그리고 다른 지역 유지의 중요성을 명확하게 상기시켜 주는 것이다. 우리의 삶은 광합성에 의존하고 있는 것이다.

우리의 세포 에너지: 특이한 기원

지금 우리가 분자 에너지 관점에서 세포를 보면, 우리 세포 항해자는 세포 안으로 들어가 세포막과 수용체들을 지나치게 된다. 세포 매트릭스 내에 보존되어 있는 특이한 물체를 보게 되는데, 내 눈에는 날아다니는 소시지나 어쩌면 외계에서 온 생명체처럼 보인다. 이것이 바로 세포의 에너지 발전기인 미토콘드리아다([그림 5-1] 참조). 적혈구를 제외한 우리 몸의 모든 세포는 미토콘드리아를 가지고 있다. 이 독특한 세포 '발전소'가 다른 세포들과 그 기원이 다름을 시사해 주는 아주 놀라운 발견도 있다.

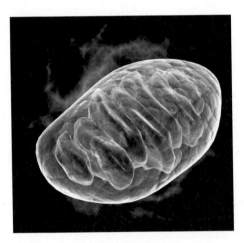

[그림 5-1] 미토콘드리아

실제로 현재 우리 세포의 발전소인 미토콘드리아는 처음부터 지금처럼 시작하지 않았다.[3] 수십억 년 전, 미토콘드리아는 그 당시의 환경에서 독성 산소를 유용한 물질로 변환할 수 있는 능력을 갖춘 초기 박테리아의 일종이었다. 그리고 이 '이전 박테리아(pre-bacteria)'는 초창기 세포들과 합쳐졌다. 이 새로운 동거 전략의 결과로 고대 생명체들은 번성할 수 있었다. 왜냐하면 각각의 생명체는 생명의 테이블 위에 무언가 새로운 것을 가져왔고, 더불어 혼자서는 할 수 없는 일을 해 나갈 수 있었기 때문이었다. 그리고 그들은 궁극적으로 오늘날 우리가 알고 있는 세포들로 진화한 것이다. 미토콘드리아의 역할은 세포가 하는 모든 일에 원동력이 되는 연료를 생산하는 것이다. 우리의 세포 조상들은 미토콘드리아를 획득한 뒤 많은 연료를 생산할 수 있게 되었으며, 박테리아보다 훨씬 더 커질 수 있게 되었다.

미토콘드리아의 놀라운 기원에 대한 증거는 다음과 같다.

- 미토콘드리아는 자신만의 고유한 유전자와 DNA를 가지고 있으며, 이것은 세포핵에 있는 것과는 다르다.
- 미토콘드리아 유전자는 오직 에너지 생산만을 위한 정보를 제공한다.
- 미토콘드리아의 막 코팅에는 박테리아에서만 볼 수 있는 고유한 지질 분자들이 들어 있다.

세포핵은 DNA를 지닌 또 다른 핵심 구조이며, 미토콘드리아 내의 DNA와는 상당히 다르다. 첫 번째로, 미토콘드리아 DNA(mtDNA)는 다른 구조를 하고 있다. 핵 DNA가 나선형 모양인 것과 달리, mtDNA는 둥근 고리 모양의 원형이다. (박테리아 DNA 역시 일반적으로 원형이다.) mtDNA가 고유하게 지닌 유전 정보는 에너지를 생산하고 미토콘드리아를 증식하기 위한 것이다. 더 특이한 사실은 mtDNA는 어머니로부터만 물려받는다는 것이다. 왜 아버지의 mtDNA는 유전되지 않는가? 왜냐하면 남성의 미토콘드리아는 정자의 꼬리 부분에 있어, 수정될 때 난자 속으로 들어가지 못한다. 오직 난자만이 에너지 생산의 열쇠를 쥐고 있는 것이다. 둥근 DNA 분자들을 물려줌으로써 분자의 에너지 가득한 생명의 불꽃을 점화하는 사람은 어머니다. 따라서 어머니를 '반지의 귀부인(Lady of the Rings)' 으로 생각할 수도 있다. 그리고 기꺼이 하나의 결합체를 이룸으로써 우리에게 산소가 풍족한 환경에서 생존할 수 있는 수단과 에너지를 제공해 준 초창기의 생명체에게 우리는 감사할 수 있는 것이다.

에너지 생산

미토콘드리아는 그 고유의 기원과 재능으로 인하여 세포로 하여금 우리가 섭취한 음식을 고에너지 연료로 전환하게 할 수 있다. 세포의 재생산, 새로운 조직과 물질의 제조, 침입자에 대한 대처, 세포 안팎으로의 분자 운송, 심장의 박동 유지, 눈의 시각 작용, 근육의 수축 등 우리 세포의 모든 임무는 에너지를 필요로 한다. 매일 천문학적인 숫자의 미토콘드리아가 우리 개개인에게 최소한 3파운드의 분자 에너지를 제공한다. 초당 약 1,000개의 ATP 분자가 사용되며([그림 5-2]와 부록 1의 [사진 A-10] 참조), 이는 시간당 15,000g 이상의 에너지 양이다. 세포들은 10초간 질주하기에 충분한 약 100g의 저장된 ATP만 가지고 있기 때문에, 매시간 수백만 개의 ATP 분자를 생산하는 매우 다이내믹한 재활용 시스템을 갖추고 있다. 일부 과학자에 따르면, 우리는 매일 실제로 ATP로 모자라는 부분을 보충한다. 물론, 우리가 마라톤을 뛴다면 우리 몸에 에너지가 계속 공급되도록 세포들은 더 열심히 일한다. 실제로 우리 몸속에는 세포 개수의 3배에 달하는 미토콘드리아가 있다고 한다. 심장 및 근육 세포와 같이 가장 열심히 일하는 세포는 가장 많은 에너지를 필요로 하며, 가장 많은 미토콘드리아를 가지고 있다. 하나의 심장이나 근육 세포 안에는 수천 개의 미토콘드리아가 있다.

에너지 은행: ATP

지금부터 인체의 작은 안식처 내부에서 이루어지는 에너지 흐름의 화학적 성질에 대해 상세히 알아볼 것이다. 이 부분은 상당히 압축된 내용이므로, 만약 내용이 너무 부담스럽다면 건너뛰어도 상관없다. 나는 우리 세포의 놀라운 작용에 대해 궁금해하는 독자들을 위해 세포의 과학을 계속 자세히 제시할 것이다.

세포에 연료를 공급하는 에너지는 앞서 언급한 ATP(adenosine triphosphate)라 불리는 고에너지 분자의 화학 결합 속에 저장되어 있다(부록 1의 [사진 A-10] 참조). 이것은 ATP의 'A'(아데노신)에 붙어 있는 3개의 인산 형태다. 3개의 인산 중 마지막 2개는 고에너지 결합으로 연결되어 있다([그림 5-2] 참조). 이 결합 중 하나가 깨뜨려질 때 세포 활동에 연료를 공급하는 에너지가 방출된다. 이것이 정확히 어떤

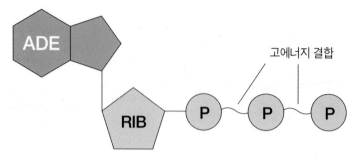

[그림 5-2] ATP와 고에너지 인산결합[아데닌(ADE)-리보스(RIB)-인산기(P)]

형태의 에너지인지는 명확하지 않지만, 여기가 세포 에너지가 나오는 곳이다.

에너지 생산을 위해 세포들이 사용하는 주된 화학적 공급원은 당(포도당)이다. 당이 어디서 나오는지는 여기서 중요하지 않다. 꿀, 옥수수, 시럽, 파스타, 설탕, 사탕, 과일 등 그 공급원이 무엇이든, 세포들은 포도당을 꼭 필요로 한다. 지방과 단백질은 이차적 공급원이다. 에너지로 전환할 당이 없을 때 단백질이나 저장된 지방이 에너지로 쓰이는 이유가 여기에 있다. 사람들이 기아 상태에 있게 될 때 세포들은 근육 단백질을 소화하기 시작하고, 그 결과 몸이 극도로 쇠약해지고 질병의 위험에 노출된다. 그래서 세포들은 단것을 좋아하고, 설탕을 선호한다. 산화 과정, 즉 설탕을 '태우는' 과정을 통해 에너지가 생산된다. 차의 엔진에서 휘발유가 연소되어 차가 움직이는 것처럼, 사용 가능한 에너지로 전환된 포도당이 우리 인체의 '휘발유'다.

우리 세포가 당을 태워서 미토콘드리아가 ATP를 합성하는 데에는 단순 또는 복합 탄수화물(또는 단백질, 지방), 물, 산소, 비타민 B, 보조효소 Q10(유비퀴논[ubiquinone]이라고도 함) 등을 통한 적절한 영양 섭취가 필수적이다.

기본적으로, 세포들은 두 가지 방법으로 ATP를 생산한다. 하나는 산소를 필요로 하는 과정이고 다른 하나는 산소를 필요로 하지 않는 과정이다. 산소를 사용하지 않는 매우 비효율적인 과정을 혐기성 대사 (anaerobic metabolism) 또는 해당 작용(glycolysis)이라 한다. 이 과정은 미토콘드리아 내부가 아닌 세포질에서 일어난다. 여기서 포도당 분자 하나마다 2개의 ATP가 생산된다. 당 분해 과정의 두 번째 방법은 미토콘드리아 안에서 일어나며, 이 산화 과정을 크렙스 사이클(Krebs cycle) 또는 산화적 인산화(oxidative phosphorylation)라고 한다. 미토콘드리아 안에서는 포도당 분자 하나마다 36개의 ATP가 생산된다. 우리 세포의 이러한 생화학적 특징은 무슨 의미를 함축하는 것일까? 우리가 스트레스를 받으면 몸속의 세포들은 더 적은 양의 산소를 공급받는다. 이렇게 될 경우, 세포들은 우리가 긴장을 풀고 편히 심호흡할 때 합성할 수 있는 에너지의 1/10 정도밖에 생산하지 못한다.

재생 가능한 에너지

우리 세포는 100% 효율적이지는 않지만 그 자원을 반복해서 사용하려고 한다. 활력 넘치는 파트너로 바꿔 가며 춤추는 분자 에너지 댄스를 들여다보면 내가 말하고자 하는 것이 무엇인지 알 수 있을 것이다.

우리 세포는 자신의 일을 하기 위해 ATP를 생산한다. ATP가 유용한 이유는 고에너지로 결합된 에너지를 방출하기 때문이다. 하지만 ATP

가 에너지를 방출하고 나면 ADP(adenosine diphosphate)가 되며, 이는 ATP로 다시 재순환되어야 한다. 각 세포는 몇 분마다 약 10억 개의 ATP를 사용하며, 사용된 에너지를 끊임없이 재순환시킨다. ATP와 ADP 그리고 또 다른 고에너지 분자인 크레아틴 인산(일종의 에너지 저장 장치, 부록 1의 [사진 A-11] 참조) 사이에서는 복잡한 교환이 일어난다. 우리의 근육과 뇌에는 에너지가 신속히 분출되어 즉시 사용 가능하도록 크레아틴 인산이 저장되어 있다. ATP의 인산 결합 중 하나로부터 에너지가 방출되면 크레아틴 인산에서 고에너지 인산이 나와 ADP가 다시 ATP로 재합성되고, 이 때 에너지는 보충된다.

이 화학적 댄스는 세포의 재활용 능력이 얼마나 탁월한지 보여 준다. 세포는 사용 가능한 모든 것을 재사용하여 낭비를 최소화한다. 얼마나 친환경적이며 연료 효율적인가! 세포들은 하이브리드 기술의 창시자이며 재생 처리 전문가다.

ATP 생산과 당신의 '진정한 삶'

우리 몸속에서 ATP가 생산되는 규모는 굉장히 놀랍다. 세포들은 매일 우리 체중의 절반에 해당하는 ATP를 생산해야 한다. 하나의 세포는 약 백만 개의 ATP를 사용하며, 이들은 몇 분마다 계속 보충되어야 한다.

가장 거대한 에너지 생산소는 근육 세포들이다. 그래서 근육은 가장 많은 미토콘드리아를 지니고 있다. 수축되고 긴장한 근육 세포는 매우 적은 양의 산소만 받아들이기 때문에 '연소되는' 포도당 1분자당 2개의 ATP만 합성한다. 반면, 이완된 근육 세포는 유산소 상태에서 약 30개의 ATP를 생산한다. 만일 당신이 항상 피곤하다면, 이는 당신이 많은 스트레스를 받고 있다는 것을 뜻할 수 있다. ATP를 무산소 상태에서 합성할 때 세포들은 비효율적이 된다. 또한 이 혐기성 대사 과정에서는 부산물로 젖산이 발생하고 축적된다. 이것은 우리가 운동을 많이 한 후 근육에 통증을 느끼는 까닭이나 뇌세포들이 젖산으로 포화 상태가 될 때 우리가 불안해하는 까닭을 설명해 준다.

만일 당신이 많은 스트레스에 시달리고 있다면, 그것은 무슨 뜻일까? 당신의 세포들을 보살필 필요가 있다는 신호로 받아들이라. 세포들을 위해 10분 정도 가벼운 산책 및 명상 또는 깊은 호흡을 하거나 마사지를 받으라. 10분 동안 산책을 하면 몸이 90분 동안 쓸 수 있는 ATP의 양을 생산할 수 있다고 한다. 휴식을 취하면 당신의 세포들에게 더 많은 산소가 공급되어 세포들은 더 많은 에너지를 당신에게 보상해 줄 것이다. 세포들을 부드럽게 하라. 휴식을 취하면 세포 비계의 긴장이 완화되고, 호흡은 깊어지며, 더 많은 에너지가 생산된다는 사실을 명심하라.

큰 근육은 에너지의 주요한 근원이다. 역설적일 수도 있지만, 근육을 쓸수록 더 많은 에너지를 만들어 낼 수 있다. 동시에, 근육이 더 많은 일을 할수록 더 많은 미토콘드리아를 필요로 할 것이다. 열심히 일하는 세포들이 에너지 생산처인 더 많은 미토콘드리아를 생산할 수 있다는 것을 고려한다면 이 역설적인 상황이 이해된다. 신체 운동은 근육 긴장을 완화시켜 주고 더 많은 산소를 세포들에게 공급해 준다. 본질적으로, 에너지를 운동에 투입할수록 더 많은 에너지를 보상으로 받는 것이다. 또한 규칙적인 운동 요법은 당신에게 에너지를 불어넣을

뿐 아니라 스트레스를 줄여 주고 몸의 균형을 이루게 하는 데 도움을
줄 것이다.

에너지 생산의 급진적 특성

에너지 생산 과정에는 '뜨거운 감자' 돌리기 게임처럼 하나의 분자
에서 전자들을 들어내어 다른 분자로 전달하는 것이 포함된다. 이 과
정에서 가끔 전자가 이탈하며, 만약 잡히지 않는다면 이 전자는 세포
를 손상시킬 수 있다. 이러한 홀전자들은 잠재적으로 위험한 자유로운
급진 분자의 원인이 된다. 이 반동적인 분자들은 산화 스트레스(oxidative
stress)라고 불리는 과정에서 세포들의 구조를 파괴할 수 있다. 주름은
산화 스트레스의 신체적 특징 중 하나다. DNA 돌연변이, 눈의 황반변
성, 그리고 심장병 같은 질환도 그 원인이 일부 이러한 급진 분자의 산
화작용에 있다.

미토콘드리아는 이러한 급진 분자들이 나오는 하나의 원천이며, 이
들에게 가장 먼저 공격받는 세포 구조다. 면역 세포가 세균을 공격하
기 위해 열심히 일할 때에도 이러한 급진 분자가 나올 수 있다. 하지만
잠재적으로 위험하다는 것 이외에, 이들은 또한 세균을 제거하기 위한
중요한 신호 분자 역할을 담당한다.

세포들은 이들의 위험으로부터 자신을 보호할 수 있는 고유한 지혜
를 갖고 있다. 세포들은 방어적인 항산화 물질을 스스로 만들어 공급
한다. 이 항산화 물질은 활성산소를 억압하거나 제거할 수 있다. 세포
들이 만들어 내는 항산화 물질에는 리포산, 멜라토닌, 슈퍼옥사이드

디스뮤타제, 글루타치온, 보조효소 Q10(CoQ10) 등이 있다. 필요한 항산화 물질들이 세포에서 합성될 수 없을 경우 다른 항산화 물질을 음식에서 얻을 수 있다. 우리가 섭취하는 식품에 있는 항산화 물질에는 비타민 A, C와 E, 셀레늄 같은 무기질, 적포도주와 블루베리나 자두 같은 짙은 색의 과일에 함유되어 있는 폴리페놀 등이 있다. 사실, 와인의 숙성은 산화작용의 결과다. 와인이 지나치게 빠르게 숙성하는 것을 방지해 주는 바로 그 성분인 레스베라트롤이 와인 한 잔을 즐기는 사람들의 세포를 보호해 줄 수도 있다.

식물과 인간 사이의 협력 관계에서 음식 선택은 우리에게 영양을 공급해 줄 뿐만 아니라 우리의 세포들을 보호해 준다. 충분한 양의 과일과 채소를 섭취하는 사람들이 그렇지 않은 사람들보다 만성질환에 걸릴 확률이 낮은 것은 그들이 산화 스트레스로부터 보호해 주는 물질을 섭취하고 있기 때문이다. 사실, 만성질환의 원인에 대한 최근의 이론에 따르면 급진 분자인 활성산소가 염증을 일으키고 세포에 손상을 미친다고 한다.

에너지 관리와 약물 복용

현대 의학의 한 가지 단점으로 일반 의약품 중 어떤 것은 세포가 합성할 수 있는 ATP 양을 억제하는 부작용이 있다는 것이다. 이는 특히 ATP 생산의 필수 요소인 보조효소 Q10(CoQ10)이 간에서 합성되는 것을 억제하는 스타틴 약물(statin drugs)을 복용하고 있는 사람들에게 문제가 되고 있다.[4] 스타틴 계열 약물의 두 가지 부작용은 근육통과 피로

감인데, 이는 대부분 낮아진 CoQ10 농도에 그 원인이 있다.

보조효소인 CoQ10은 왜 중요할까? 그것은 에너지 생산에 있어 여러 가지 중요한 역할을 수행하기 때문이다. CoQ10은 에너지 생산에서 일어나는 전자 이동 과정에 필수적인 요소이며, 또한 항산화 물질로 작용한다. 그 수치가 충분하지 않으면 더 적은 양의 ATP가 만들어진다. 나아가 CoQ10은 위험한 급진 분자로부터 미토콘드리아를 보호한다. 스타틴 관련 부작용에 대한 하나의 해결책은 영양 보조제로 CoQ10을 섭취하는 것이다. 당신이 현재 이 약물을 복용 중이라면 전문의와 상의하라. 스타틴 약물을 복용하는 사람들을 대상으로 한 임상 연구에 따르면, CoQ10의 일일 섭취량이 50~100mg일 때 근육통과 극도의 피로감을 개선하는 데 도움이 되었다.

에너지 소요량 증가

우리 몸은 인생의 특정한 시기에 여분의 에너지를 더 필요로 한다. 특히 다음과 같은 시기에 당신은 무엇을 먹고, 어떻게 행동하고, 자기 자신을 어떻게 재충전하는지 생각해 보자.

- 아동, 청소년 그리고 임산부가 성장하고 발달할 때
- 수술이나 치과 치료 후 생긴 상처를 치유할 때
- 급 · 만성 질병에 걸려 있을 때
- 격렬한 운동을 할 때
- 스트레스를 받을 때

에너지를 소모시키는 스트레스와 긴장감

당신은 과학자들 사이에서 스트레스가 무엇인지에 대하여 의견이 일치하지 않는 사실을 알게 되면 놀라워할 것이다.[5] 어떤 정의일지라도 모든 과학자가 그것에 동의하지는 않는다는 것은 기정사실일 것이다. 하지만 스트레스 생리학의 측면에서, 공격-도피 반응은 생명을 살리는 에너지를 신속하게 동원하는 것이 그 특징이라는 것은 대체로 받아들여지고 있다. 이것은 포도당이 혈관으로 유입되고, 인체 조직들이 더 많은 ATP를 생산한다는 의미다. 위험한 상황에서 벗어나기 위해서는 빠른 에너지 발산이 필수적이다. 하지만 이 반응이 너무 오래 지속된다면 만성 스트레스로 이어지고, 저장된 에너지는 고갈되어 버릴 것이다. 이것은 우리를 많은 측면에서 위태롭게 한다.

충분한 에너지가 없다면 면역 세포와 그 분비물도 우리를 감염으로부터 보호할 수 없다. 뇌에 ATP가 부족하다면 우리의 기분과 정신적 민첩성이 약화될 것이다. 스트레스 호르몬 수치가 과도하게 올라간다면 뼈, 심장 그리고 내장이 모두 나빠질 것이다. 이해가 되는가? 장기간의 스트레스는 우리를 고갈시킨다.

스트레스는 신체적 긴장과 얕은 호흡의 원인이 되며, 심장박동도 더 빨라지게 한다. 육체적이든 정신적이든, 긴장감은 불필요한 에너지 손실의 주된 요인이다. 이 장에서 보았듯이, 긴장된 근육 세포들은 에너지를 빨리 써 버리고 비효율적으로 보충한다. 생각하고 대처하는 행동에도 에너지가 쓰인다. 에너지를 다 써 버리면 문제를 해결하고 도전에 대처하는 데 점점 어려움을 갖게 된다. 상황에 대처하기 위해 필요한 정신적 '주스'가 부족하게 될 수도 있다.

수천 명에게 이 개념을 강의하며, 나는 에너지의 정의나 설명이 없이도 사람들이 자신의 에너지 수치가 얼마인지 본능적으로 알고 있음을 변함없이 발견했다. 그들처럼 당신도 그 핵심 질문에 지금 바로 답할 수 있다. 1(가장 낮은 점수)에서 10(가장 높은 점수)의 척도로 평가할 때, 당신은 자신의 에너지에 얼마의 점수를 주겠는가?

나는 이 질문을 온종일 진행하는 세미나가 시작되는 아침에 제일 먼저 물어보곤 했다. 그래서 대부분의 사람이 자신의 에너지 수치가 꽤 높다고 대답했다. 하지만 점심시간 후에는 상황이 전혀 달라졌다. 응답자의 75% 이상이 매우 낮은 에너지 수치를 대답했다. 그들이 남은 오후 시간도 버티게 하는 방법은 에너지를 높여 주는 짧은 기공 수련을 가르치는 것이었다. 이 장의 뒤에서 이 수련 방법에 대해 배울 수 있다.

에너지 그래프

[그림 5-3]에 제시된 에너지 그래프는 삶에 대처함에 있어서 에너지와 긴장감의 역할에 대한 심리학자 로버트 테이어(Robert Thayer) 박사

의 흥미로운 연구에서 변형된 그래프다.[6] 이혼, 해고, 부모님 요양원에
모시기 등 끝이 보이지 않는 문제들에 끊임없이 도전받는 사람들에게
하루 종일 자신의 에너지, 기분, 긴장 상태를 그래프로 만들도록 했다.
또한 그들 자신이 해결하기 위해 붙들고 있는 모든 문제의 심각성 정
도를 표시하도록 했다. 공통적으로, 하루 중 고긴장 · 저에너지 상태에
서는 그들 마음속에 그 문제들이 엄습하여 엄청난 비극으로 다가왔다.
그들이 처해 있는 문제는 그대로였지만 그들의 문제 인식이 변한 것이
다. 긴장감 때문에 그들의 에너지가 소모되었을 때 그들은 좌절감을
느끼고 무기력하며 비관적이었다. 달리 말해, 고긴장 · 저에너지 상태
는 스트레스와 삶에 대처하는 우리의 능력을 약화시키는 것이다.

　그렇다. 이제 우리는 알게 되었다. 그래서 우리는 그것에 대해 무엇

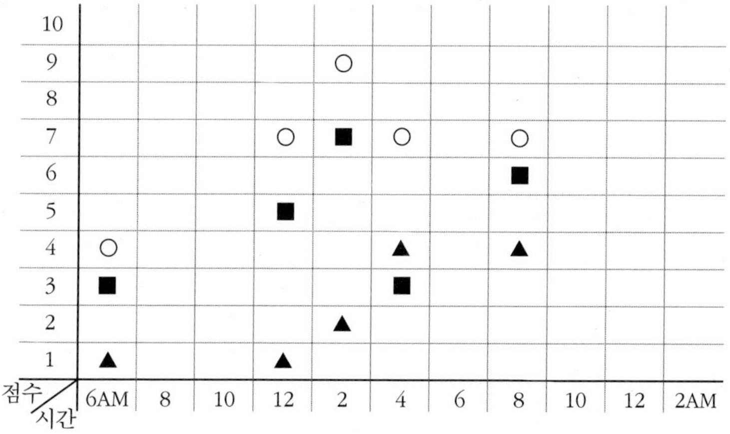

[그림 5-3] 에너지 그래프 예

* ■ : 하루 동안의 에너지 상태
　○ : 하루 동안의 기분 상태
　▲ : 하루 동안의 긴장 상태

을 할 수 있을까? 첫 단계는 우리가 취약한 상태일 때를 아는 것이다. 에너지 그래프를 그리는 것은 당신의 전형적인 일상의 에너지 패턴을 좀 더 자각할 수 있게 하는 효과적인 전략이다.

◆◆◆

탐구

자기 에너지 그래프 그리기

당신의 에너지, 긴장 그리고 기분을 추적 관찰하기 위해 부록 2에 제공된 양식을 사용하여 일주일 동안 매일 에너지 그래프를 그려 봅니다. 최소 일주일 동안 당신의 에너지 리듬을 지켜볼 수 있도록 이 양식을 7부 정도 복사해 두세요.

매일 일정한 시간에 5~6번 세 가지 요소를 추적해 봅니다. 시간은 그래프 하단에 표시되어 있습니다. 1(최저 점수)부터 10(최고 점수)까지의 등급을 사용하여 당신의 에너지, 긴장 그리고 기분을 어떻게 느끼는지를 그래프에 표시하세요. 에너지 표시에 하나의 색을, 긴장과 기분에는 다른 색이나 모양을 사용할 수 있습니다.

평상시 자신의 에너지 패턴을 알게 되었다면, 한 주 더 에너지 그래프를 만들어 보고 기공 수련, 산책, 술이나 커피, 사탕을 먹는 것 등이 어떻게 이 세 가지 요인에 영향을 미치는지 알아봅니다. 당신의 활동이 무엇이든 자신의 에너지 그래프에 메모해 주세요. 이러한 방식으로 당신이 더 잘 자각할 때 당신의 지혜 창고는 더 커지고, 더 나은 삶을 지원하는 변화를 선택할 수 있습니다.

◆◆◆

내 수강생 중에 시간제 근무를 시작하자마자 에너지를 높이기 위해 도넛을 먹는 습관을 가진 분이 있었다. 며칠 동안의 에너지 그래프를 그런 그는 그래프를 보고 놀랐다. 왜냐하면 그 그래프에서는 유혹적이고 실속 없는 열량에서 나오는 에너지가 초기에는 높이 뛰어올랐지만, 그 후에 재빠르게 떨어지는 것이 보였기 때문이다. 도넛은 진정제인가? 그렇다. 그는 자신의 습관을 버려야 한다고 확신했다. 때때로 우리에게 진정 필요한 것은, 우리에게 무슨 상황인지 보여 주고 변화를 실행하도록 우리를 확신시켜 주는 조금의 '데이터'인 것이다. 이와 같은 데이터로 계속 추적해 나가는 것은 우리의 선택의 영향을 안팎으로 철저하게 알 수 있도록 지원한다.

나 자신의 에너지 그래프를 처음 만들었을 때, 내 에너지의 절정은 밤 10시 이후에 일어난다는 것을 발견했다. 내가 야행성 인간인 줄 항상 알고 있었지만, 그것을 분명히 확인함으로써 아침에 하루 일과의 시작을 힘들어하는 나 자신에게 덜 엄격해졌다. 아침 게으름에 대한 해결책 중 하나는 이 책에서 제시한 기공과 몸의 기도를 하는 것이다. 육신과 정신이 연결되는 수련으로부터 솟구치는 에너지를 받음에 따라 이제 나의 아침은 조금 더 수월하게 꽃이 핀다.

당신이 오후 4시 정도의 늦은 오후에는 엄청난 긴장과 아울러 에너지가 고갈되는 것이 전형적인 패턴이라는 사실을 알게 되었다고 가정해 보라. 일단 이러한 패턴을 알게 되면, 당신은 중요한 일이나 미팅을 다른 시간대에 계획함으로써 적극적으로 대응해 나갈 수 있을 것이다. 혹은 만약 당신이 저에너지 시간대에 중요한 일을 해야만 한다면, 미리 당신 내면의 자원을 관리할 수 있을 것이다. 에너지를 증가시키고 긴장을 낮추기 위해서는 이완 운동을 하거나 짧고 활기찬 산책을 하라. 몇 차례 실험을 통해 당신은 곧 자신을 새롭게 하고 지속시키는 가장 좋은 방법을 알게 될 것이며, 또한 더 향상된 자아 조절감과 내적 자원의 관리 능력으로 보상받을 것이다. 만약 당신이 도전적인 상황을 관리할 수 있는 능력이 있다고 믿는다면, 이러한 태도 그 자체가 당신의 스트레스를 최소화할 수 있는 것이다.

우리 자신의 에너지 리듬에 익숙해지고 에너지를 끌어올리는 수련을 알게 되면, 스트레스와 일상의 도전에 대한 우리의 관계에 변화를 일으킬 수 있다. 밀려오는 긴장과 바닥난 에너지의 희생자가 되는 것보다, 우리는 언제 어떻게 에너지를 재생하고 스트레스를 풀며 몸과 마음을 편안하게 하는지 배워야 한다. 우리 모두 우리 자신과 세포들을 쉬게 하고 재생하는 방법을 아는 것이 중요하다.

에너지를 관리하고 지속시키기

우리의 에너지 리듬을 이해하는 것은 건강한 선택을 하고 좀 더 자유롭고 즐거운 삶을 사는 데에 있어서 중요한 단계다. 여기에는 앎과 존재와 실천의 세 가지 단계가 있다.

어떻게 아는가(자각, 튜닝):
- 에너지 그래프
- 몸의 신호: 맥박, 호흡, 손 온도, 근육 긴장도
- 마음의 신호: 누가 또는 무엇이 당신의 에너지를 소모시키는가? 누가 혹은 무엇이 당신을 지속하게 하는가?

어떻게 존재할 것인가:

- 운동
- 기
- 명상
- 웃음
- 스트레스 완화
- 태극권

당신 세포들의 소중한 에너지를 유지하는 데 도움이 되는 이 항목들 이외에도, 다음 중 하나를 실천할 수 있다.

어떻게 실천하는가(에너지 재생):

- 자기관리 계획을 개발하라.
- 혼자 조용한 시간을 보내라.
- 노(no)라는 말을 덜하고, 그대로 존재하라.
- 마음챙김 명상이나 다른 명상법을 배우라.
- 정신적 뿌리에 다시 연결하라.
- 매일 자신의 배터리를 충전하라.
- 산책하라.
- 매일 집중되고, 연결되며, 의미 있는 대화를 나누라.
- 놀고, 기쁨을 찾으며, 웃으라.
- 자신을 소중하고 가치 있게 생각하라.
- 당신 삶에서 무엇이 즐겁고 의미 있는지를 자문하고, 매일 이것을 찾기 위해 무엇이든 하라.
- 당신을 행복하게 하는 목록을 만들라. 그리고 파괴적 행동 방식의 유혹에 빠질까 초조해할 때 오히려 즐거운 활동을 선택하라.

몸의 기도

에너지를 기르기 위한 간단한 기공법[7)

이 수련을 위한 상세한 설명은 부록 3에 제시되어 있습니다. 다음의 목록에는 9개의 순차적 동작이 간단히 명시되어 있습니다. 대부분은 단독으로도 할 수 있는 것이지만, 하나의 완전한 일련의 동작으로 함께 할 수도 있습니다. 이 일련의 동작은 다음을 포함합니다.

- 기본 자세: 자리 잡기
- 뿌리내리기: 허리 돌리기
- 호흡 열기
- 에너지 씻기(이 부분은 반갑지 않은 생각이나 스트레스를 경감하고 싶을 때 하면 딱 좋은 동작임)
- 기 마시기(이것은 에너지 씻기의 정반대임)
- 핵심 웨이브
- 심장 흉선 웨이브
- 통합: 음과 양, 좌우 반구의 균형을 맞추기(이는 뇌의 좌우 반구의 균형을 맞춰 주는 것으로, 요가에서 하는 콧구멍 교대 호흡과 동일함)
- 기 모으고 저장하기: 끝내기

성찰

다음의 성찰은 어떻게 세포들이 에너지를 발생하고 보충하는지에 대해 당신이 배운 것을 적용하여 더 넓은 관점에서 에너지를 사용하도록 이끌 것입니다.

나는 어떻게 내 에너지를 투입하는가?

나는 어떻게 내 집 안에 있는 자원을 재활용하는가?

무엇이 나를 지속하게 하고 회복시키는가?

무엇이 혹은 누가 내 에너지를 낭비하는가?

나는 어떻게 내 에너지를 새롭게 재생하는가?

내가 모두 소진될 때, 무엇이 내 에너지를 보충하는가?

나는 어떻게 내 자원을 투입하고 싶은가?

에너지와 에너지

대부분 널리 알려져 있는 태극권, 기공, 요가 수련은 실제로 정신적 수련과 미묘한 형태의 에너지에 근거하고 있으며, 분자나 세포의 작용에 기초하는 것이 아니다. 요가와 태극권의 인기 및 스트레스 경감 효과 때문에, 서양 의학 연구자들은 생리학적 측도로 그 효과를 검정하기 시작하였다. 그 결과, 이러한 수련들이 유연성과 유산소 능력을 향상시키고, 긴장을 푸는 능력을 개선시킨다는 것을 확실히 보여 주었다. 태극권을 수련하는 노인들의 균형 감각이 향상되고, 덜 넘어지게 되며, 그리하여 삶의 질이 나아지게 되었다.[8] 그래서 비록 이러한 에너지 수련이 원래 영적으로 더 깊어지도록 개발된 것이긴 하지만, 일단 서양에 전래되면서 우리는 그 심신적·생리학적 효과를 입증하였다. 우리 세포들은 자기 환경에 가득한 모든 에너지, 즉 기(氣)와 ATP를 사용한다. 우리도 이렇게 할 수 있다.

에너지 장

우리와 우리 세포들이 다른 사람들과 기공을 훈련할 때, 기의 장이 생성된다. 방에 들어갔을 때 불쾌한 '이상한 느낌' 혹은 온전한 평화를 느낀 적이 있는가? 그러한 경험은 당신의 섬세함과 공간의 에너지 둘 다를 반영한 것이다. 향이 타고, 촛불이 켜져 있으며, 안식처의 정수인 수백 사람의 기도 에너지가 당신 주위를 감싸는 교회로 들어가 보라. 난폭한 술집에 들어가면 에너지가 당신을 향해 비명을 지른다. 많은 사람은 이를 '장(field)'이라고 부른다.

당신은 명상을 할 때 혼자 하는 것과 그룹으로 하는 것이 다르다는 것을 체험한 적이 많이 있을 것이다. 당신은 노래를 하거나 주문을 외울 때 혼자 소리 내는 것과 공동체 일원으로 주변의 많은 소리와 어우러지는 것의 차이를 잘 알 수 있다. 이와 유사하게, 우리는 다른 사람들과 함께 기도를 할 때 모두의 경험을 바꿀 수 있을 정도의 집중을 하게 된다. 이런 것들을 우리는 장이라고 할 수 있을 것이다.

존경받는 생물학자 루퍼트 셸드레이크(Rupert Sheldrake)는 논쟁의 여지가 있는 전 지구적 에너지 장에 대해 언급하며, 이것을 형태 형성 장(morphogenetic field)이라고 불렀다.[9] 이 에너지 장의 영향에 대하여 그가 제시한 한 가지 예는 결정화 작용(crystallization)이다. 새로이 합성된 분자가 실험실에서 만들어질 때, 결정체를 이루는 데는 수개월이 걸린다. 하지만 그 후 전 세계에 동일한 화학물질을 만드는 실험실이 많아질수록 결정체를 이루는 시간은 상당히 줄어든다. 이것은 한 실험실에서 어떻게 하는지를 다른 실험실에 알려 주었기 때문에 일어난 일은 아니다. 그보다는 오히려 분자들이 스스로 공통의 에너지 장에 의해 '학습한' 것이라고 루퍼트는 이 현상을 설명한다.

내가 처음으로 통합 동작이라는 특히 어려운 기공 움직임을 가르쳤을 때, 이 움직임을 습득하는 데는 몇 주가 소요되었다. 그 후 전국적으로 규모가 더 큰 그룹들을 가르칠수록 사람들은 처음보다 더 빨리 습득했다. 나는 이러한 가속화된 학습이 형태 형성 장의 결과라고 믿는다. 계속되는 작업을 통하여 우리는 전 지구적 차원으로 장을 변화시켰다. 그 당시 불가능한 일로 여겼던 4분 이내로 달리는 1마일 경주(four-minute mile) 기록을 깨뜨린 첫 번째 사람인 로저 배니스터(Roger Bannister)를 생각해 보라. 그가 그 장벽을 깨자마자 많은 사람이 이 기록을 성취할 수 있었고, 나아가 더 빠른 기록을 달성할 수 있었다. 이것은 무엇이 가능한가에 대한 믿음이 산산이 깨졌기 때문인가, 아니면 에너지 장의 변화가 새로운 능력이나 가능성을 형성했기 때문인가?

이는 우리가 지구의 한 부분에서 배우거나 행하는 것이 다른 곳에서 강력한 또는 중대한 영향을 미친다는 의미로 해석할 수 있다. 이것은 우리가 아직 완전히 이해하지 못하는 방식으로 작용하는 보이지 않는 에너지이며 불가사의한 것이다.

우리가 그것을 어떻게 부르든 관계없이, 우리는 각각 자신의 에너지 장을 형성한다. 모든 살아 있는 생명체는 그 주위에 전자기장을 발생시킨다. 내가 처음으로 기공을 공부할 때, 우리의 스승은 태평양이 내려다보이는 나무숲으로 우리를 데려갔다. 그는 우리에게 나무 앞에 서서 손으로 기를 모으거나 나무의 여러 부분에서 방출되는 에너지를 감지하라고 했다. 나는 차이점을 느끼면서 놀라워했다. 그는 또한 종이가방 안에 청과물을 넣고, 안에 숨겨진 미스터리한 물질의 에너지 장을 느끼게 했다. 이것은 나처럼 원래 의심 많은 사람을 위한 또 다른 가르침이었다. 오해의 여지없이 마늘과 생강은 '따뜻한' 에너지를 가진 반면, 사과는 '차가운' 에너지를 가지고 있었다. 이것이 형태 형성 장이나 기의 작용이었는가? 나는 알 수 없다. 하지만 이러한 종류의 경험은 나에게 모든 것에 고유한 에너지 특성이 있다는 것을 증명하고 있었다. 우리가 수용하는 마음을 가진다면, 아마 그것이 존재하는 것을 알아차릴 수도 있을 것이다.

나는 삼나무 숲에서 기도할 때 집 안에서는 느낄 수 없는 평화를 느낀다. 나무, 숲, 태양, 정원 그리고 애완동물 등은 모두 우리와 에너지를 공유한다. 우리는 단지 이 선물을 알고 받아들이기 위하여 그들과 함께하는 시간을 내기만 하면 되는 것이다.

신성한 에너지

생명 에너지의 본질에 대한 물음으로 이 장을 시작하여 끝을 맺는다. 이 에너지는 어디서 오는가? 과학자들은 분자와 전자기장에 대해, 신학자들은 영혼과 신의 힘에 대해 주장한다. 논쟁의 여지가 없이 명백한 것은 수많은 세포가 우리가 죽는 날까지 생명을 주는 에너지의 작은 가마솥이란 사실이다.

아마도 생명의 에너지를 깊이 생각하는 한 가지 방법은 죽는 순간에 무슨 일이 벌어지는지를 살펴보는 것이다. 만약 당신이 나처럼 사랑하는 사람의 죽음을 목격하게 된다면, 당신은 죽음이 무엇과 닮았고, 어떤 소리와 같으며, 어떻게 느꼈는지에 대한 잊을 수 없는 기억을 가지게 될 것이다. 그리고 일어난 일에 대하여 거의 예상치 못한, 아마도 형언할 수 없는 인상을 가지게 될 것이다. 당신의 친구는 어느 순간 살아 있다가 다음 순간 생명력을 놓아 버리고 더 이상 숨을 내쉬지 않는다. 그의 눈을 통하여 반짝이던 빛이 사라진다. 그의 몸과 세포와 분자들은 남아 있지만 그에게 혼을 불어넣었던 성스러운 에너지, 그의 생명력은 여행을 떠난다. 죽음의 순간은 슬프기도 하고 신성한 순간이기도 하다. 이 생명력이 우리의 영혼인가?

빛이 사라진 후 사람을 떠난 것이 무엇인지를 이해하기 위한 탐구에서, 사람들은 죽음 전후의 체중 변화를 측정하기까지 했다. 물론 그 체중에는 차이가 없음을 확인했다. 극히 작은 영혼은 생명의 강력한 에너지이며 무게가 없다. 그것은 오직 사람에게 생명력을 불어넣는 가운데 볼 수 있다. 나의 작은 친구 알바로의 동생은 나에게 심오한 질문을 하였다. "죽은 후 그는 어디로 가죠?" 그녀는 알고 싶어 했다. 나 스스로도 이러한 질문에 답할 수 없었다. 그의 작은 몸에 생명을 불어넣는 역동적인 힘은 무엇이며, 그것은 어디로 가는 것일까? $E = mc^2$을 다시 살펴볼 때, 아마 생명 에너지는 빛으로 전환되는 것으로 추측할 수 있다.

우리는 아마도 이러한 질문들에 대한 과학적 답을 결코 찾지 못할지도 모른다. 그래도 괜찮다. 중요한 것은 우리가 삶을 영위하는 한편, 세포 안의 통기는 소리를 신성한 에너지로 볼 선택권이 지금 우리에게 있다는 것이다. 그것은 신령한 랍비들이 우리 각각에게 주어진 신의 선물이라고 말하는 성스러운 불꽃인 것이다. 우리가 지구에 사는 동안 에너지를 사용하고 투입하는 방식에 따라 우리의 영혼은 살아가게 된다. 우리가 주고 나누는 사랑과 우리가 남기는 유산 속에서 우리는 사람들과 지구를 사랑하고 보살피며 생을 마친다. 그 짧은 여행을 보낸 방식 덕분에 우리의 신성한 에너지는 우리의 육신이 사라진 후에도 그 자취가 항상 살아 있게 될 것이다.

우리 세계에 감동을 주고 생기를 불어넣는 가운데, 우리는 많은 은혜에 보답한다. 죽음을 맞이하는 별은 우리에게 기본적인 물질을 제공하고, 나무와 식물은 산소와 음식을 선물하며, 친구와 가족은 우리의 가슴과 정신을 성장시킨다. 이러한 기적을 의심없이 받아들이는 가운데 우리의 성스러운 세포들은 에너지와 지성으로 진동하고, 우리는 그 신성함에 의해 감동을 받는다.

> 에너지는 실로 모든 생명체에 존재한다.
> 생물들은 에너지를 자기의 환경에서 얻는다…….
> 그들은 자기 몸에 에너지를 축적하여 움직이고 행동하는 데 사용한다.
> 그들이 죽을 때 그 안의 에너지는……
> 몸에서 방출되어 다른 형태로 자기 길을 이어 간다.
> 에너지의 흐름은…… 우주 흐름의 일부분이다.
> 당신 안의 에너지 역시 당신이 죽고 사라진 후에도 계속 흐를 것이다.
> 끊임없이 새로운 형태로 바꾸어 가면서.
> – 루퍼트 셸드레이크(Rupert Sheldrake), 『자연의 재탄생(*The Rebirth of Nature*)』 –

목적: 창조하기

생명의 필요조건

구조적 디자인: 생명의 언어

천국에 이르는 계단

나선형 계단의 암호

유전자 발현과 줄기세포

손상 발생과 복구

죽음, 자연적 현상

세포 고장

감시 회피

개선된 DNA 복구 속도

그대로 상상하라!

삶의 목적

제 6 장

목적: 창조하기

당신을 무에서부터 만들기 위한 설계도, 상세 설명 그리고 작업 지시서를
글로 쓰면 백과사전 1,000권에 상당하는 분량이 될 것이다.
당신 몸의 각 세포에는 이러한 백과사전 전집이 있다.
– 칼 세이건(Carl Sagan), 『악령이 출몰하는 세상(*The Demon-Haunted World*)』 –

이 장에서는 세포의 삶에서 유전자가 수행하는 역할을 논의하며, 세포가 보유하고 있는 기술에 대해 더 깊이 알아볼 것이다. 유전자와 DNA가 현대 문화의 상징이 되었지만, 우리는 또한 그것들이 오늘날에도 접근되는 고대의 형이상학적 정보를 반영할 수도 있음을 알게 될 것이다.

세포막이나 세포 골격이 세포 지성의 열쇠로 간주되기 전에는 우리의 유전자, 즉 암호화된 정보의 경전이 그 중요한 자리를 차지했다. 하지만 유전자는 수동적이다. 분자, 세포 골격, 환경, 마음 또는 움직임 같은 다른 무언가가 작용하지 않으면 아무것도 할 수 없다. 세포의 유

213

전자 발현이 스스로를 재생산할지 또는 완전히 발달된 세포의 표지자와 요소들을 만들며 성숙할지를 결정한다는 4장의 내용을 떠올려 보라. 하나의 세포에는 둘 다 가능한 유전적 능력이 있지만, 한 번에 복제와 성숙 둘 중 한 가지밖에 할 수 없다. 물론 최후의 선택인 죽음 역시 우리의 유전 정보에 포함되어 있다. 삶과 죽음의 비밀스러운 암호와 수수께끼를 드러내는 DNA 안에는 이러한 구조적 단서들이 보이지 않게 숨어 있는 것이다([그림 6-1] 참조).

나는 수십 년간 과학적·예술적·형이상학적 관점에서 DNA를 탐구했다. 사진작가로서 내가 현미경을 통해 포착한 초기 '예술' 이미지들은 나선형 DNA 분자의 아름다움을 담고 있다. 과학자로서 나는 인간 세포 내에서 유전자가 스스로 발현하는 방식을 변화시킬 수 있는지 연구했다. 화학요법과 방사선 치료가 암 환자에게 미치는 치명적인 영향을 보며, 암세포를 정상화할 수 있는 다른 가능한 방법을 시험하고

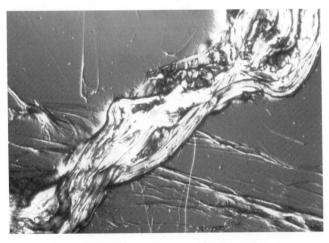

[그림 6-1] 송아지 흉선 DNA의 현미경 사진

싶었다. 암세포들을 죽이며 일부 건강한 세포까지 함께 죽이는 대신, 우리가 그들을 다르게 프로그램할 수는 없을까? 단순하고 무해한 천연 물질을 이용해서 이것을 할 수는 없을까?

현재 알려진 유전자는 두 가지가 있다. 구조에 관한 정보를 지닌 유전자와 세포 성장을 조절하는 유전자다. 암의 경우, 나는 조절 유전자를 스위치 프로그램으로 만드는 방법이 있는지 알고 싶었다. 달리 말하자면, 건강한 유전자가 다시 켜지는 동안 암 유전자는 꺼지도록 할 수 있을까? 내 동료들은 내게 그런 '이색적인 홀리스틱 연구' 같은 생각은 버리라고 충고했다. 하지만 나는 이 연구를 진행하기 위해 국립 암연구소(National Cancer Institute)로부터 주요한 연구 자금을 받았다. 이는 매우 기쁜 뜻밖의 소식이었다. 왜냐하면 이러한 방식의 암 연구와 치료에 대한 나의 접근 방법은 1980년대 초반에는 매우 드문 것이었기 때문이다.

내 연구에서 어떤 백혈병 세포(악성 백혈구)들은 무해한 화학물질이나 호르몬 치료를 받을 때 정상 세포들의 특징을 얻을 수 있는 것으로 나타났다.[1] 이러한 연구 결과로부터 정말 우리가 시험관에서 유전자 발현을 바꾸는 게 가능하다는 것을 발견하고 나는 흥분했다. 그러나 더 많은 광범위한 연구가 필요함을 절실히 깨달았다. 이러한 방향의 연구를 계속 진행하기 위해서는 내가 관계하고 싶지 않은 방사능 치료가 수반되어야 한다. 그 대신, 나는 과학적 기초 연구를 떠나기로 결정하고 나 스스로도 놀라울 만큼 '비관습적(unconventional)'이라고 불리는 고대의 치유 전략이 암환자들에게 도움이 될지 연구하기 시작했다. 그 당시 내 목표는 고대의 방법들의 과학적 토대를 밝혀내고, 세포적 차원에서의 연구 결과를 암 문제에 적용하는 것이었다.

그 후 암세포들과 실험실에서 일하는 대신 암 환자들과 함께 일하기 시작하면서, 내 관심은 또다시 바뀌었다. 나는 암세포들이 악성으로 변하든 아니든 개개인의 삶의 질을 높일 수 있는 방법을 찾고 싶었다. 질병이 지속될지라도 더 나은 삶을 영위할 수 있는 방법이 없을까? 그동안 다른 과학자들은 세포적 차원에서 자신들의 연구를 계속 수행했으며, 이 장의 여정을 통해 알게 되겠지만 그들은 실로 악성 세포들 내의 유전자의 변화를 일으키기 시작했다.

생명의 필요조건

생명의 필요조건 중 하나가 생식 능력이라는 것을 기억할 것이다. 그 과정을 촉진시키는 것은 우리 세포의 핵 안에 있다. 하지만 모든 세포 메커니즘과 마찬가지로, 생식은 세포의 다른 부분들이 함께 참여하는 공동 노력을 요한다. 물론, 세포 복제에 필수적인 지시 사항이 핵 내부의 우리 유전자 속에 숨어 있다. 그렇지만 세포가 생식하기 위해서는 성장 조절 유전자가 세포막과 세포 골격의 공동 활동에서 나오는 신호를 먼저 수신해야 한다. 이 신호는 유전자에게 "너 자신을 발현할 시간이야."라고 말해 준다. 유전자는 암호 '판독기(reader)'를 필요로 하는 암호화된 지시 사항이다.

구조적 디자인: 생명의 언어

신성한 세포 하나하나의 '심장(heart)'인 세포핵 안에는 온전한 생명체를 만들기 위해 물려받은 지시 사항들이 유전자로 묶어져 있다. DNA는 우리의 유전적 상속을 암호화하는 놀라운 분자다. 약 30년 전, 과학자들은 유전자의 암호를 풀어 지도화하는 일명 '인간 게놈 프로젝트(Human Genome Project)'에 착수했다.[2] 게놈이란 한 생명체의 유전 정보 전체를 의미한다. 인간 게놈에는 약 25,000~30,000개의 유전자가 있다. 쥐의 게놈에는 약 25,000개의 유전자, 회충의 게놈에는 약 19,000개의 유전자, 단세포 대장균의 게놈에는 약 5,000개의 유전자가 있다.

◆◆

정 의

세포핵(cell nucleus): 세포 안의 막으로 둘러싸인 영역으로 유전 정보의 안식처임

게놈(genome): 하나의 종에 대한 유전적 레퍼토리 전체를 나타냄

유전자(gene): 유전 정보의 기본 단위

염색체(chromosome): 염색체는 유전자와 조절 단백질로 채워져 있으며, 인간의 세포에는 46개의 염색체가 들어 있음.

DNA: 유전자의 생물학적 정보를 암호화하는 실타래 같은 긴 분자

유전자 암호(genetic code): DNA 가닥을 따라 쓰인 세 철자 '단어'의 염기 서열로 이루어짐.

◆◆

유전자는 인체의 모든 단백질, 즉 구조 단백질과 조절 단백질을 위한 지시 사항이 들어 있는 DNA의 가닥이다. 단백질은 DNA에 의해 암호화되어 있는 것으로 더 작은 단위인 아미노산으로 이루어진 크고 복잡한 분자다. 이 단백질들이 대부분의 세포 활동을 수행하고 세포 구조의 대부분을 형성한다. 우리가 먹은 음식을 세포들이 사용 가능한 분자로 분해하는 타액 속의 효소들이 단백질로 구성되어 있는 것과 같이 우리의 머리카락도 단백질로 구성되어 있다. 단백질은 조절자이며 전령사이고, 정체성 표지자이며 수용체다. 단백질 없이 생명은 존재하지 않을 것이다. 인체는 최소한 십만 개의 다른 단백질을 가지고 있다.

각각의 유전자는 인체가 성장하고 활동하기 위해 필요한 암호화된 정보의 제각기 다른 '꾸러미(packet)'를 나타낸다. 구조 유전자는 당신의 외모 제조법을 가지고 있다. 여기에는 눈 색깔, 키, 코 모양, 적색 단백질의 헤모글로빈, 머리카락의 케라틴, 피부의 콜라겐 등이 있다. 조절 유전자는 세포들에게 언제 성장하고 언제 성장을 멈출지 알려 준다. 또한 이 유전자에는 특정 유전 정보 서열의 시작과 끝을 나타내는 시작/정지 유전자가 들어 있다. 하지만 인간 게놈에서 유전 물질 중 98%는 뚜렷한 기능을 가지고 있지 않다. 오직 2%의 유전자가 우리의 모든 단백질의 암호를 쥐고 있는 것이다.[3] 과거에는 비암호화 유전 물질들은 '정크 DNA(junk DNA)'라고 불렸으며, 현재 과학자들은 이들 나머지 유전자 스크립트가 하는 일이 무엇인지 연구하기 시작했다.

당신 몸의 모든 세포는 동일한 DNA와 동일한 유전 정보를 가지고 있다. 하지만 성숙한 적혈구는 예외인데, 그것은 핵이 없으므로 따라서 DNA도 없기 때문이다. 미성숙 적혈구가 골수에서 발달하는 때에만 핵이 있다.

유전자는 염색체라고 불리는 구조물 속의 특정한 위치에 뭉뚱그려 져 있다([그림 6-2] 참조). 유전자는 전화번호부 전체의 모든 입력 정보 를 나타내는 반면, 염색체는 한 페이지를 나타낸다고 생각할 수도 있 다. 그리고 유전자 정보는 그 페이지의 단어들을 나타낸다.

염색체는 유전자의 긴 가닥이며, 인체의 세포에는 46개의 염색체가 있다. 이 염색체는 항상 쌍으로 존재하며, 유전자도 아버지와 어머니 로부터 절반씩 물려받아 쌍으로 이루어져 있다. 우리는 실제로 비성염 색체인 22쌍의 상염색체(autosomal chromosomes)와 성별을 결정하는 XY 유전자로 이루어진 1쌍의 성염색체(sex chromosomes)를 가지고 있 다.[4] 여성은 XX, 남성은 XY를 갖는다. 세포가 분열을 시작할 때, 염색 체들은 새로운 세포들 사이에 복제되고 공유되도록 세포의 중앙을 따 라서 스스로를 조직한다.

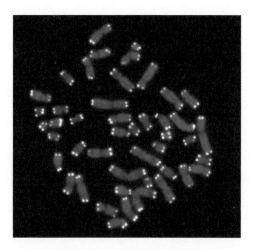

[그림 6-2] 각각의 염색체 양쪽 끝에 밝은 점으로 보이는 말단 소립
(telomeres)이 있는 46개의 염색체
(이미지: Hesed Padilla & Thomas Reid)

세포의 형이상학적 비밀

신성한 숫자

만약 당신이 수비학(numerology)에 흥미를 가지고 있다면, 숫자 22가 인간의 상염색체 쌍의 개수를 나타낸다는 사실에 놀랄 것이다. 타로 점술에서 22는 마스터 숫자로 간주되며, 이는 총 22장의 메이저 아르카나 카드에 반영되어 있다. 각각의 카드는 우리 삶의 여정을 따라 중요한 상징적인 단계를 보여 준다. 히브리어 알파벳은 모두 22개다. 신성한 숫자는 8장에서 더 자세히 다룰 것이다.[5]

천국에 이르는 계단

긴 가닥의 DNA는 단일 유전자별로 구획을 나눌 수 있으며, 단일 유전자는 하나의 특정 단백질의 청사진을 제공한다.[6] 각각의 DNA 가닥은 상보적인 쌍둥이 가닥을 서로 휘감으며, DNA 고유의 이중 나선 구조를 형성한다([그림 6-3] 참조). DNA가 어떻게 생겼는지 그려 보고 싶다면, 2개의 긴 실 가닥을 코일 모양으로 감은 이중 나선 구조를 상상하면 된다. 그것은 마치 딱딱한 가로장이 있는 줄사다리를 꼬은 것과 같다. 한 개의 줄은 유전 암호를 지니고, 다른 한 개의 줄은 이와 상보적으로 짝을 이루어 전체를 유지하고 보호하는 역할을 한다. 이중 나선 분자는 한 개의 가닥으로 이루어진 것보다 파괴하기가 훨씬 어렵다. 하나의 세포가 2개로 분열할 때는 DNA도 복제되어야 한다. 이를 이루기 위해 두 가닥은 풀리고, 각각의 가닥이 새로운 이중 나선 구조의

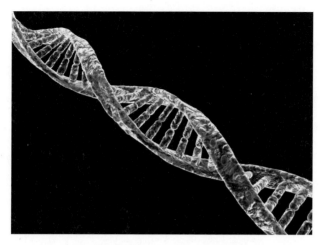

[그림 6-3] 나선형 DNA(DNA 두 가닥을 연결하는 선은
뉴클레오티드 염기 사이의 결합을 나타냄)

DNA를 형성하는 모형 역할을 한다.

나선 구조는 세포핵이 지니고 있는 놀랄 만한 양의 정보를 안전하게
저장하는 효율적이며 작고 경제적인 방법이다. 한 사람의 DNA 분자를
길게 쭉 늘려 본다면 수백 수십억 km에 달한다. 우리가 이것을 어떻게
알 수 있을까? 한 세포 속에 있는 단단히 꼬여 있는 DNA 1개의 총 길이
는 약 1.8m다. 우리 몸이 평균 약 10조 개의 세포로 구성되어 있다고
가정할 때, 모든 DNA를 풀어 끝과 끝을 연결해 펼칠 경우에 총 길이는
약 18조 m 또는 약 180억 km가 된다. 한 사람의 모든 DNA를 연결해
펼쳐 놓으면 지구에서 태양까지 최소한 6번 왕복할 수 있는 길이가 된
다. 성경에서는 땅에서 하늘까지 닿는 야곱의 사다리를 이야기한다.
야곱이 꿈에서 본 사다리가 DNA의 나선형 계단이 아니었을까? 사다리
이미지는 유대인, 기독교인 그리고 이슬람교인에게 하나님과 영적인
길로 연결되는 큰 상징적 의미를 갖는다. 한 사람의 DNA가 '하늘

(heavens)'에 닿을 수 있음을 알 수 있다. 그렇기 때문에, 아마 이것도 세포에 숨겨진 신성한 비밀 중 또 다른 예가 될 것이다.

DNA는 하나의 설계도이기 때문에 그 디자인이 정밀해야 하는데, 그것은 뉴클레오티드 염기라고 불리는 4개의 기본 구성 단위로 이루어져 있다.

이 4개의 염기는 아데닌(A), 티아민(T), 시토신(C), 구아닌(G)이며, 알파벳 글자는 유전 정보를 작성하기 위한 약칭이다. 염기 순서는 DNA 가닥을 따라 암호화된 정보를 담고 있다.

화학적 상보성의 또 다른 예를 들자면, 기본 구성 단위들의 '일부일처제', 즉 일대일 짝짓기다. 각각의 염기는 반드시 자기 짝하고만 결합할 수 있다. 한 가닥 위에 T가 있다면 다른 가닥 위의 그 짝은 반드시 A이어야 하며, 한쪽에 G가 있다면 그 짝은 C가 되어야 한다. 이 배타적인 결합에 예외란 없다. 염기쌍이 잘못 짝지어지면 분리가 필요하다는 신호를 보내고, 짝이 맞지 않는 염기 결합을 분리하기 위하여 강력한 수리 팀이 동원된다. 이처럼 짝이 정해져 있는 방식의 장점은 실수를 신속하게 발견할 수 있다는 것이다. 짝짓기 오류가 있으면, 정상적인 DNA 나선 구조의 물결 모양에 비틀림이 있게 된다. 이것이 곧 수선 유전자가 복구를 위해 현장으로 급파되게 한다. 이와 같이 일대일 짝짓기와 나선 구조는 DNA에 아무런 흠이 없도록 도와주는 것이다.

나선형 계단의 암호

당신이 DNA를 나선형 사다리로 상상한다면, 층계의 한쪽이 다른 쪽과 얼마나 완벽하게 상보적으로 짝을 이루는지 알 수 있을 것이다. DNA 한 가닥의 염기서열은 유전자 명령을 보유하고 있으며, 보호적인 반대편 가닥은 상보적 염기서열을 갖고 있다.

가상의 유전자 서열 ATAGGCTTT를 살펴보자. 이 염기서열의 상보적 서열은 TATCCGAAA다. (일대일 짝짓기 관계를 기억하라.) 자연의 신성한 지혜에 따라 두 가닥의 결합이 일어나는 것이다.

> 이 세상의 전(全) 유전자 도서관에 있는…… 모든 생명체의 구조는
> 매우 단순한 암호이지만 매우 긴 메시지로서……
> 궁극적으로 이들 4개로 환원된다.
> – 칼 제라시(Carl Djerassi), 『부르바키의 선수(*The Bourbaki Gambit*)』 –

유전자 정보를 암호화하는 네 가지의 염기 A, T, C, G는 모든 생명체 왕국에 동일한 것으로 보인다.[7] 벌이든, 하마든, 참나무든, 모기든, 이 지구상에 사는 모든 생명체는 같은 암호화 체계를 쓴다. 염기를 나타내는 이 철자 조합만이 사람과 쥐를 구별해 준다. 컴퓨터는 방대한 정보를 오직 0과 1로만 구성되는 2진수로 표시하는데, 더 복잡한 DNA 암호는 삼합(triplets) 또는 코돈(codons)으로 표기된다. 이 암호화된 염기 철자 조합은 단백질을 만드는 20종의 아미노산 중 어느 것이 사용될 것인지를 나타낸다. 이 3개의 알파벳 철자로 만들 수 있는 가능한 조합은 64개다. 이 모든 64개의 조합이 아미노산 또는 시작/정지 신호

중 하나로 지정된다. 특정 정보의 암호화로 뒤범벅된 문자열을 읽는다고 상상해 보라. 어디서부터 읽기 시작하고 어디에서 멈춰야 할지 알아야 할 것이다.

유전자 가닥을 따라 배열된 3철자 코돈의 서열은 세포들이 단백질이나 폴리펩티드(작은 단백질) 가닥의 형성에서 아미노산을 올바른 순서로 합성할 수 있도록 해 준다.

다음은 DNA의 한 부분인 AAA ATG CGT TCG를 3철자 코돈으로 나누어 읽는 방법이다.

- 암호의 3철자 코돈: AAA ATG CGT TCG
- 올바른 상보적 코돈: TTT TAC GCA AGC
- 잘못된 상보적 코돈: GTT TGG GCA AGA

유전자 정보의 보편성은 각각의 '종(species)'이 새 DNA를 그 자신의 것인 것처럼 받아들이고, 나아가 이러한 유전자를 수백만 개 복제한다는 데에 있다. 사실, 바이러스가 우리에게 손상을 입히는 한 가지 방법은 자신의 유전 물질을 살아 있는 우리 세포에 주입하는 것이다. 자, 두고 보라. 우리 자신의 세포 기계는 바이러스의 유전 정보를 복제하고 새 바이러스를 만드는 일을 한다.

◆◆◆◆◆◆◆◆◆◆◆◆◆◆◆◆◆◆◆◆◆◆◆◆◆◆◆◆◆◆◆◆◆◆◆◆◆◆

세포의 형이상학적 비밀

신성한 암호

우리의 세포들은 또 다른 우주적 '우연의 일치'를 보인다. 삼합의 유전자 암호와 64개의 가능한 조합처럼 고대의 점술인 주역(I Ching)은 괘의 암호 체계에 의존한다. 괘는 주역 막대 세 묶음의 조합이다([그림 6-4] 참조). 이 괘를 이용하면 64개의 조합이 나온다. 유전자 암호와 주역 모두 64개의 조합을 제시한다. 살아 있는 우리 세포 안에서 일어나는 것과 상응한다고 볼 수 있는 고대의 형이상학적 체계가 하나 더 추가된 셈이다. 세포 차원과 형이상학적 차원의 두 체계 모두 변화를 반영한다.

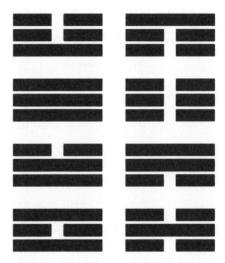

[그림 6-4] 주역의 기본 8괘(eight trigrams)

* 하나의 선을 효(爻)라고 하는데, 실선은 양(yang), 즉 창조적 원리를 나타내고, 점선은 음(yin), 즉 수용적 원리를 나타낸다. 각각의 괘는 다른 특성을 나타내며, 3효의 두 괘를 합치면 6효의 한 괘(hexagram)가 된다.

유전자 발현과 줄기세포

당신 몸속의 각각의 세포는 똑같은 유전자를 가지고 있으며, 모든 세포의 유전적 잠재력도 동일하다. 세포가 구별되는 것은 어떤 유전자와 단백질이 발현되느냐에 달려 있다. 줄기세포는 우리가 가지고 있는 모든 유전 정보를 이용할 수 있으며, 어떤 종류의 세포로도 분화될 수 있는 능력을 갖고 있다. 줄기세포가 혈구나 신장 또는 심장이나 뼈 등 무슨 세포가 될지를 결정하는 것은 그것이 놓여 있는 분자 환경이다. 하지만 어떤 세포가 한번 특정 세포로 분화되면, 그 세포는 보통 다른 세포로 발달할 수 있는 능력을 잃는다. 어떤 세포의 '목적'이 결정된 후에는 그 특정 세포의 특징만 발현할 것이다. 골수 안에 있는 미성숙한 적혈구는 오직 성숙한 적혈구로만 성장할 수 있으며, 적혈구가 줄기세포로 되돌아가 백혈구가 될 수는 없는 것이다. 오직 미성숙한 적혈구만 헤모글로빈이라는 단백질을 생성할 수 있다. 피부 세포는 비록 필요한 유전자 정보를 지니고 있지만, 헤모글로빈을 만들 수 없다. 신장 세포와 심장 세포는 동일한 유전자 명령을 가지고 있지만, 신장 세포는 심장 세포와 다른 단백질과 기능을 발현한다. 모든 정상 세포에는 '브레이크'가 있다. 이것은 어떤 메시지나 암호는 열어서 번역되도록 하고, 다른 것은 제쳐놓고 넘어가게 하는 제어 장치다. 다시 말해, 모든 세포는 특정 유전자 메시지가 발현되지 못하게 할 수 있는 것이다. 앞서 언급한 몇 가지 사례만 보더라도, 복잡하고 정교한 인체를 만들기 위해 DNA에 내장된 엄격한 규칙의 복잡성을 짐작할 수 있을 것이다.

무엇이 세포가 메시지를 차단하거나 발현하도록 하는가? 이 질문은 지금까지 이루어진 몇몇의 가장 흥미로운 연구로 나아가게 한다. 후성유전학(epigenetics)이라고 불리는 새롭게 떠오르는 개념은 환경이 유전자 발현을 변화시킬 수 있다는 점을 지적한다.[8] 후성유전학에 따르면, 유전자 부호 자체는 바뀔 수 없을지 몰라도, 유전자의 기능은 식습관, 약물, 심지어 생활양식에 영향을 받는다. 딘 오니시(Dean Ornish) 박사는 전립선암에 걸린 남성들을 대상으로 이 이론을 연구했다. 채식, 스트레스 완화 그리고 사회적 지지 등 특정 생활양식을 3개월 동안 지속한 남성들의 전립선암 유전자에서 유의한 변화가 관찰되었다. 암 유전자의 발현이 유의하게 감소한 것이다.

많은 동물 실험 연구에서 외부 요인이 유전자의 기능에 영향을 미치며, 유전자 발현의 변화가 다음 세대로 유전된다는 것이 밝혀졌다. 어미가 임신 중 섭취하는 음식이 자식의 유전자가 어떻게 발현되는가에 영향을 미칠 수 있는 것이다. 이는 듀크 대학교의 랜디 저틀(Randy Jirtle)과 로버트 워터랜드(Robert Waterland) 박사의 유명한 아구티 쥐(agouti mice) 실험 연구에서 처음 밝혀졌다.[9] 아구티 쥐는 비만한 노란 생쥐인데, 이러한 특징은 아구티 유전자라는 특정 유전자로 인해 나타나는 것이다. 이 쥐가 번식을 하게 되면, 새끼들은 이러한 특징을 물려받을 뿐만 아니라 암과 당뇨에 걸리기도 쉽다. 하지만 연구 팀이 어미 쥐의 음식에 임신 전부터 변화를 주었을 때, 새끼 쥐들은 아구티 유전자를 지니고 있음에도 불구하고 건강하고 날씬한 갈색 생쥐로 자랐다. 구체적인 식단으로는 어미 쥐가 마늘, 양파, 사탕무 같은 음식에 함유되어 있는 단순한 조절성 분자를 많이 섭취할 수 있도록 했다. DNA 조절성 분자는 **메틸공여자**(methyl donors)라고 불리는데, 여기에는 콜린(choline), 메티오닌(methionine), 엽산 등이 있으며, 이들은 우리가 섭취하는 음식과 보조식품에서 얻을 수 있다. 수십 년 동안 의학계에서는 임산부에게 태아의 건강한 두뇌 발달을 위해 적당한 양의 엽산을 섭취하도록 장려했다.

후성유전학 연구는 완전히 새로운 이론의 근거를 제시하는 흥미로운 학문 영역이다. 즉, 인간은 유전자에 의해서만 설명되지 않는다는 것이다. 만일 우리가 변화를 일으키는 방법을 배운다면, 치명적인 유전 질환을 우리 후손에게 물려줄 필요가 없을지도 모른다. 유전자는 절대 불변하거나 고정된 것이 아니다. 이와 반대로, 그 발현은 변화에 열려 있다. 유전자는 우리 삶의 끈을 잡아당기고 있는 것이 아니다. 오히려 우리와 세포 골격의 끈이 유전자를 끌어당기고 있다! 근본적으로 후성유전학은 유전자의 실제 구조와 그 암호는 변하지 않고, 유전자 발현만이 변화한다는 것을 보여 준다.

선구적 과학자인 브루스 립턴(Bruce Lipton) 박사는 우리의 믿음과 태도 또한 이미지화나 다른 치유 방법처럼 유전자를 변화시킬 수 있다고 하였다.[10] 유전적 숙명을 바꾸는 것이 가능하다는 사실을 안다면, 그렇게 할 수 있는 우리의 능력에 도움이 될 것이다.

◆◆◆

탐구

몸의 기도: 우리의 DNA를 풀다

당신은 2장과 5장에서 했던 비슷한 활동을 기억할 것입니다. 이번에는 DNA를 숙고하면서 나선형 성격의 움직임을 강조할 것입니다. 당신에게 아름다워 보이는 것을 마주보거나, 눈을 감고 섭니다. 두 발바닥을 완전히 땅에 딱 붙이고 당신의 발이 확고히 땅 위에 있다는 것을 느껴 봅니다. 머리를 똑바로 세우고 척추를 곧게

펍니다. 혀는 치아 뒤 입천장에 두세요. 이것이 '내면의 미소'입니다.

이제 허리를 나선형으로 원을 그리며 돌립니다. 몇 분 동안 시계 방향으로, 그 후에는 반시계 방향으로 돌립니다. 아마 이 움직임에 등도 함께하고 있다는 것을 느낄 수 있을 것입니다. 숨을 편안히 쉬고, 당신은 어느 쪽이 다른 쪽보다 더 돌고 싶은지 확인합니다. 그렇다고 하여 회전 수를 셀 필요는 없습니다. 그냥 움직임에 집중하세요. 회전하는 동안 '음' 소리를 내는 것이 세포와 당신 자신을 진정시키는 열쇠가 될 것입니다. 움직이고 흥얼거리며, 다음과 같은 상상을 해도 좋습니다. 즉, 이처럼 쉬우면서도 스트레스를 줄이며, 에너지를 생성하는 수련이 당신의 DNA에 있을 수 있는 결함들을 바로잡아 준다고 말입니다. 당신이 확실히 자리 잡게 되었다고 느낄 때 멈추세요. 당신의 발이 여전히 땅에 완전히 딱 붙어 있다는 것을 느껴 보세요. 당신 자신이 땅에 뿌리내리고 있으며, 하늘과 연결되어 있음을 느껴 보세요. 당신의 깍지 낀 양손으로 배를 잡고 일체에 감사함을 전하세요.

당신은 아마 온종일 틈틈이 시간 날 때마다 이 기본적인 기공 자세로 실험하고 싶을지 모릅니다. 이는 지구와 당신 세포와 하늘을 연결하는 다리를 만드는 것입니다.

◆◆◆

손상 발생과 복구

인체에서는 매일 약 천억 개의 세포가 분열하며 새 세포들을 생성한다. 세포가 분열할 때 DNA에 무슨 일들이 벌어지는지 상기해 보라. 두 짝의 DNA 가닥이 분리되어 풀리고 완벽하게 복제된다. 각각의 가닥을 주형으로 하여 똑같은 짝이 새로 만들어진다. 이 과정에서 코돈의 짝짓기 오류, 철자의 누락이나 틀린 철자의 추가 등으로 인해 실수가 일어날 수 있다. 그런 실수가 돌연변이인 것이다. 한 철자의 돌연변이는 합성되는 단백질에 어떤 아미노산이 놓일지를 바꿀 수 있다. 심지어 단 하나의 변화로 인하여 생성되는 단백질의 모양과 기능까지도 바뀔 수 있다. 즉, 잘못된 코드는 단백질을 더 뻣뻣하게 하거나 과도하게 유연하게 할 수 있으며, 또는 원래 단백질과 전혀 다른 형태로 만들 수도 있다. 이런 단백질은 제 역할을 수행할 수 없게 될 수 있다. 미세한 오류 하나만으로도 세포 건강에 영향을 미칠 수 있으므로, 손상으로부터 세포를 보호하기 위해서는 강력한 수리 시스템이 있어야 한다. 사실, 자연의 지혜로 우리 세포 내에는 다양한 수리 시스템이 존재한다.

> 세포 성장의 시초에는
> 분자 지능의 물결치는 가닥에 의해 자가교정을 갖추게 된다.
> 이들은 오직 완전성이 창조된 이후에야 풀려서 놓아 버리게 된다.
> - 크리스토퍼 본(Christopher Vaughan),
> 『생명은 어떻게 탄생하는가(*How Life Begins*)』 -

대부분의 경우 세포들은 올바르게 작용하지만, 가끔 그렇지 않을 때도 있다. 사실, 인체의 세포들은 매일 최소한 약 1,000개의 오류를 범하는 것으로 추정된다. 다행히 세포는 나선형의 DNA 구조 안에 내장된 오류 감지 기능의 선천적인 지혜를 지니고 있다. DNA 손상 또는 오류에 대해서는 p53이라는 유전자가 구조에 나서며 놀라운 일련의 반응을 작동시킨다.

이 p53 시스템은 '맞춤법 검사기(spell-checker)'이고 세포 성장에 있어 응급 제동 장치이며, 또한 그 휘하에 다른 유전자들을 갖고 있다.

그래서 오류가 발생하면 p53 유전자는 DNA 수리가 완료될 때까지 다른 유전자들의 복제가 중지되도록 지시한다. 손상된 DNA가 수리되면, p53 유전자는 녹색 신호등을 켜서 세포 재생 과정을 다시 계속하게 한다. 하지만 만일 손상이 복구 불가능한 경우는 어떨까? 이런 경우, p53 유전자는 그 세포의 자기파괴를 지시하는 유전자를 활성화한다. 이것은 세포예정사(programmed cell death) 또는 세포 자살(apoptosis)로 알려져 있으며, '떨어지는 낙엽(falling leaves)' 이라는 의미의 라틴어에서 유래된 것이다.[11] 외상성 또는 세포 독성에 의한 괴사성 사멸과는 달리, 세포 자살은 세포 일부가 떨어져 재사용되거나 포식 세포에 의해 제거되는 비교적 온화한 과정이다. 분해되어 흙으로 돌아가 한때 자신을 지탱해 준 나무에 영양분이 되어 준다는 의미에서 '떨어지는 낙엽' 은 적절한 비유다.

이와 대조적으로, 외상성 또는 괴사성 사멸에서는 세포가 심한 손상을 입고 기본적으로 폭발하여 그 내부의 내용물을 세포 환경에 방출한다. 이러한 세포 사멸 방식은 잠재적 위험 물질을 방출함으로써 주변 조직에 손상을 입힐 수 있다. 세포는 그 외부로 배출될 경우 다른 분자에게 해로울 수 있는 많은 물질을 포함하고 있다. 하지만 세포 내부는 이런 물질의 해로운 영향으로부터 보호받기 위해 구획되어 있다. 세포 자살은 더 서서히 진행되는 과정으로 이웃한 세포가 그 주변 영역의 손상 없이 세포 일부를 하나씩 재활용하거나 제거하도록 한다.

p53 유전자의 역할은 한마디로 손상 관리 전문가다. 그것은 유전자 오류를 바로잡고, 다루기 어려운 DNA의 확산을 막으며, 종양 세포의 성장을 억제하고, 필요하면 세포의 자기제거 프로그램을 작동시키는 능력을 갖추고 있다.

죽음, 자연적 현상

정상적인 세포는 영원히 살지 않는다. 죽음은 평상의 필요한 세포 기능이다. 방금 설명한 프로그램된 세포의 죽음 또는 세포 자살이 DNA 실수에 대한 최후의 치유책에 국한된 것만은 아니다. 세포 자살은 안락사라고도 할 수 있으며, 정상적인 세포 성장을 가능하게 하는 것이다.[12] 예를 들어, 태아 단계에서 아직 손가락이 발달하지 않은 '지느러미 단계(fin stage)' 때, 프로그램된 세포의 죽음은 그 부위에서 불필요한 세포들을 제거한다. 자, 우리 손가락은 이렇게 형성된 것이다! 세포 자살은 또한 우리 자신의 세포를 잘못 판단하고 공격할 수 있는 흉선 안의 변절한 면역 세포도 제거한다. 다른 뇌세포와 연결되어 있지 않은 뇌세포도 역시 사멸하도록 프로그램되어 있다. 회복 불가능하게 손상된 세포들도 세포 공동체의 이익을 위해 '할복(hara-kiri)'을 하도록 되어 있다. 각각의 세포 안에는 자신이 죽어야 한다는 앎이 있음에 틀림없다. 비정상 암세포의 특징은 죽음의 망각이다.

잠시 우리 세포의 정상적이고 반복되는 자연스러운 죽음의 과정에 대해 좀 더 깊이 고찰해 보자. 유전자가 우리에게 일깨워 주는 것은 죽음의 과정이 생명의 자연스러운 일부이며, 실수나 실패가 아니라는 것이다.

세포는 건강하지 않은 세포의 제거를 확실하게 하기 위해 여러 가지 전략을 가지고 있다. p53 유전자만 이를 책임지고 있는 것이 아니다. 염색체 말단의 꼬리도 세포가 언제 죽을지를 조절한다([그림 6-2] 참조). 이 말단 소립(텔로미어, telomeres)이라고 불리는 분자 시계는 세포의 수명을 결정하며, 진주 구슬을 꿴 줄처럼 TTAGGG와 같은 염기 서열이 반복 구조로 되어 있는 DNA다.[13] 이것은 세포분열이 일어날 때마다 '구슬'을 조금씩 잃어 가며 점점 염색체 길이도 짧아진다. 태어날 때 우리 백혈구 내에 존재하는 말단 소립은 약 8,000개의 뉴클레오티드 길이다. 노인이 되면 하나의 세포에 약 1,500개 정도의 뉴클레오티드만 남아 있게 된다. 일반적으로, 정상적인 세포는 50~70회 정도 분열할 수 있으며, 그때마다 말단 소립의 길이가 조금씩 짧아진다. 이렇게하여 말단 소립의 길이는 내부 점검을 할 수 없을 정도로 짧아져, 손상 또는 노쇠 세포로 구분된다. 최후에 '고령(old age)'의 세포는 제거될 준비를 하고, 분열을 중단하며, 조용히 죽음을 맞이한다.

◆◆◆

탐구

미지를 향한 여행

잠시 여기서 멈추고 이제 우리 자신의 죽음에 대해 생각해 봅시다. 서양 문화에서는 죽음이 삶의 자연적인 결과라기보다는 실패로 비춰집니다. 한 가지 확실한 사실은, 우리가 알고 있는 삶은 시작, 중간 그리고 끝이 있다는 겁니다. 우리는 죽음을 두려워할 수 있습니다. 하지만 만약 우리가 이를 필연적이고, 고요하며, 자연적인 과정으로 이해할 수 있다면, 우리는 좀 더 쉽고 덜 두렵게 인생의 이 단계를 맞을 수 있을까요?

죽음을 마주친 아이들을 돌보는 일을 하는 사람으로서, 저는 죽음에 대한 저 자신의 두려움과 기대 그리고 믿음을 살펴보아야 했습니다. 그리고 이 분야에 대한 제 교육의 대부분은 주술적인 활동에서 비롯되었습니다. 1989년 샌프란시스코에서 저는 주술 스승이신 톰 핑크슨(Tom Pinkson)과 함께 한 강좌를 열었습니다. 제가 해야 할 일은 몸과 마음의 과학을 가르치는 것이었으며, 그분은 고대의 토착 수련을 도입하는 것이었습니다. 이러한 수련 중 하나는 스승과 여러 번 경험했던 죽음 여행이었습니다. 그는 학생들에게 1주 후에 무엇을 할지 주의를 주면서 수업을 준비하였습니다. 학생들 대부분은 다가올 수업에 대해 별다른 기대를 보이지 않았습니다.

그 후 베이 지역(the Bay Area)에 대지진이 발생했을 때, 저는 수업 일정은 제쳐 두고 처음으로 죽음 여행에 대한 강좌를 진행해야만 했습니다. 우리가 훈련을 끝낸 후 토론은 심오해졌습니다. HIV 양성인 한 남성은 수강생 중 자신이 죽음에 가장 가까워졌다고 생각하여 이 훈련을 전혀 원하지 않았다고 토로했습니다. 하지만 공포와 두려움을 경험하는 대신, 그는 죽음의 이미지화로 엄청난 구원을 받은 것을 알게 되었습니다. 또 어떤 여성은 이 훈련이 자기 삶의 축하 파티를 계획할 수 있는 기회를 주었다고 얘기하였습니다. 당신이 자신의 내면을 깊이 성찰할 약 30분 정도의 시간을 가질 수 있다면 여기서 이 탐구를 해 볼 것을 제안합니다. 이 훈련은 일반적으로 드럼 소리와 함께 진행되어야 하지만, 드럼 소리 없이 간소화한 형태로도 진행할 수 있습니다.

모든 내적 훈련들과 마찬가지로, 방해받지 않는 안전한 장소로 들어가세요. 끝날 때 어떤 통찰력이라도 포착할 수 있게 필기도구를 준비하세요. 당신이 무엇을 경험하든 해로운 것은 없다는 것을 기억하세요.

앉거나 누워서 두 눈을 감고, 당신의 호흡, 배와 가슴의 오르내림, 들숨과 날숨의 움직임에 집중합니다. 안정감과 평화로움을 느껴 보세요. 당신의 삶이 마지막 몇 분밖에 남아 있지 않다고 상상해 보세요. 당신은 어디에 있고, 누구와 함께하고 있습니까? 자신의 마음의 눈으로 당신이 원하는 모습을 그려 보세요. 이 상태에서 그대로 몇 분 동안 머무릅니다.

당신의 숨이 멈춰지고, 심장박동이 사라집니다. 당신의 정신과 영혼이 당신의 몸을 떠나갑니다. 당신의 의식이 위로 올라가고, 아래를 보면 당신 자신과 사랑하는 사람들을 볼 수 있습니다. 여기에 머물며 무슨 일이 벌어지는지 보고 들을 수 있습니다.

당신이 준비되었다고 느끼면, 당신의 장례식이나 추도식으로 갈 수 있습니다. 방으로 날아 들어가 모여 있는 사람들 위를 맴돕니다. 이곳은 어디이고, 누가 있으며, 그 사람들이 무슨 얘기를 하고 있습니까? 이제 당신의 부고를 봅니다. 거기에 뭐라고 쓰여 있나요? 필요한 만큼 충분한 시간을 가지고 이러한 느낌들을 경험하세요. 충분히 느끼셨다면, 편안하고 생명이 충만한 마음으로 호흡과 심장박동이 있는 자신으로 되돌아옵니다. 당신이 느낀 것을 그리거나 적어 보세요.

만약 이 전반적인 과정을 해 나가고 싶지 않다면, 당신이 원하는 형태로 자신의 부고를 작성하는 것을 선택할 수도 있습니다. 부고에 적혀 있는 대로 사는데 필요한 것, 그 일을 하기 위해 바로 지금 발을 내디뎌 보세요.

◆◆

이러한 여정에서 내가 사람들을 이끌 수 있다는 사실을 알게 된 뒤, 나는 이 과정을 내가 하는 많은 수업에 포함시키기 시작했다. 어떤 여학생은 상상의 자기부고를 읽으며 자신이 작가로 쓰여 있음을 알게 되었다. 그 당시 그녀는 글을 쓴 적이 없지만, 글쓰기가 자신이 해야 할 일이라고 보았다. 그 이후 그녀는 두 권의 책을 썼다.

우리 안의 수십조 개의 거대한 세포 안식처에는 수많은 삶의 교훈이 들어 있으며, 이 죽음 체험은 그 교훈의 연장이다. 그들은 우리에게 좀 더 완전하고 성스러운 삶을 살도록 가르쳐 준다. 우리는 어떻게 삶을 살지 선택함으로써 그 뜻을 받들 수 있는 것이다.

세포 고장

　내면의 세포 세계를 더 많이 알게 될수록 모든 정상적 과정에도 고장이 난다는 것을 알게 된다. 암도 하나의 그러한 고장인 것이다. 암세포를 흔히 변환 세포라고 부르는 것은 흥미롭다. 하지만 의식의 관점에서 변환은 일반적으로 긍정적인 의미다. 암에 걸린 사람들이 경험하는 변환은 하루하루를 소중히 여기고, 가장 중요한 것을 포함하는 의식에 대한 삶의 우선순위를 재정렬하는 것이다. 아마 변환 중인 세포는 우리가 살고 있는 방식을 바꾸라는 메시지를 담고 있을 것이다.

　그렇다면 정상 세포가 어떻게 암세포로 변환될까? 어떤 세포들은 텔로메라아제(telomerase)라는 새로운 단백질을 만드는데, 이것은 앞에서 언급한 바와 같이 세포의 나이를 추적하면서 '시간 측정'을 하는 반복적인 DNA 염기 서열을 염색체 끝에 추가하여 '진주 구슬'을 보호한다. 이 세포들은 이제 죽지 않는 불멸의 세포가 된다. 왜냐하면 이들은 텔로메라아제에 의존하여 자기네 세포 시계가 계속 작동하게 하고, 수명에 상응하는 염색체 말단 부분도 더 이상 줄지 않기 때문이다. 암세포 안에서만 텔로메라아제 같은 비정상 단백질을 발견한다는 것은 좋은 소식이기도 하다. 그것은 이 단백질을 내포하고 있는 세포들만을 대상으로 하는 특정 치료법을 적용할 수 있기 때문이다.

감시 회피

유전자 암호 안에 생기는 오류처럼 세포 안에서 무언가가 잘못 돌아갈 때 암이 시작된다. 그런 오류는 DNA가 복제될 때의 정상적인 세포 분열 과정에서 발생한다. 유전자 오류는 독성 화학물질, 태양 방사선, 엑스레이, 바이러스, 활성산소, 흡연, 발암물질 등이 원인이 될 수 있다. 바뀐 유전자 메시지들은 무질서한 종양 세포들의 비정상적 성장, 악성 변환과 영원한 생명을 유발할 수 있다.

하나의 유전자 변이가 정상 세포 하나를 암세포로 변환하지는 않는다. 인체의 암은 대부분 다수의 유전자 오류로 인해 발생한다.[14] 일생에 걸쳐 암으로 전변되는 것은 조절 유전자 내부에서의 일련의 유전자 변이에 그 원인이 있다. 조절 유전자에는 세포 성장을 자극하고 증식을 억제하는 종양 형성 유전자와 종양 억제 유전자가 있다. 평생에 걸쳐 획득된 돌연변이는 세포의 조절과 소통 기능을 변화시킬 수 있다. 이것이 암의 원인을 파악하기 어려운 이유 중의 하나다. 암 발생에 필요한 만큼의 유전자 일탈의 수를 만드는 데에는 수십 년이 소요될 수 있다. 극소수의 암만이 유전된다. 유방암의 BRCA1 같은 암 유전자는 우리가 암에 더 취약해졌음을 의미하지만, 그 원인과 결과가 100% 확실한 것이 아님을 명심하라.[15] 대부분의 유방암이 발생하기 위해서는 조절 유전자에서 다수의 유전자 오류가 일어나야 한다. 마찬가지로, 대장암의 경우에도 조절 유전자 중 종양 억제 유전자에서 4개의 다른 유전자 오류가 연관되어 있었다.

암세포에 있어서 유전자 정보는 변할 수 있지만, 그 세포의 정체성 표지는 변하지 않을 수 있다. 세포의 물질적 정체성인 '얼굴' 을 침입자로 인지할 때에만 면역반응이 자극되는 것임을 기억하라. 면역 시스템은 자기와 다른 '비자기' 를 알려 주는 화학적 단서가 있어야만 변환 세포나 종양 세포를 인식할 수 있다. 이 과정에서 문제가 하나 있다. 면역 시스템을 작동시키는 데 효과적인 '비자기' 신호들은 세포의 외부 표면에 위치해 있다. 반대로, 유전자 정체성은 세포핵의 내실에 있는 DNA 염기 서열에 존재한다. 만약 표면상의 변화나 화학적 단서가 없다면, 면역 시스템은 임박한 세포 혼돈의 위험에 경계 태세를 취하지 않을 것이다. 그러므로 면역 시스템은 대부분의 암세포에 대한 주요 방어 시스템이 아니다. 오히려 유전자 복구 시스템이 그 방어 시스템이다. 하지만 많은 암에서 작동되지 못한 것은 유전자 복구 시스템이다.

손상 관리 전문가인 p53 유전자 구조에서 일어나는 돌연변이는 감시 능력을 무력화시켜 비정상 세포들이 성장하도록 한다. 실제로 p53 돌연변이는 반 이상의 암에서 발견되었다.[16] p53 돌연변이를 갖고 있는 암세포는 예후가 더 좋지 않으며 더 공격적인 치료를 요한다.[17] p53 돌연변이 유전자는 복구 시스템의 기능을 떨어뜨릴 뿐만 아니라, 암세포의 사멸을 막는다. p53 유전자를 돌연변이 상태로 바꾸는 요인들 중 하나는 흡연이다. 폐암에 걸린 흡연자들은 비흡연자들에게 관찰되지 않는 p53 유전자의 변화를 보였다.[18]

그렇지만 아직 희망은 있다. 성인이 되어 흡연을 시작하고 금연을 한 사람들에서 비정상 p53 유전자들이 사라졌다. 달리 말하면, 흡연으로 비롯된 손상은 되돌릴 수 있는 것이다. 단, 흡연을 시작한 나이가 20세 이상이어야 한다. 만일 청소년 시기나 더 어린 시기에 흡연을 시작한 경우라면 유전자 손상은 영구적인 것 같다.

많은 암세포는 죽지 않을 것이다. 이들은 잘못된 소통 시스템이나 불충분한 복구 시스템을 가지고 있을지 모른다. 그렇지 않다면 이들이 위험한 존재로 인식되지 않을 것이다. 이러한 문제를 완화하기 위하여 내면의 치유 자원을 새로운 생물학과 심신의 지혜 안에서 활용하는 것이 가능할까? 너무 많은 유전자 오류가 일어나기 전에 우리가 개입할 수 있을까? 유전자 보호를 위하여 우리가 할 수 있는 것으로 알고 있는 한 가지 사실은 스트레스 완화다.

개선된 DNA 복구 속도

DNA 복구 속도는 얼마나 빨리 오류를 바로잡는가를 나타낸다. 유전자 돌연변이로 인한 암과 다른 질병에 우리가 얼마나 취약한지는 이 복구 속도의 영향을 받는다. 장기간의 스트레스는 암과 마찬가지로 DNA 복구 속도를 늦추게 한다. DNA 복구 속도를 높이는 것에 관한 중국의 한 연구는 흥미를 돋구는 희망적 결과를 제시한다.[19] 이 연구에서 회복 중인 암 환자들의 DNA 복구 속도는 건강한 사람들보다 훨씬 느렸다. 그래서 이 회복 중인 환자들에게 스트레스를 완화시켜 주는 기공 동작을 가르쳤다. 3개월의 수련 이후, 이들의 세포 복구 속도가 거의 2배 가까이 빨라졌다.

기공과 진동 소리라는 새로운 에너지 요법은 DNA의 불규칙한 에너지에 영향을 준다는 것을 짐작할 수 있다.[20] 고대의 기공, 태극권, 요가, 데르비시(dervish) 회전무 등은 모두 나선형 움직임을 에너지 치유 수련으로 일부 이용한다. 이 운동이 우리의 DNA 교정에 도움이 될까?

지속적인 스트레스는 면역 시스템, 생식, 소화, 기억력은 물론 심지어 뼈까지 손상을 입힌다. 그래서 앞서 언급한 수련뿐만 아니라 명상과 이미지화를 포함한 스트레스 완화 수련은 모든 수준의 건강 유지에 중요하다.

그대로 상상하라!

가이드가 안내하는 시각화와 이미지화 방법이 보완적인 치유 요법으로 점점 더 수용되고 있으며, 특히 스트레스 경감, 암과 그 치료로 인한 통증, 고통과 다른 부작용의 완화를 위해 이용되고 있다.[21] 유의한 연구 결과에 따르면, 이미지화 훈련을 하는 사람들에게는 암 진단에 수반되는 참담한 기분과 항암 치료의 부작용이 최소화될 수 있다고 한다. 가장 먼저 대중화된 많은 이미지화 가이드는 면역 세포들이 사람들 구조에 급파되어 암세포들을 죽이는 상상을 하도록 하는 것이었다. 하지만 우리는 '악마' 세포를 주로 제거하는 것이 면역 세포가 아님을 배웠다. 그러므로 우리가 유전자 오류를 바로잡는 새로운 나선형 모델을 바탕으로 이미지화해 보면 어떨까? 여기서 나는 당신 몸 안의 비정상 세포들을 제거하기 위한 두 가지 방법을 제안한다. 두 가지 모두 단지 제안일 뿐이므로 구애받지 말고 당신의 상상력을 마음껏 발휘하라.

∙∙

탐 구

건강하지 않은 세포 제거하기

긴장을 풀고 당신의 호흡에 집중할 수 있도록 약간의 시간을 가지세요. 당신의 몸에 닿는 모든 장소를 느껴 보세요. 당신이 의지하는 의자, 바닥 또는 다른 표면을 느껴 보세요. 당신의 호흡을 평온하게 합니다.

만약 당신의 몸에 암세포가 있다는 것을 알게 된다면, 그것이 어떻게 생겼는지 상상해 보세요. 생물학적으로 정확할 필요는 없습니다. 당신은 어떻게 그것을 인지하고 있나요?

자, 이제 이러한 세포를 제거한다고 상상해 보세요. 예를 들면, 암세포는 진드기, 제거기는 진공 청소기로 상상할 수 있습니다. 반드시 제거하는 힘이 종양 세포보다 더 크고 강하도록 합니다.

일단 모든 비정상 세포가 제거되면, 새롭고 건강한 조직들이 발생한다고 그려보세요. 이 과정을 위해 필요한 만큼 충분한 시간을 가지세요. 그 후 의식이 자신의 호흡과 지금 이 순간으로 다시 돌아오도록 합니다.

오류 – 바로잡기와 덮기

우리 세포는 항상 오류를 범하고, 비정상 세포는 우리 몸 안에 실제로 존재하기 때문에, 여기에서는 비정상적인 유전자를 변화시키는 데 초점을 맞춥니다.

앞의 훈련과 같은 방식으로 긴장을 푸는 시간을 가집니다. 이제 당신의 유전자 안에 있는 모든 오류가 교정된다고 상상하거나 의도해 보세요. 당신의 유전자 레퍼토리(repertoire) 안에서 모든 오류를 제거하거나 교정하여 나선형의 DNA 두 짝이 서로 완벽하게 연결된다고 상상해 보세요.

또 다른 방법으로, 당신은 새로운 단백질로 비정상적 유전자들을 덮음으로써 유전자들이 발현되지 못하도록 하여 그들을 숨어 있게 하는 상상을 할 수도 있습니다.

비정상적인 유전자들을 무력화하는 길로 당신 자신을 이끌어 가도록 상상합니다. 당신의 모든 유전자가 건강하고 온전함을 보세요. 이 과정을 위해 필요한 만큼 충분한 시간을 가지세요. 그 후 의식이 자신의 호흡과 지금 이 순간으로 다시 돌아오도록 합니다.

당신이 경험한 것을 그리거나 적어 보세요.

◆◆◆

우리 DNA의 신성한 안무, 즉 그 나선형 두 가닥의 춤은 생식과 자기희생을 프로그램하는 능력과 아울러 다시 한 번 우리에게 삶과 죽음의 문제를 제기한다. 우리 세포 안에는 유전자 정보의 암호화 오류를 감지하고 교정할 수 있는 능력이 내재되어 있다. 교정이 불가능할 때에는 조용한 죽음이 개시된다. 우리는 먼 태양으로부터 오는 자외선이 유전자에 침투하여 돌연변이를 일으킬 수 있음을 알고 있다. 그리고 어떻게든 세포 속으로 들어와서 잘못된 단백질이 만들어지도록 유전자 구조를 바꾸는 흡연은 어떠한가? 만약 보이지 않는 인자가 손상적인 변화를 유발한다면, 우리 에너지 또는 상상력의 보이지 않는 레이저를 이용하여 손상된 부분을 잘라 내거나 숨길 수 있을까? 미로 걷기와 노래 부르기를 포함한 고대의 치유 수련은 피할 수 없는 세포 오류를 변환시키는 데 유익한 도움을 제공할 것이다.

◆◆

몸의 기도

감사함 전하기

이는 당신이 언제든지 할 수 있는 쉬운 훈련입니다. 기공의 기본 자세를 취하고 이 장의 앞쪽에서 언급한 대로 당신의 허리와 몸으로 나선형을 그리기 시작합니다. 나선형으로 돌아가면서 자기를 움직이고, 지탱하고, 건강하게 하는 자신의 모든 세포에 감사함을 전하세요. 그들은 당신의 삶을 창조하는 위대한 협력에 참여하고 있습니다. 마음에 떠오르는 다른 감사한 마음도 함께 전합니다.

◆◆

삶의 목적

모든 세포는 각자 목적이 있다. 그 목적은 각 세포가 자신의 특별한 능력을 전 세포 공동체에 제공하며 살아가는 이유다. 각 세포는 우리의 유일하고 보이지 않는 우주 안에 자리잡고 있는 것이다. 우리 역시 살아있고 살아가는 목적이 있다. 에크하르트 톨레(Eckhart Tolle)는 우리에게 자문해 보라고 한다. "삶은 나로부터 무엇을 원하는가?" 우리 세포는 한정된 시간을 산다. 우리 또한 영혼이 우리 몸을 떠나기 전까지 삶을 산다. 우리는 가기 전에 무엇을 해야 하는가? 우리는 각자 자기 안에 유산, 즉 지금 현재 여기에 있는 이유가 있다. 인생의 여정은 우리가 무엇을 창조하기 위해 여기 있는지 알아내고, 우리 모두의 이익을 위해 그것이 완전히 발현되도록 최선을 다하는 것이다.

내 삶의 어디에서 나는 가장 창조적인가?

나는 이상적인 세포를 어떻게 그리는가?

이 순간 나의 주요한 목적은 무엇인가?

내 삶 속의 나선형을 어디서 발견하는가?

나는 죽기 전에 무엇을 해야 하나?

기억: 학습하기

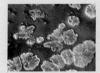

심장의 눈물

숨 쉬는 몸

마음은 어디에 있나

하나가 전체를 기억한다

한 가지 조건: 감각 학습

심상화: 몸에 '재입력' 하기

세포들의 마음

상상에서 현실로

심상화와 치유

잊어버리기

기억, 의례 그리고 감각: 신성함으로 이르는 길

제7장

기억: 학습하기

기쁘고 슬픈 모든 기억은 인간의 일대기로 짜이며,
근육, 장기, 뼈 속에서까지 생체 시간의 특질에 생리적 리듬으로 결합되어 있다.
이러한 리듬은 영혼 또는 정신의 거대한 세계에 깃들어 있고,
후각과 청각 시스템으로 활성화된다.
– 테레제 슈뢰더-쉐커(Therese Schroeder-Sheker), '죽는 자를 위한 음악: 새로운 음악
생사학', 『심신건강저널(*Advances: The Journal of Mind-Body Health*)』 –

심장의 눈물

실연했을 때 완전히 일상으로 돌아가야 했던 경험이 있는가?

내가 처음으로 몸속 과거 기억들의 패턴을 풀어냈을 때 나의 가슴은
무너졌다. 그것은 분노로 가득 차 있었다. 내 안에 소용돌이치는 강한
분노에 대처함과 동시에 내 일을 할 수 있을지 확신할 수 없었다. 나는
진정 내가 아는 것을 나누고 싶었고, 그렇게 하기 위해서는 아픈 가슴
을 진정시켜야 했다.

나는 종양내과 실무진으로부터 내가 찾아낸 치유와 스트레스 완화

에 유용한 수련 방법을 가르쳐 달라는 초청을 받은 적이 있다. 실제 치료 현장 속으로 가서 환자들을 보살피는 전문 의료진에게 강연할 수 있는 흥미로운 기회였다. 나를 초청한 분은 병원을 운영하는 종양내과 전문의로서 내 남자 친구였다. 이 예정된 강연을 일주일 앞두고 우리는 헤어졌다. 이제 어쩌지? 강연을 해야 할까, 아니면 취소해야 할까? 우리는 서로 대화를 했으며, 개인적인 어려움에도 불구하고 프로 정신을 잃지 말고 그 프로그램을 진행하기로 합의했다. 병원 실무진도 내 강연을 몇 달째 기다려 오고 있었다.

그의 병원은 수백 마일 떨어진 거리에 있었다. 장거리를 운전해 가는 길에 내가 얼마나 상처받고, 슬프고 화가 났는지 깨달았다. 호텔에 체크인하고 밤새 잠을 설치다 속이 뒤틀린 상태로 깨어났다. 좀 더 정확히 말하면, 나는 정서적 얼간이였던 것이다. 감정적으로 제정신이 아닌 상태에서 치유 방법을 강의하는 것은 불가능하지 않은가. 어떻게 해야 할까?

삶이 비교적 고요하다면 평온한 상태에 쉽게 도달할 수 있지만, 내가 산산조각이 나는 것 같을 때에는 그렇지 않다. 그 강연은 마침 저녁이어서 나는 시간이 있었다. 그 시간 동안 나는 나 자신을 안정시키기 위해 애썼다. 해변가를 한참 걷고, 기공 수련을 하며, 기도도 하고 명상도 했다. 몇 시간 후, 그 어떤 것도 도움이 되지 않는다고 인정할 수밖에 없었다. 그러다가 내가 직접 해 본 적은 거의 없지만, 전에 환자 그룹들에게 가르쳤던 무언가가 떠올랐다. 그때는 밑져야 본전이라는 생각이 들었다.

이 수련을 한 시간 정도 하고 나니 점점 평온해지고 중심을 잡아 감을 느꼈다. 그것은 사실 너무나 효과적이어서 나는 오히려 종양내과 실무진과 환자들에게 변화를 가져올 수 있는 실질적인 기술들에 대한 강연을 할 수 있음에 다시 흥분되었다. 강연 시간이 됐을 때, 헤어진 남자 친구의 예상치 못한 참석으로 깜짝 놀랐음에도 내가 얻은 평온함은 계속 지속되었다.

이 경험을 통해 알게 된 것은 정서적 평정을 유지할 가망이 없거나 불가능하다고 느껴지는 때에도 우리 세포는 평온한 상태로 돌아올 수 있다는 사실이다. 어떻게 세포들이 우리 기억을 근육과 마음속에 설정하는지가 이 장에서 다룰 주제다.

이러한 일련의 수련 방법을 9·11 테러 생존자들을 포함한 수천 명의 사람에게 가르치고 있는 지금, 나는 이 방법의 가능성과 치유 잠재력을 알고 있다. 이 장을 다루기 전에, 당신이 직접 경험하도록 그 기회를 제공하고자 한다. 우리 중에는 경험을 통해 가장 잘 배우고, 오직 그 뒤에야 지적 담론에 흥미를 가지는 사람들이 있다. 당신이 이 수련을 탐구한 뒤, 나는 수련의 지시 사항을 세부적으로 쪼개서 그것이 당신의 신성한 세포 차원에 어떤 영향을 미쳤는지 토론해 볼 것이다.

◆◆

탐구

감사하는 마음과 세포 재입력[1]

방해받지 않을 안전한 장소에서 15~20분 정도 할애합니다. 이번 탐구 후에 당신의 경험을 기록할 수 있도록 일지나 노트를 가까이 두세요. 여기의 지시 사항을 다 읽은 다음에는 긴장을 풀고 두 눈을 감은 채로 수련에 들어가도록 하세요. 또한 이것을 큰 소리로 읽으며 녹음을 해 두셔도 좋습니다. 아니면 나의 웹 사이트 (sondrabarrett.com/communication-2)에 가서 감사 훈련(Gratitude exercise)에 대해 듣고 다운로드 받으셔도 됩니다.

앉거나 누울 수 있는 편안한 장소를 찾아보세요. 두 눈을 감습니다. 당신의 몸에 닿아 있는 의자나 바닥을 느껴 보세요. 당신이 앉아 있거나 누워 있는 그 자리에 자기 자신을 맡겨 보세요. 콧구멍으로 들고 나는 자신의 호흡에 집중합니다. 당신은 아마 들고 나는 숨결에 따라 온도 차이를 느낄 수 있을 것입니다. 당신의 가슴과 배의 오르내림에 호흡을 내맡기고, 숨을 쉴 때마다 얼마나 깊게 쉬는지 살펴보세요. 그 리듬에 집중해 보세요. 몇 분 동안 호흡의 그 리듬을 유지해 보세요.

이 탐구에서 당신은 몸의 특정한 곳에서 호흡이 일어난다고 상상 또는 감지하거나 받아들일 수 있을 것입니다. 다음 단계로 넘어갈 때까지 몸의 그 자리에 의식을 집중합니다.

먼저 당신의 의식을 이마의 한 지점에 두고, 마치 그곳이 숨을 쉬고 있는 것처럼 상상하거나 감지하거나, 또는 느껴 보세요.

그다음 자신의 주의를 코와 입술 사이의 한 지점에 두고, 그곳이 호흡하고 있다고 상상하거나 느껴 보세요. 이제는 당신의 턱의 한 지점이 호흡합니다. 이제는 목이나 목구멍 부위가 호흡합니다. 다음으로, 차례차례 아래의 몸의 각 부분에 주의를 집중하고 그곳이 호흡하고 있다는 느낌이 들 때까지 거기에 머물러 보세요.

양 어깨의 한 지점

양 팔꿈치의 안쪽

양 손바닥

양 발목 바깥쪽

양 발바닥

양 발목 안쪽

양 종아리

양 무릎 뒤쪽

양 넓적다리 안쪽

복부 – 당신의 복부가 호흡하는 것을 느껴 보세요.

다음으로, 당신이 호흡함으로써 흉곽이 움직인다는 것을 느껴 보세요. 이것이 당신의 심장을 부드럽게 안고 있다는 것을 느껴 보세요.

이제 당신의 심장에 주의를 집중하고, 심장이 호흡하는 것을 감지하거나 느껴 보세요. 심장박동도 느껴 보세요. 어쩌면 심장이 뛰는 소리를 들을 수도 있을 겁니다. 일단 당신의 심장을 느낄 수 있는 감각이 생겼다면, 당신이 감사함을 느꼈던 사람이나 시간 아니면 장소를 가슴으로 떠올려 봅니다. 또는 누군가 다른 사람이 당신에게 고맙다고 했던 때를 떠올려도 좋습니다. 처음에 오는 이미지나 경험이 무엇이든 판단하지 말고 받아들이세요. 이 감사함의 이미지를 가능한 한 생생한 현실로 느껴 봅니다. 당신은 어디에 있고, 누가 당신과 함께 있는지 살펴봅니다. 어떤 냄새나 소리 그리고 느낌이 있나요? 이를 온전한 감각 경험으로 하여 현실로 느껴 보세요.

당신의 심장은 감사함을 기억합니다.

이제, 당신의 심장 세포들이 다른 모든 세포에게 이 감사함의 기억을 보냅니다. 할 수 있다면 당신의 심장이 뛸 때마다 이것을 상상해 봅니다. 심장이 고동칠 때마다 위로는 이 메시지가 당신의 어깨에서 목을 통하여 뇌까지 전달됩니다. 심장이 고동칠 때마다 아래로는 이 감사의 경험이 팔과 다리로 내려가고, 허리와 배로 전달되며, 발바닥까지 내려갑니다. 이 경험이 당신의 온몸과 온 마음과 온 세포에 이르기까지 공명하도록 합니다. 자신이 하고 싶은 만큼 이 상태에 머무릅니다.

다른 사람에게 이 감사함을 보낼 수도 있을까요? 만약 당신이 할 수 있다고 느끼면, 이것 또한 상상할 수 있을 것입니다. 나아가 당신과 함께 지구에 있는 모든 사람에게 감사의 경험을 전할 수도 있습니다.

　당신이 이 상태를 떠날 준비가 됐을 때, 양손의 엄지와 검지를 부드럽게 맞닿게 하여 원을 만듦으로써 이 경험의 닻을 내립니다. 특유의 향기나 소리 같은 다른 감각의 닻을 추가해도 좋습니다. 오감 중 어떤 것이든 당신의 세포들 속에 그 기억을 엮어 내는 데 도움이 될 것입니다.

　이제 당신의 주의를 호흡과 방으로 되돌립니다. 의자와 바닥을 느껴 보세요. 당신은 어떻게 느끼나요? 손가락들을 다시 이완시키고 자유롭게 합니다. 기억의 닻으로 이용한 다른 감각 방아쇠도 놓아 버립니다. 이제 눈을 뜨세요. 얼마나 정신이 초롱초롱하고 상쾌하게 느껴지는지 스스로 확인해 봅니다. 이 경험은 언제든 당신이 필요할 때 다시 할 수 있습니다.

　이 경험을 표현하고 강화하기 위해 몇 분간 시간을 내어 글로 적거나 그림을 그리거나, 혹은 몸동작을 해 보세요. 이렇게 하면 그 경험이 당신의 세포 기억에 더욱 닻을 내리게 할 수 있습니다.

◆◆

　이 수련은 태도와 생리적 측면을 모두 변화시킬 수 있는 훌륭한 방법이다. 당신의 감각의 닻으로 이 체험을 반복할 때마다 당신의 세포들은 학습을 한다. 그러면 오래지 않아 당신의 언짢은 얼굴이나 처진 기분을 뒤바꾸는 일이 쉬워질 것이다. 몇 번의 수련 세션 뒤에는, 당신의 감각의 닻 그 자체만으로도 당신은 안전하고 고요한 이 자리로 들어갈 수 있을 것이다.

숨 쉬는 몸

이제 이 수련의 단계들과 그 근거가 되는 과학에 대해 알아보자. 첫 번째 부분에서, 몸 호흡은 요가, 최면 그리고 점진적 이완법에서 가져온 것이다. 이 부분의 목적은 당신을 이완된 상태로 들어가게 해서 당신의 상상력이 더 활성화되도록 하는 것이다. 우리 몸의 한 지점이 숨 쉬고 있다고 상상하거나 감지하고, 또는 느끼거나 그런 체하는 것은 우리의 분별심이 비켜나게 한다. 이처럼 몸의 특정 부분이 호흡한다는 것은 당신에게 잘 받아들여지지 않을 수도 있지만, 그래도 문제없다. 그냥 그런 체하면 된다. 여전히 당신은 마음의 눈으로 거기서 호흡이 일어나고 있음을 상상할 수 있을 것이다. 이렇게 하는 것은 당신이 깊은 이완 상태로 들어가서 실질적이고 체화된 경험을 하도록 이끄는 길을 제공하기 위한 것이다. 이 과정만으로도 긴장이 풀리고 편안해진 자신을 발견할 수 있을 것이다. 나는 나 자신을 포함한 많은 사람에게서 이 일이 일어나는 것을 보았다.

핵심인 심장

당신의 심장에 닿을 때쯤, 당신은 운동감각적 체험으로 느끼는 몸이 되어 있어야 한다. 실제로 당신의 심장을 느낄 수 있을 것이다. 다시 말하지만, 이것은 당신이 이완되고 자기 몸 안에 있을 수 있게 도와주기 위한 것이다. 그런데 '감사함을 가슴으로 떠올려 보라'는 것이 정서적으로 부담이 될 수도 있다. 당신은 누군가 당신에게 고마워하는 느낌을 받은 적이 없을지 모른다. 하지만 당신은 다른 사람들이나 아름다운 일몰, 또는 훌륭한 한 끼 식사를 감사해 한 적이 분명 있다. 이미 사별한 사랑하는 사람을 떠올리며 감사할 수도 있다. 그리고 소중한 순간의 기억을 떠올리며 완벽한 기쁨을 느낄 수도 있다. 당신에게 무슨 이미지로 다가오든 그것이 지금 이 순간 당신이 가장 감사하게 느끼는 것이며, 이에 당신은 놀랄 수도 있다. 단순히 기억하는 것이 아니라 '당신의 가슴으로' 떠올려 보라고 하는 것임을 주목하라. 앞으로는 심장의 마음에 대해 구체적으로 배울 것이다.

> 상상력은 지식보다 더 중요하다. 그것은 앞으로 다가올 미래를 미리 보는 것이다.
> – 알베르트 아인슈타인(Albert Einstein) –

상상된 현실

상상은 실제가 아닌 것 같고, 무언가 꾸며낸 것을 뜻한다. 하지만 이를 반증하는 몇몇 증거를 보자. 사람이 특정 활동을 할 때 뇌의 어느 부위가 활성화되는지 살펴보기 위해서는 양전자 방출 단층 촬영술(Positron-emission tomography: PET 스캔)이 사용된다.[2] PET 검사 전, 환자들에게 뇌의 연료가 되는 방사성 포도당 약제를 투여한다. 즉, 뇌의 특정한 부분이 활성화되고 이에 따라 뇌세포가 신호를 보낼 때, 그것은 방사성 포도당을 소모하고, 그 부위의 뇌 영상에 빛이 밝혀진다. 한 연구에서 사람들에게 사진을 보게 했을 때, 시각을 담당하는 뇌 부위에 빛이 났다. 그다음 그들에게 눈을 감고 그 사진을 상상해 보거나 기억해 보라고 했을 때에도 같은 뇌 부위에서 빛이 났다. 당신이 실제로 그 활동을 하든 상상을 하든, 뇌는 비슷하게 반응한다. 수많은 연구에서 비슷한 결과가 보고됐다.

뇌 구조에 대해 간략히 알아보자. 귀 바로 위와 주변의 측두엽은 소리와 기억을 처리한다. 한쪽 귀부터 반대편 귀까지 머리를 가로지르는 뇌의 영역은 운동기억과 감각 인상을 갖고 있다. 머리 뒤쪽에 위치한 후두엽은 시각 정보를 처리한다. 하나하나의 감각 정보의 가닥은 서로 엮어지고, 수많은 감각 가닥은 그대로 경험을 이루며, 그로 인하여 홀로그램으로 기억이나 각인이 생성되는 것이다. 이러한 감각기억의 별자리를 더 많이 방문할수록 그것은 치유를 위한 더 강력한 도구가 된다. 이는 우리의 경험이 현실이든 상상이든 사실이다.

가이드가 안내하는 이미지 요법을 따라 해 보았다면, 거기서는 가능한 한 많은 감각을 끌어들이도록 하는 것을 기억할 것이다. 당신이 방금 해 본 수련도 감사한 마음을 느낀 경험을 가능한 많은 감각으로 일깨우게 한 것이다. 이는 방금 설명한 수많은 감각기억을 이용하기 위함이다. 더 자주 다닌 길일수록 더 쉽게 길을 찾을 수 있다.

기억과 신성함을 일깨우는 감각

가장 원초적인 감각인 후각 또한 사람의 기억을 불러일으키는 주요 감각이다. 로스트 치킨, 피자, 향수 또는 향료의 냄새를 맡으며 과거나 성스러운 순간을 기억한다. 신생아들은 태어난 지 첫 24시간 안에 엄마의 냄새를 인지할 수 있다는 사실을 기억하라. 마찬가지로 소리 또한 기억된 경험 또는 신성한 흥얼거림이나 찬송가와 더불어 세포들이 진동하도록 할 수 있다. 그리고 우리는 신체 감각에 의지하여 몸과 마음에 새로운 행동을 가르칠 수 있다. 이 감각들은 안과 밖을 연결하여 우리가 세상을 받아들이고 그 축복을 받을 수 있도록 해 준다.

닻 내리기와 감각

이미지 요법을 마무리하는 데 없어서는 안 되는 것이 있다. 그것은 당신의 손가락을 맞대거나 소리 또는 향기를 사용하여 그 기억의 닻을 내리는 것이다. 이는 세포의 기억 훈련에 다양한 감각을 활용하도록 하는 또 다른 초대다. 내가 재조건화(reconditioning)라고도 부르는 세포들의 훈련은 우리가 항상 이용할 수 있는 강력한 치유 전략이다.

경험 후에 글을 쓰거나 그림을 그리거나 몸을 움직이는 것은 더 많은 세포가 연결되고 그 경험을 기억하는 데 도움이 된다. 어떤 이완 또는 치유 수련이든 감각적 닻을 더 많이 활용하는 것은 세포들이 협력하고 서로의 연결점을 형성할 수 있도록 촉진시킨다.

명상을 가르치는 한 초기 서양 의학 연구에서는, 사람들이 이완된 상태에 도달할 때 그 상태에 대한 감각적 닻으로 라벤더 향을 맡게 했다. 그러자 시간이 지날수록 라벤더 향만으로 이완된 상태를 이끌어 낼 수 있었다. 전국 이곳저곳을 다니며 많은 강의를 할 때, 하루 종일 수업을 하고 또 다른 도시로 운전하는 것은 많은 스트레스가 되었다. 나는 항상 라벤더를 가지고 다녔다. 그 향기는 한숨 돌리게 해 주고, 호흡하도록 일깨워 주며, 어깨의 긴장을 풀 수 있도록 도와준다.

감사한 마음을 기억하기 위한 방법 중 하나는 매번 심장이 뛸 때마다 당신 몸의 모든 세포가 그 상태에서 함께 공명하는 것을 상상하는 것이다. 당신의 세포 끈들이 소리, 에너지 또는 생각과 함께 어떻게 진동하는지 기억하는가? 하나의 세포는 동일한 공명 상태에서 주변 세포들의 홍얼거림을 이끌 수 있다.

◆◆◆

정 의

공명(resonance)에는 여러 정의가 있다. 공명은 크고, 맑고, 깊게 유지되는 소리의 속성을 말하며, 그것은 공진하는 진동에 의해 만들어지는 강렬하게 지속되는 소리다.

또 다른 정의로, 공명은 다른 물체에서 만들어진 소리나 진동에 의해 한 물체에서 만들어진 소리 또는 진동을 말한다. 공명은 소리로서 주파수와 음색을 포함한다. 주파수는 파동이 치는 진동 속도를 뜻하며, 지속되는 주파수가 음색이다. 각각의 감각적 경험은 고유의 음색을 가지고 있다. 감촉, 향기 그리고 소리는 서로 다른 주파수로 정보를 소통한다.

『마야 팩터(*The Mayan Factor*)』의 저자 호세 아구에레스(Jose Arguelles)는 공명을 메아리치는 소리내기의 속성이라고 정의했다. 공명하는 것은 재진동하는 것이다. 이것은 소통, 즉 정보 교환을 의미한다. 공명은 정보다.

공명은 어떤 것을 개인적으로 의미 있고 중요하게 만드는 하나의 성질이다.

◆◆◆

세포 공명: 지식의 주파수 맞추기

아구에레스에 따르면, 과거로부터의 모든 감각적 정보를 끌어들일 때에만 우리는 현재 이 순간 실제로 그 경험과 공명할 수 있다. 모든 세포 끈은 우리 안에서 기억을 지니고 있다.

합기도 마스터 겸 사범인 『조용한 맥박(The Silent Pulse)』의 저자 조지 레오너드(George Leonard)는 나무로 된 아름다운 괘종시계를 만들던 16세기 시계 장인에 대한 이야기를 들려준다. 그 시계 장인은 가게에서 새 시계를 진열하다가, 모든 시계의 시계추가 제각기 다른 리듬으로 흔들리는 것을 목격했다. 그 뒤, 갑자기 모든 게 달라졌다. 모든 시계추가 함께 흔들리기 시작했다.

마치 마술처럼 모든 시계가 자기들끼리 서로 공명하며 같은 가락으로 박자를 맞추기 시작한 것이다. 내가 페트리 접시에서 심장 세포를 배양했을 때, 세포들이 자라 서로 가까워질 때까지 각 세포는 다른 리듬으로 뛰었다. 그 후 그 괘종시계처럼 모든 심장 세포가 하나와 같이 뛰기 시작했다. 이 현상은 동반 흐름(entrainment)이라고도 한다. 이제 우리의 약동하는 고마운 심장 세포들이 모두 일제히 같은 리듬에 맞춰 뛰도록 이끌 수 있다는 것을 생각해 보자. 우리는 우리의 중심 공명에 불을 붙였으며, 우주의 근본 에너지와 나란히 하고 있을 수도 있다.

세포들도 에너지 장의 변화에 주파수를 맞춘다. 생물학자이며 미래학자인 루퍼트 셸드레이크(Rupert Sheldrake)는 세포들이 주파수를 맞추게 되면 형태 공명장을 공유한다고 하였다. 이 세포들을 둘러싸고 있는 에너지 장이 같이 진동하도록 그들을 조율하는 것이다.

공명 또는 동반 흐름을 또 다르게 경험해 보고 싶다면, 음악을 느린 비트로 들은 다음 빠른 비트로 들어보라. 당신의 심장박동 수에 어떤 일이 일어나는지 주목해 보라. 또는 행복감을 느끼게 하는 음악을 들었을 때는 어떠한가? 나의 경우, 이 책을 집필하는 동안 제이슨 므라즈(Jason Mraz)의 곡 '나는 너의 것(I'm Yours)'이 항상 기쁨을 느끼게 했다. 우리가 음악 한 곡, 하나의 생각, 한 장소 또는 친구 한 사람과 공명할 때, 우리는 세포에 똑같은 '느낌'이 울려 퍼지게 하는 것이다.

왜 감사함인가

처음으로 사람들과 심상화를 할 때, 나는 조용하고 즐거운 시간을 떠올려 보라고 안내했다. 어떤 사람들은 평온하거나 행복했던 기억이 하나도 없다는 사실에 충격을 받았다. 감사함은 훨씬 더 보편적이고 성취 가능한 것으로 보인다. 우리는 사람, 장소, 영화, 애완동물 또는 누군가가 우리에게 해 준 무언가에 고마움을 느낄 수 있다. 우리는 다른 사람으로부터 인정받거나 감사의 뜻을 받았을 수 있다. 감사해야 할 일은 매우 많다. 우리는 감사하는 척하는 것 자체에도 감사를 느낄 수 있다. 감사를 다룬 잡지들은 오프라 윈프리(Oparh Winfrey)와 데이비드 슈타인들-라스트(David Steindl-Rast) 신부에 의해 유명해졌다. 현재 감사함에 대한 책과 그 이점에 대한 연구는 넘쳐나고 있다.

> 감사함은 태도다.
> - 캐롤라인 미스(Carolyn Myss) -

비교적 새로운 분야인 긍정심리학에서 늘어나고 있는 문헌들을 살펴보면, 감사 일기장을 쓰거나 하루 중 감사했던 일 세 가지를 기억해 보는 것이 신체적·정서적·사회적 건강에 이롭다고 한다. 심장박동 수와 혈압이 떨어지고 면역 건강도 강화되었다. 사람들은 더 친절해지고 너그러워지고, 이해심이 많아진다. 직장에서 고마움이나 감사함을 표현했을 때, 사람들은 더 협력적이고 생산적인 것으로 나타났다. 매일 몇 분 동안 감사한 시간을 갖는다고 문제가 되는 사람은 당연히 없을 것이다. 만일 우리가 이렇게 한다면 그 세포들도 감사해 할 것이다.

최근 나는 주말에 '세포와 신성함' 워크숍에서 강의를 했다. 나는 종종 내 세포들에게 나를 잘 보살펴 준 것에 감사하는 습관이 있지만, 일요일 아침 정원에서는 이 책에서 공유하는 지혜를 포함하여 나의 세포들이 내게 가져다준 모든 것에 진정 감사했다. 내면의 응답을 느꼈고, 그것은 낄낄 웃음과 '결국 알아냈군요. 정말 진심이군요.' 라고 말하는 감사의 메시지였다. 세포들이 나에게 말을 한 걸까? 아니면 그냥 기억된 감사함으로 공명하는 가운데 환희에 의해 발생한 에너지의 울려 퍼짐이었을까? 내가 아는 사실은 그 이후부터 내 세포들과의 관계와 소통이 깊어졌다는 것이다. 그 어느 때보다 우린 함께 잘 해 나가고 있다.

감사와 심장

미국 하트매스연구소(Institute of HeartMath)의 연구원들에 따르면, 우리가 느끼고 기억하는 것은 우리 심장 세포들이 어떻게 고동치고 전자기 에너지를 투영하는지에 영향을 미친다.[3] 우리가 긍정적 감정을 느낄 때의 심장박동 간격은 공포나 분노를 느꼈을 때와는 다르다. 이 심장박동 간격을 심박 변이도(heart rate variability: HRV)라고 한다.

하트매스연구소 연구원들은 심박 변이도 증가는 보다 긍정적인 정서적 · 정신적 그리고 사회적 상호작용과 연관이 있다고 보고했다. 우리가 불안, 분노, 공포 또는 '부정적' 생각을 하고 있는 상태라면, 심박 변이도는 감소한다. 감사했던 순간을 기억하거나 사랑받고 있다고 느끼며 '부정적' 생각 혹은 느낌을 멈추면, 심박 변이도는 증가한다. 우리는 우리 주변 사람들에게 영향을 미치는 전자기장의 파동 에너지를 방출한다. 심장 주변의 자기장은 심박 변이도 변화에 따라 달라진다. 우리는 심장과 마음이 평온할 때 서로 긍정적으로 공명한다. 실제로 직원들에게 어떻게 정신적·정서적 상태를 전환시키는지 교육하는 기업들에서 업무 협력, 관계 그리고 생산성이 향상되는 것으로 보고되고 있다. 하트매스연구소의 연구는 우리 심장 세포들이 함께 공명하는 강력한 에너지 발전소라는 것을 보여 주었다. 어떤 사람들은 이를 심장의 뇌 또는 마음이라고 본다.

심장의 마음

『심장의 암호(*The Heart's Code*)』의 저자인 심리학자 폴 피어설(Paul Pearsall)은 심장 세포에 마음이 있다는 근거 있는 믿음을 가진 과학자 중 한 사람이었다. 골수이식을 받은 후 병원에 입원해 있는 동안, 그는 특히 심장을 이식받은 다른 환자들로부터 흥미로운 이야기를 듣게 되었다.

놀라운 한 이야기에 따르면, 한 중년 여성은 20세 오토바이 운전자의 심장을 이식받은 후 매우 다르게 행동하기 시작했다. 클래식 음악을 사랑하던 그녀가 로큰롤 음악을 듣고 피망, 불량 식품, 맥주를 원했다. 모두 그 오토바이 운전자가 좋아하던 것들이었다.

또 다른 이야기는 더 경이롭다. 한 부부가 어두운 시골길을 운전하며 말다툼을 하는 중이었다. 트럭 한 대가 휙 방향을 틀어 그들의 차를 치고, 남편은 그 자리에서 바로 숨졌다. 몇 시간 후, 그의 심장은 젊은 히스패닉계 청년에게 이식되었다. 몇 달이 지났다. 피어설에게 상담을 받던 부인은 남편의 심장을 이식받은 사람을 만나고 싶다고 했고, 이 만남은 성사되었다. 그녀는 그 청년에게 자신의 손을 가슴에 얹어도 괜찮을지 물어보았다. 그녀의 마음을 이해한 그는 수락했다. 그의 가슴에 손을 얹은 채, 그녀는 "모든 게 코퍼세틱해요."라고 말했다. 그 청년의 어머니는 그녀를 이상하게 쳐다보며, '코퍼세틱(copacetic)'이 무슨 의미인지 물어보았다. 부인은 자기 부부가 말다툼을 한 후 모든 게 다시 좋아지면 자신과 남편이 말하던 단어라고 했다. 청년의 어머니는 미소를 지었다. "우리 아들이 수술 후 나오자마자 처음 한 말이 '모든 게 코퍼세틱하다'였어요."

불가사의한가? 영어를 잘하지 못했던 그 청년은 그 특이한 단어를 어떻게 알고 있었던 걸까? 진정 심장 세포들은 이러한 기억을 지닐 수 있을까?

피어설은 다른 문화권에서 마음에 대해 어떻게 이야기하는지 알려 준다. 마음은 뇌 안에 있는 것이 아니라 심장 안에 있다. 한자에서도 심장과 마음은 같은 심(心)이다. 심장으로 생각하라는 것은 우리의 북미 원주민들이 말해 주는 것이다. 만약 당신의 심장이 다른 사람에게 제공된다면, 그것은 어떤 기억들을 전할까? 당신은 그 심장으로 어떤 기억들을 전하고 싶은가?

대부분의 과학자에게 심장이나 하나의 세포가 마음 또는 기억을 가지고 있다고 하는 생각은 터무니없는 것 같다. 그들은 마음이 오직 뇌 신경세포들 안에 있다고 믿는다. 사실, 100년 넘게 과학자들은 뇌에서 기억이 자리 잡고 있는 데를 찾기 위해 연구해 왔다. 하지만 기억을 담당하는 특정한 자리를 상정하는 원래 이론과 달리, 어떤 과학자들은 기억과 마음은 우리 내부 어디에나 있다고 한다.

마음은 어디에 있나

학습 역량은 마음, 뇌 아니면 몸 전체에 있을까? 마음은 어디에 있을까? 마음과 달리, 물리적 뇌는 몸에 뚜렷한 위치가 있다. 뇌는 물리적으로 만지고, 해부하고, 탐색하고 측정할 수 있는 것이다. 두개골의 요새에 둘러싸인, 약 3파운드의 주름진 축축한 조직 덩어리인 뇌는 배울 수 있는 능력을 확실히 가지고 있다. 뇌는 많은 분자적 메시지를 전기화학적 신호와 의미 있는 형태의 정보로 변형시킬 수 있다. 1,000억 개 이상의 세포로 이루어진 광대한 네트워크는 데이터 수신과 명령 송신의 신경화학적 교통 정리를 돕는다. 호흡, 심장박동, 체온, 먹고 마시는 본능 등 우리 몸의 기본 운영 체제를 유지함으로써 이 네트워크는 생존을 위한 본능적 명령을 전송한다. 이는 본능적으로 작동되기는 하지만, 뇌에 쾌락을 주어 생존하도록 하는 패턴들로 뇌를 훈련시키고 프로그램화할 수 있다.

반대로, 우리가 알다시피 마음은 무형의 차원이다. 마음은 실체가 없어 만질 수 없고 볼 수 없다. 다만, 마음의 영향을 측정할 수 있을 뿐이다. 그럼에도 불구하고 마음과 뇌는 함께 상호작용하는 것이 틀림없다. 뇌는 마음이 바라는 것을 수행하고 함께 배운다. 하나의 신경세포는 스스로 혼자 배우지 않는다. 학습은 신경세포 공동체 안에서 일어나고, 기억은 세포 에너지 연결망이다. 이 장의 앞에서 언급했듯이, 우리의 감각 채널은 각각의 특정 경험의 네트워크를 형성한다. 스탠퍼드 대학교의 신경심리학자 칼 프리브램(Karl Pribram)에 따르면, 기억은 뇌와 몸 전체에 걸쳐 파동 형태로 저장된다. 우리는 다시 진동하는 파동

에너지가 정보를 나른다는 개념을 접한다.

하나가 전체를 기억한다

필름에 캡처된 홀로그래픽 이미지는 일반 이미지와 다르다. 홀로그래픽 필름의 한 조각에 레이저를 비추면 이미지의 일부가 아닌 전체를 투영할 수 있다. 프리브램 교수는 기억도 이와 같은 방식으로 작용하며, 각각의 기억은 우리 몸 전체에 걸쳐 파동 정보로 저장된 홀로그램이라고 보았다.[4] 한 조각의 홀로그램 인상을 활성화하는 것이 나머지 부분에 발동을 건다. 한 부분은 서로 연결된 나머지 모든 부분을 함께 끌어들여 기억하는 것이다.

내 아들이나 딸의 얼굴을 떠올릴 때, 그들의 실제 얼굴이나 사진이 나의 뇌 어딘가에 있는 것은 아니다. 그런데 내가 그들을 생각할 때 어떻게 또렷하게 볼 수 있는 것일까? 내 몸 어딘가에 각각의 얼굴에 대한 암호가 들어 있는 것이다. 우리의 마음-뇌는 컴퓨터에 정보가 들어 있는 것과 같은 패턴화된 코드의 정보를 담고 있다. 만약 전기화학적 암호 체계로 압축하지 않는다면, 우리는 일생의 기억, 수백만의 세포 기능, 그리고 수천 개의 생각을 어떻게 보유하고 있을까? 비록 프리브램 교수의 기억과 마음에 대한 개념이 보편적으로 수용되지는 않지만, 그는 세포들이 우리가 생각하는 것보다 더 많은 것을 알고 있고, 그들의 지능을 진동파로 보유한다는 또 다른 주장을 제시한다.

구성 개념의 심층 탐구

존 에클스(John Eccles) 경은 시냅스 전위라는 뇌세포들 사이의 전기적 신호 교환은 개별적으로 일어나지 않는다고 했다. 각각의 신경세포에는 많은 가지가 있다. 하나의 전기적 메시지가 신경 가지들로 내려가면 물결 또는 파면(wave front)이 형성된다. 다른 파면들이 다른 방향에서 동일한 지점으로 와서 만날 때, 그들은 간섭 패턴을 만들어 낸다. 이는 마치 연못에 조약돌 2개를 던질 때 그 주위로 생긴 물결들이 만나는 것과 같다.

홀로그램 이론에 따르면, 우리의 기억은 진동 패턴들로부터 구성되어 있으며, 알맞은 일련의 파동 형태가 전달될 때 활성화된다. 잔디를 깎을 때 부르는 노래나 맡게 되는 향기는 우리에게 수많은 기억을 가득 불러일으키는데, 이것은 그 파동 패턴이 일련의 저장된 홀로그램을 활성화하기 때문이다. 우리가 기억에 대한 상황적 단서(situational cues)라고 부르는 것은 바로 적절한 홀로그램을 활성화할 수 있는 일련의 파동 형태다.

이식된 심장의 불가사의한 영향에 대한 정답이 아마 여기에 있을지도 모른다. 심장에는 기증자가 선호하던 취향과 감성을 새 소유자에게 알려 주는 파동 형태의 홀로그램이 들어 있는 것이다.

비록 이 홀로그램 이론을 증명하는 객관적인 증거는 없지만, 흥미를 돋우는 개념이 있다. 세포 기억과 지능은 아직 수수께끼로 남아있다. 마음이 무엇이든, 어디에 존재하든, 그것은 수수께끼다. 하지만 이 홀로그램 이론을 알게 된 뒤, 나는 내가 어떤 기억을 놓아 버리려고 할 때 파동들이 나를 떠나는 것을 상상할 수 있게 되었다.

두뇌는 현실을 경험하기 위하여 신경 홀로그램을 사용한다.
홀로그램을 만드는 데 들어가는 것은 우리의 명상 이미지,
우리의 희망과 두려움, 의사의 태도, 무의식적 편견, 개인적 문화적 신념,
그리고 영적·기술적인 것들에 대한 믿음 등이다.
이들은 우리가 이러한 재능을 알아차리고 그 발현을 성취해야 하는
이유를 가리키는 중요한 단서들이다.
– 마이클 탈보트(Michael Talbot), 『홀로그램 우주(*The Holographic Universe*)』 –

한 가지 조건: 감각 학습

한 달 전 항암 치료를 받은 암 환자는 건너편 길에 서서 그 병원 문을 보는 것만으로도 그 전에 치료를 받을 때 느낀 불편함을 똑같이 느낀다. 병원 내부의 냄새는 위의 메스꺼운 증상을 더욱 기억나게 한다. 병원 건물을 보고 속이 뒤틀리는 경험과 연관된 냄새를 맡으며, 그는 무의식적으로 조건 학습되고 있는 것이다. 그의 수많은 기억과 구역질이 되살아나게 된다.

세포의 몸-마음은 학습할 때 감각적 조건들을 연상한다. 심리학자 어니스트 로시(Ernest Rossi)는 이를 상태 의존적 학습이라고 부르고,[5] 프리브램 교수는 홀로그램이라고 부른다. 냄새, 소리, 느낌, 감각 등 당신 마음속에 있는 다차원의 그림으로부터, 당신은 이전 경험과 연관된 홀로그램의 감각 상태를 만든다. 어떤 감각이든 경험 전체를 불러오는 방아쇠가 될 수 있다. 우리는 조건들을 '조건적으로' 학습한다.

파블로프라는 이름을 들어본 적 있는가

감각 자극은 오랜 기억이나 편견을 불러올 수 있는 반면, 우리가 감사함을 느끼는 것과 같은 새로운 행동을 학습하도록 도울 수 있다. 이반 파블로프(Ivan Pavlov)를 기억하는가? 100년 훨씬 이전에 행한 실험으로 노벨상을 수상한 러시아의 과학자 파블로프는 행동의 조건화를 처음 발견했다.[6] 개들은 고기 조각을 보면 자동적으로 침을 흘린다. 벨소리는 같은 효과가 없다. 따라서 벨소리만으로는 자율적인 생리적 반응을 유발할 수 없을 것이다. 하지만 파블로프는 벨이 울릴 때마다 개가 침을 흘리도록 훈련시켰다. 어떻게 했을까? 그는 매번 개에게 고기를 보여 줄 때마다 벨을 울렸다. 오랜 시간에 걸쳐서 조금씩 고기가 없는 상태에서 벨소리만 울려도 개는 침을 흘리게 되었다. 이와 같이 파블로프는 새로운 지식과 행동을 습득하도록 뇌를 변화시킬 수 있다는 것을 발견했다. 개에게 벨소리는 음식이 나온다는 사실을 미리 알려 주는 것이다. 개의 세포들은 벨소리라는 의외의 방아쇠에 반응하는 것을 학습하고, 그 생리적 네크워크는 그것에 연결되어 길들여지게 되는 것이다.

파블로프의 발견은 우리와 어떤 관련이 있는 것일까? 그것은 우리의 수많은 무의식적 행동과 태도가 어떻게 프로그램되었고, 그것들을 어떻게 되돌릴 수 있으며, 어떻게 새로운 생리적 패턴을 학습할 수 있는지 이해하는 데 도움이 된다. 미국 로체스터 대학의 세계적으로 저명한 심리학자인 로버트 에이더(Robert Ader) 박사는 우리의 면역 체계 역시 감각 자극을 통해 조건화될 수 있다고 밝혔다.[7] 그 당시 그는 감각이나 면역 기능에는 관심이 없었으며, 불쾌한 경험에 대한 지속적인 반응을 야기하는 기억을 형성하는 것이 무엇인지 알고 싶었다. 왜 항암 치료를 한 번 받은 암 환자는 다음번에 진료실을 보거나 간호사의 목소리를 듣거나, 대기실 냄새를 맡을 때 급격한 반응을 보이는 것일까?

에이더 박사의 연구 목적은 불쾌한 경험이 어떻게 동일한 경험을 다시 유발하도록 프로그램하거나 조건화하는지 밝혀내는 것이었다. 이를 알아내기 위해, 그는 먼저 동물 실험을 진행했다. 그는 쥐에게 위장에 구역질을 일으키는 화학 약물을 주입함과 동시에, 특이한 단맛이 나는 사카린 물을 공급했다. 쥐에게는 구토라는 한 번의 불쾌한 경험과 쌍을 이룬 새로운 맛이 있는 상황이 앞에 있는 것이다. 오랜 시간에 걸쳐서 그는 쥐들이 물을 거부하는지 아니면 계속 마시는지 추적해 보았다. 놀랍게도 가장 많은 사카린 물을 마신 쥐들이 염증으로 죽기 시작했다. 에이더 박사가 구토 증상을 유발하도록 사용한 항암제 사이톡산(cytoxan)이 미처 모르는 사이에 쥐의 면역 기능도 억제했던 것이다. 쥐들에게는 단 한 번의 항암 치료제가 투여되었을 뿐이었다. 하지만 쥐들이 사카린 물을 마실 때마다 그들의 몸은 사이톡산의 면역 기능 억제 효과를 '기억'했던 것이다. 이것은 미각이 장기적 영향을 유발하는 예다. 감촉 또는 냄새 같은 다른 감각 자극은 몸의 조건반응을 일으키기 위해서 수많은 반복을 필요로 하지만, 미각은 가장 빠른 조건화를 촉진하는 것으로 나타났다. 에이더 박사가 뜻밖에 얻은 결과는, 면역반응도 감각을 통해 조건화되거나 '훈련' 될 수 있다는 것이다.

에이더 박사 자신의 연구와 그 후 진행된 면역학자 니콜라스 코헨(Nicholas Cohen)과의 공동 연구가 있기까지, 면역 체계는 외부 물질, 즉 '비자기'의 항원을 끌어당기고 반응하는 것을 통해서만 배운다는 것이 정설이었다.[8] 두 사람은 면역반응이 일반적인 감각조건화에 영향을 받을 수 있다는 사실을 밝힘으로써 그 오랫동안 유지된 과학적 도 그마를 깨뜨린 것이다. 이러한 연구 결과로 면역 기능에 대하여 믿음, 기대 그리고 마음이 하는 역할이 열리게 되었다. 그 후에 다른 연구자 들이 면역 자극과 오감 중 하나를 짝지음으로써 면역 기억은 향상되거 나 약화될 수 있다는 것을 보여 주었다. 그러므로 세포들은 우리의 감 각에 의해 훈련될 수 있는 것이다.

◆◆

탐구

감각조건화

감각조건화는 건강 치료의 '비법(medicine bag)' 안에 넣을 수 있는 효율적인 전략입니다.[9] 다음번에 당신은 명상하거나 이 장에 있는 감사 수련을 하거나, 단순히 편히 쉬게 될 때 당신이 좋아하는 향 혹은 완전히 새로운 향이 내뿜는 향기를 한두 번 즐기세요. 당신이 그런 방법으로 다시 느끼고 싶을 때는 향기를 맡아 보세요. 효과를 발휘하기 위해서는 '세포 수업'이 4~5회 정도 소요될지 모릅니다. 하지만 곧 향기 하나만으로도 그 전에 느낀 것과 똑같은 긴장 완화와 평화로운 감정을 느낄 수 있을 것입니다. 이것은 당신의 기분과 마음을 변화시키고 싶은 때를 위한 훌륭한 방책이 될 것입니다. 이와 같은 짝짓기 실험을 시작할 때, 30초 내에 감각 입력(향기)과 생리적 제동 장치(긴장 완화)가 서로 짝을 짓도록 하세요.

◆◆

심상화: 몸에 '재입력' 하기

아이들과 함께 일하며, 나는 심상화가 작용한다고 믿고 여러 해 동안 이를 가르쳤다. 하지만 개인적으로 사용한 적은 없었다. 내가 최고 잘하는 심상화와 걱정을 연관시키는 것을 제외하면 말이다. 약 20년 전쯤, 정신신경면역학 첫 수업을 위한 강의 준비를 할 때 내 왼쪽 팔에 발진이 생겼다. 그것은 몇 달 동안 지속됐다. 비누, 보디 로션, 세제를 바꿔도 아무것도 달라지지 않았다. 코르티손 크림(cortisone cream)을 포함한 그 어떤 치료법도 발진을 약화시키지 못했다. 그러던 어느 날, '만일 심상화가 통한다고 믿는다면, 내 자신에게 테스트해 보면 어떨 까?' 란 생각이 들었다. 나는 눈을 감고 몇 분간 깊은 호흡을 하며 긴장을 풀었다. 그런데 어린아이나 상상할 법한 특이한 이미지인 한 요정이 불현듯 떠올랐다. 이 작은 생명체는 자기 자신을 모티머(Mortimer)라고 부르고, 내 피부 표면 아래부터 발진을 깨끗이 없애는 데 사용할 금으로 된 피하 주사기를 지니고 있었다. 그가 작업을 끝냈을 때, 나는 그에게 감사해 했다. 그리고 다른 시간에 또 그를 불러도 되냐고 물어보았다. 눈을 떴다. 발진은 그대로 있었다. 하지만 다음날 그것이 사라졌다.

기적일까? 우연일까? 발진을 제거한 건 내 소망, 믿음, 의도였을까? 나는 결코 알 수 없지만, 내 팔은 몇 주 동안 깨끗한 상태를 유지했다. 예전에 한 의사 동료가 여러 해 동안 수집한 심상화와 심신 건강에 대한 자료를 공유하자고 제안하기 전까지 말이다. 그 자료 파일에는 '돌팔이 의사의 수법' 이라는 이름이 붙어 있었다. 다음날 내 발진이 재발했다.

이 이야기에서 치유는 우리 자신의 믿음에도 영향을 받을 뿐만 아니라 다른 사람들의 믿음에도 영향을 받는다는 것을 보여 준다. 심상화를 이용해 발진을 치유한 것에 대해 내 마음에는 믿음과 의심이 공존했다. 그리고 갑자기 나의 의심이 한 '전문가' 때문에 더 커졌을 때, 마법 같은 치유 과정은 거꾸로 됐다. 6개월밖에 살 수 없다는 판정을 받은 환자들 중 일부는 6개월 안에 사망하지만 다른 일부는 훨씬 오래 생존하는 것은 어떤가? 다른 사람들이 그 믿음을 강화시키거나 부정하는 것 때문이라고 설명할 수 있을까?

우리는 흔히 상상하는 것은 '사실'이 아니라고 생각한다. 그렇다면 플래시보 효과(placebo effect)를 어떻게 설명할 수 있을까? 무해한 설탕 알약이 통증을 완화하고, 질병의 진행 흐름을 변경하거나, 또는 심지어 항암제의 구토 증상을 자극할 수 있다. 우리의 마음과 세포들은 이러한 반응에 협력한다.

이 홀로그램 매트릭스는 각 세포에게 세포 마음을 부여한다.
각각의 세포에는 전체의 영상이 들어 있다.
이러한 발견은 신비한 다계층의 우리 몸이
형성되는 방식에 엄청난 단서를 제공했다.
– 존 데이비슨(John Davidson), 『생명의 그물(*The Web of Life*)』 –

세포들의 마음

마음은 세포 하나하나에 존재한다고 한다. 만일 한 개의 세포 마음을 바꾸면 나머지 세포도 함께 움직여 공명할 것이다. 뇌의 어느 한 부위에서 시작되는 하나의 씨앗 이미지를 그려 보자. 이 이미지는 몸의 다양한 부분에 연결되어 있는 수많은 감각신경세포에게 자극을 보낸다. 하나를 자극하면 모두가 반응할 것이다. 그러니 그 잠재력은 진정 천문학적이다. 당신은 최소 100억 개의 신경세포를 가지고 있다. 각각의 세포는 5,000개 이상의 연결을 만들 수 있는 능력을 갖추고 있다. 심상화, 생각 그리고 느낌을 통해 더 많은 고리와 연결을 만들수록 변화로 이끄는 더 많은 문을 열 수 있다. 마음의 눈과 세포 속에 있는 이미지에 더 많은 감각과 감정을 수반할수록, 더 많은 전기적·에너지적·화학적 반응과 정보 흐름이 온몸에 일어난다. 또한 기억도 더 강력해진다.

당신이 스포츠 활동을 한다고 한다면, 당신은 몸에게 신경근 패턴을 '재입력' 하는 것이다.[10] 구 소비에트 연방의 올림픽 선수들은 체조 종목에서 심상화를 활용하여 만점을 기록했다. 고령의 요가 수련자의 놀라운 이야기는 여기서 다시 언급될 만하다.

십 년 가까이 요가를 했던 조지는 미끄러져 넘어졌다. 이후 다리에 석고 붕대를 감고 있어서 연습을 계속할 수 없었다. 하지만 매일 같은 시간에 평소 해 왔던 자세들을 상상으로 대신했다. 일반적으로 팔다리에 석고붕대를 일정 기간 하고 있으면 근육이 줄고 근력이 저하된다. 하지만 조지의 경우는 석고 붕대를 풀었을 때 그의 다리가 꽤 건강했다. 그의 세포 상상 훈련이 근력을 정상 상태로 유지하도록 도와준 것일까?

나의 기공 스승인 다진 선(DaJin Sun)은 자신이 경험한 놀라운 회복에 대해 말한다. 10대 소년 시절 중국에 살 때, 그는 큰 쌀자루들을 나르다가 척추가 부러지는 사고를 당했다. 이것은 몸을 옴짝달싹도 하지 못하게 하는 부상이었다. 하지만 병상에 누워 있으면서 그는 어머니가 가르쳐 준 기공 수련을 떠올리기 시작했다. 그 전에 실제로 기공 수련을 해 본 적은 없지만 상상 속에서 실행해 보기 시작했다. 내가 그를 만났을 때는 그 후 20년이 지났을 때였으며, 그는 이전 부상의 흔적을 찾아볼 수 없는 강건하고 활동적인 사람이었다.

상상에서 현실로

한 10대 소년이 침대에 누워 옆방에서 의사가 그의 부모에게 소곤거리는 말을 우연히 듣게 됐다. "아이는 아침까지 살아 있지 못할 겁니다." 그는 죽고 싶지 않아 애원했다. "제발 일몰을 한 번만 더 보게 해 주세요." 이를 들은 어머니는 발끝으로 살금살금 그의 방으로 걸어왔다.

"엄마, 제 옷장을 좀 옮겨 주시겠어요?"라고 그가 물었다.

몹시 아픈 아들이 이상한 요구를 했지만 어머니는 그의 뜻에 따랐다. 그는 어머니에게 옷장을 옮겨 그 위에 있는 거울이 지는 해를 비추도록 했다. 그다음 한 시간, 그 지는 해가 열일곱 살 밀턴이 본 모든 것이었다.

다음날 아침, 밀턴은 의식이 없었다. 다음날도, 그 다음날도 깨어나지 못했다. 마침내 4일째 되던 날 그는 깨어났다. 그는 거의 전신 마비 상태였다. 그가 움직일 수 있는 모든 것은 눈과 겨우 말할 수 있는 입뿐이었다. 그것은 뇌성 소아마비였다. 그가 아는 한, 이것이 그가 여생을 보내야 할 길이었다.

그의 몸은 장애를 가지게 됐지만, 다행스럽게도 마음은 그렇지 않았다. 호기심 많고 총명한 그는 멘탈 게임을 했다. 헛간으로부터 들려오는 발소리는 누구의 것일까? 그 사람의 기분은 어떠할까? 주변의 모든 소리에 귀를 기울였고, 그가 들은 소리로 이야기를 만들었다. 어느 날 그의 부모는 그를 방 한가운데 두고 외출하며, 그가 떨어지지 않도록 흔들의자에 묶어 놓았다. 밀턴은 간절한 마음으로 창문을 바라보며 농장과 햇빛을 내다볼 수 있도록 창문 가까이 가고 싶은 마음을 내었다. 그러자 흔들의자가 살짝 흔들리기 시작했다. 무슨 일이 일어난 것일까? 그것은 바람 때문이었을까? 아니면 창문에 더 가까워지려는 그의 바람이 스스로 불가능하다고 여겼던 몸의 움직임을 자극한 것일까?

우리 대부분은 이러한 경험을 알아차리지 못하고 지나쳤을지도 모른다. 하지만 밀턴에게 그것은 그냥 넘겨 버릴 일이 아니었다. 오히려 그것은 깊은 자기발견의 시간을 갖도록 해 주었다. 움직이는 상상을 해서 현실에 일어나게 할 수 있을까? 그의 소망이 몸을 움직이도록 할 수 있을까? 몸은 한때 할 수 있었던 것을 기억하고 있을까? 자신이 가장 즐겨 했던 동작의 감각과 이미지에 대한 기억을 찾으며, 그는 원숭이처럼 나무에 오르는 상상을 했다. 그의 손과 손가락은 나무의 굵은 가지들을 어떻게 잡았을까? 날쌔게 나무 몸통에 올라가고 더 높은 가지에 닿는 데 그의 다리는 무엇을 했을까? 이러한 움직임들을 상상할 때 그는 자신의 손을 바라보았고, 하루는 그의 손가락들이 씰룩 움직이기 시작했다. 그는 정신 훈련을 지속했고, 이제 막 걷기를 배우기 시작한 아기 여동생을 관찰했다. 여동생이 어떻게 하는지 연구했다. 그는 관찰하고 또 기억했다.

실제든 상상이든 모든 경험은 감각의 파편으로 기억된다. 심상화 훈련에 집중하기로 굳게 결심한 젊은 청년은 점차 강해졌다. 그의 몸에 움직임이 돌아왔다. 1년도 되지 않아 그는 목발을 이용해 걸었다. 비록 열일곱 살 때 전신이 마비되었지만, 그다음 해에는 카누를 타고 드넓은 원시림 속으로 용감하게 홀로 여행을 떠났다.

이 생기 넘치는 청년이 회복하도록 도움을 준 것은 무엇이었을까? 단지 시간 문제였을까? 그의 강한 갈망과 완전한 감각기억 능력이 실제로 더 빨리 다시 움직일 수 있도록 해 준 것일까? 자신의 체험으로 깊은 차원의 변화를 겪은 밀턴은 신경정신과 전문의가 되기 위해 계속 나아갔다. 심상화를 의학에 처음 적용한 의사 중 한 사람인 밀턴 에릭슨(Milton Erickson)은 최면 요법의 아버지로 불린다. 그의 지각, 끈기 그리고 상상력은 자신의 인생을 바꿨을 뿐만 아니라 수백만 명의 다른 이에게 도움을 주었다.[11)]

건강 문헌에는 이 장에서 자세히 소개할 수 있는 마법 같은 치유에 대한 이야기들이 무수히 많이 있다. 하지만 이 이야기를 제공하는 까닭은, 이것이 우리 세포와 마음 사이의 심오한 연결에 대하여 영감을 불어넣는 훌륭한 사례이며, 우리 세포의 물리적 형태와 기능을 변화시키는 상상력과 의지의 힘을 보여 주는 증거이기 때문이다.

운동선수에 대한 많은 연구에 따르면, 심상화를 결합하여 신체 훈련을 한 선수들은 심상화 훈련을 하지 않은 선수들보다 더 향상되었다. 나의 학생 중 한 명인 피트니스 코치는 여러 명의 고객을 상대로 이를 실험했다. 실제 운동을 시작하기 전, 무게를 들어 올리는 상상을 한 그룹은 심상화 없이 평소대로 운동을 한 그룹에 비해 더 빨리 힘을 얻었다.

심상화와 치유

심리학자, 종교인, 의학자 그리고 신비주의자 또는 주술사는 각각 심상화가 어떻게 건강에 이득이 되는지 다른 설명을 제시한다. 심리학자는 우리가 의식적 생각을 변화시켜 심층의 목적 지향적인 무의식적 믿음과 맞추기 때문이라고 설명할 수 있다. 종교인은 기도를 들은 하느님의 응답이라고 설명할 수 있다. 과학자는 심상화가 몸 안의 신경 전달 물질, 분자, 세포 연결망을 바꿨기 때문이라고 말할 수 있다. 신비주의자 또는 주술사는 상황을 둘러싸고 있는 에너지가 바뀌어 변화가 가능하도록 했기 때문이라고 설명할 수 있다. 상상 메커니즘에 대한 다양한 이론적 개념에도 불구하고, 우리의 소망대로 그것이 어떻게 이루어지고 가능한지는 아직 위대한 신비로 남아 있다. 우리가 말할 수 있는 것은 그것이 실제로 가능하다는 것이며, 사람들에게 희망, 즉 자신의 삶과 질병에 대하여 다스리는 느낌을 준다는 것이다. 그것은 일상의 문제 해결에 적용될 수 있는 대처 방법인 것이다. 우리가 알고 있는 한 가지 사실은, 이완 상태가 첫 번째 전제 조건이라는 것이다. 스트레스를 줄이는 생화학적으로 활기 넘치는 환경은 자율신경계의 균형을 통해 치유를 촉진한다.[12]

영혼과 몸의 언어인 이미지와 기호는 우리의 치유하는 힘을 키워 준다. 이제 과학적 접근을 통해 상상력이 몸에 어떠한 영향을 미치는지 이해하기 시작하고 있다. 심상화는 신성함, 자신 그리고 세포에의 연결이 이루어지도록 도와준다.

잊어버리기

이제까지 세포 기억을 쌓는 것에 대해 조금 더 배웠다. 하지만 우리 몸과 마음에 미치는 부정적 기억의 영향력을 어떻게 줄일 수 있을까? 그 지배력을 완화할 수 있을까?

뉴에이지 사상에 따르면, 비유적으로뿐만 아니라 문자 그대로 우리의 삶에는 다른 사람과 우리를 엮어 주는 에너지 줄이나 끈이 있다. 그리고 우리가 필요하다고 느끼면 이 줄은 끊을 방법이 있다. 예를 들면, 우리는 과거의 관계를 끊어 버릴 의도를 갖고 의식을 행할 수 있다. 나는 분명히 이 수련의 힘을 경험했다. 그 효과는 오래가지 못했지만, 그럼에도 불구하고 이 의식에서 무언가로 인해 나는 잠시 그 관계에서 벗어날 수 있었다. 나를 소모시키는 것 같은 기억과 열망에 매 순간 더 이상 사로잡혀 있지 않았다.

주술사들은 우리 몸이나 에너지 장에 집합점이 있어서 각각의 기억을 단단히 묶어 둔다고 한다. 어떤 이들은 이 집합점이 어깨뼈 사이 또는 그 뒤에 있다고 한다. 우리는 모욕적인 슬픔이나 분노와 공명하는 자리를 우리 몸에서 느낄 수도 있다.

하지만 이 장에서 배웠듯이, 우리의 기억과 집착은 선형의 끈이 아니며 그보다 더 많은 차원을 가지고 있다. 그들은 우리 몸 전체로 퍼져 있는 홀로그램 파동이다. 만일 기억이 마음과 영혼에 미치는 영향을 잊어버리고 싶다면, 좀 더 정확하게 말해서 바꾸고 싶다면, 여기서 드는 의문이 있다. '기억의 파동 패턴을 어떻게 변화시킬 수 있나?' 뇌세포 간의 전기적 메시지는 물결이나 파면으로 퍼져 나간다. 그리고 파면들이 만날 때 연못에 다수의 물결처럼 서로 교차한다. 만약 과거로부터 불행한 관계의 파동을 약화시키고 싶다면, 그 파동들과 약간 동조하지 않는 새 파동들을 들이라. 달리 말하면, 오래된 패턴을 '씻어 내거나' 약화시키기 위해서 일련의 새로운 파동을 생성하는 것이다. 이것이 가능할까?

내가 좋아하는 '노래하는' 그릇(singing bowl)을 가지고 이 질문에 대한 명상을 했다. 이 티베트 전통 악기는 '노래하도록' 하게 할 수 있다. 와인 잔 테두리를 손가락으로 문질러 소리를 내는 것과 마찬가지로, 노래하는 그릇 테두리를 나무망치로 문지르면 진동을 하며 고유의 소리를 낸다. 전통적으로, 이 그릇은 조화를 이루는 배음을 낼 수 있도록 최소한 일곱 가지 다른 금속을 섞어 만든다. 수 세기 동안 이 악기는 명상과 치유를 위해 불교 의식에 사용되어 왔다. 그릇 테두리를 반복적으로 문질러 나는 소리는 항상 나를 깊은 명상 상태로 들어가게 한다. 소리는 전자기 에너지의 파동을 나타낸다는 것을 기억하라. 기회가 된다면, 공명하는 소리와 이 그릇의 힘이 어떻게 당신을 이완시키고 명상 상태로 이끌어 주는지 체험해 보라. 에너지의 파동이 당신 안에 가득하게 될 것이다.

이 경우, 나는 특정한 의문에 대한 해답을 찾는 데 도움을 받을까 해서 이 악기를 이용했다. 나는 음파가 내 안에 가득해질 때까지 그 테두리를 나무망치로 문질렀다. 그다음, 계속해서 소리를 울렸다. 소리를 낼 때마다 좋지 않은 기억의 파동들이 새 소리의 파동들로 대체되었으면 하고 마음을 내었다. 그리고 파동의 변화를 느꼈다. 나는 새로운 파동 에너지를 내 몸에 가득 채우는 것이 나에게 도움이 안 되는 홀로그램 기억의 영향을 완화할 수 있다는 이 이론을 앞으로도 계속 실험할 것이다. 나는 벌써 내 안에서 원하지 않는 파동들이 나를 떠나고 있는 것을 보고 느낄 수 있다.

내 말이 비실현적으로 들릴 것이다. 어쩌면 그럴 수도 있다. 하지만 만일 기억이 파동과 진동하는 끈으로 담겨져 있다고 하는 것이 사실이라면, 미래의 치유자들은 새로운 상태에 주파수를 맞추도록 우리를 도와줄 수 있을까? 세포들이 우리에게 원하는 것에 우리가 좀 더 주파수를 맞추고, 위협적인 마음의 자석은 떠나보낼 수 있을까? 우리 모두 우리를 성장시키는 것은 강화하고 더 이상 그렇지 않은 것은 버리는 길을 찾아야 한다.

기억, 의례 그리고 감각: 신성함으로 이르는 길

청각, 후각 그리고 다른 감각들은 신성함을 불러일으키는 길이다. 이들은 대단히 의례적이고 영적인 관습의 일부다. 벨소리, 찬양, 깨끗 타는 향기 등은 신성함을 불러일으키는 방법이다. 우리는 교회 예배 시간이나 캠핑 텐트에 있을 때 이전에 들어봤거나 들어본 적 없지만 뭔가 익숙하게 들리는 구호 혹은 노래를 들을 수 있다. 향기의 파동은 우리를 포옹한다. 불타는 초와 그 따뜻한 빛은 우리를 성스러움으로 에워싼다. 그리고 우리는 자신의 감각을 통하여 기억한다. 우리의 의식은 '특별한' 상태에 문을 연다. 총체적 경험은 기억의 홀로그램과 진동하는 끈에 입력되어 있는 정보의 파동으로 일어난다. 그것을 경험한 감각이라면 어떤 감각을 이용하든 우리는 신성한 의례의 빛을 다시 불붙일 수 있다.

사실 내 생각에는 종교적 전통에서 같은 기도를 반복하는 이유 중의 하나는 우리와 우리 안에 내재된 성스러움을 다시 연결하기 위함인 것 같다. 이것은 우리의 신성함을 기억하도록 하는 데 도움이 되는 것이다. 우리 조상들이 이러한 전통을 만들었을 때는 그들 자신에게 생리학적으로 어떠한 영향을 미칠지 당연히 생각하지 않았다. 오히려 그런 분석은 상관없었다. 그럼에도 불구하고 조상들은 그 경험을 체화했던 것이다. 그들은 그 성과를 보았을 뿐만 아니라 알고 있었다. 당신도 그럴 수 있다.

◆◆

탐구

고도의 자각에 이르는 우리의 감각

우리의 감각은 정보를 받아들이는 파이프이며, 우리가 감각에 개별적으로 집중할 때 그것은 성스러움에 이르는 길이 됩니다. 저는 캘리포니아 통합 연구소(California Institute of Integral Studies)의 위르겐 크레머(Jürgen Kremer)로부터 처음 이 명상법을 배웠으며, 그 이후 많은 영적인 성전에 이것이 기술되어 있음을 알게 되었습니다.

늘 그렇듯, 안전하고 포근한 장소에서 이 명상법을 수행하도록 15분 이상을 확보해 두세요. 지시사항을 끝까지 읽어 보고 지침에 따라 행동합니다.

두 눈을 감고 당신 주위의 소리들을 들어보세요. 그 소리에 이름을 붙이거나 예기하지 말고 그대로 받아들여 보세요. 당신이 듣는 모든 것을 받아들이세요.

당신은 바깥의 자연 속에서 또한 이 듣기를 할 수 있습니다. 그냥 걸으며 들으면 됩니다. 당신은 자신에게 다가오는 모든 것에 놀랄 것입니다. 이 듣기 명상은 안과 밖, 물질과 마음을 연결하는 훌륭한 방법입니다. 처음에는 약 30초 정도 시도해 보고 그 후 기간을 더 늘려 갑니다.

만약 당신이 듣기 명상을 넘어서고자 한다면, 당신 몸의 호흡을 느껴 보세요. 당신의 피부에 닿는 공기를 느껴 보세요. 당신의 호흡은 안으로 촉감을 느끼고, 당신의 몸은 의자, 바닥 등 바깥으로 촉감을 느낍니다. 이 상태에서 그대로 촉감을 유지합니다. 다음으로 이름을 붙이거나 판단하지 않고 자신을 열어 눈으로 보는 것에 집중합니다. 간단히 감각적 느낌 중 하나에 집중하거나 듣기 명상을 계속해도 좋습니다. 이 간단하고 편안한 명상에 능숙해지면, 당신은 마음과 영혼이 고양되어 가는 것을 발견할 것입니다. 우리의 자각 수준을 높임으로써, 우리는 자신의 의식과 내면 상태를 변화시킬 수 있습니다.

◆◆◆

성 찰

나는 무엇을 기억할 필요가 있는가?

나는 무엇을 잊고 싶은가?

내 안의 너무 습관화되고 너무 고치기 어려운 태도와 반응은 무엇인가?

내 심장의 마음은 무엇을 원하는가?

내가 탐구하고 싶은 새로운 지혜는 무엇인가?

내가 가장 고마워하는 것은 무엇인가?

내가 자주 기억하고 싶은 것은 무엇인가?

◆◆◆

지혜 수호자: 반성하기

세포 생물학은 영적 지혜로 이르는 통로인가

내면의 눈

풍선녀 '주술 탐구자' 되다

샤머니즘: 가장 오래된 치유 전략

내면의 지식 나누기: 이야기, 신화, 예술 그리고 상징

내 삶의 세 가지: 자기창조

신성한 예술 속의 세포 지혜

제**8**장

지혜 수호자: 반성하기

중세의 빙하기 동굴 벽화에서, 예술은
우주가 영적으로 전체적인 통일체를 이룬다는 우리 믿음의 표현이었다.
토착 문화는 생명의 정신이 드러나는
자연의 무질서한 공명에 더 가까이 살고 있었다.
- 존 브릭스(John Briggs)와 데이비드 피트(David Peat),
『혼돈의 일곱 가지 삶의 교훈(*Seven Life Lessons of Chaos*)』 -

지금까지의 여정을 통해 우리는 경이로운 분자 형성, 안식처, 경청하기, 메신저, 선택하기와 같은 다양한 측면에서 세포들을 만났다. 세포들이 어떻게 작용하고 자신을 식별하며, 소통하고, 배우고, 기억하는지에 대해 배웠다. 그리고 웰빙 증진을 위해 세포들에게서 영감을 받은 여러 가지 수련법을 배웠다. 그 길을 따라 각 단계마다 세포의 신성한 본성을 잠깐 들여다보았다.

이 장에서 우리는 한 걸음 더 나아가 다음의 질문을 할 것이다. "영적 지혜의 탐구에서 세포들이 우리 조상들에게 도움이 되었을까?" 우리 조상들도 내면의 여행을 하고 그 세포의 구조와 기능에서 신화적인

285

차원을 찾지 않았을까?

세포 생물학은 영적 지혜로 이르는 통로인가

이 질문은, 영적 지혜 또는 갈망이 우리 뇌세포 안에 회로로 가설되어 있는지 묻는 것이 아니다. 오히려, 나는 추측이지만 세포와 분자를 마음으로 본 것이 신성한 지혜의 근원이지 않았을까 하는 것을 이해하려는 것이다. 모든 시대를 꿰뚫어 여러 문화에 걸쳐 전해 내려오는 영원한 영적 가르침의 골격이 세포라는 건축물 속에 들어 있다면, 그것을 내가 찾을 수 있지 않을까 궁금한 것이다. 이것은 우리의 옛 조상들이 자신이 본 것에 '세포'라는 이름을 붙였다는 것이 아니라, 그들이 자신의 내면세계를 여행하고 있음을 본래 알고 있었다는 것을 의미하는 것이다.

내면의 눈과 예술은 과학적 발견에 선행할 수 있다는 생각은 새로운 것이 아니다. 레너드 쉴레인(Leonard Shlain)은 자신의 저서 『예술과 물리학(Art and Physics)』에서 예술가들은 현재 우리가 물리학의 영역이라고 여기는 개념들을 '보았고' 표현했으며, 이것은 과학자들이 발견하기 훨씬 전이었다고 썼다. 과학을 예지한 그들은 앞날을 내다보는 예견자였던 것이다.[1]

인류학자 제레미 나비(Jeremy Narby)는 페루의 주술사들에 대한 그의 획기적인 탐구에서, 주술사들이 본 '우주 뱀(cosmic serpent)'의 모습이 분자 생물학에서의 DNA 표상과 매우 흡사하다는 증거를 제시한다.[2] 그는 페루 아마존 밀림에서 주술사들과 함께 지내며, 그들의 그림

곳곳에서 두 마리의 뱀이 서로 꼬고 있는 형상을 보았다. 그는 뱀이 세계 대부분의 전통과 종교에서 볼 수 있는 전형적인 상징이라는 것을 알고 있었다. 이는 DNA와 뱀 형상이 연관되어 있다는 그의 믿음에 확신을 심어 주었다. 환각 작용을 일으키는 아야화스카(ayahuasca) 음료 덕분에 주술사들은 자기 세포의 의식이나 지성 속으로 들어가 자신이 본 것을 그릴 수 있었다고 그는 결론지었다.

> 초창기 일단의 신화를 통해 뱀은
> 항상 우주의 생명과 창조의 연속성에 대한 중심 상징으로
> 계속해서 등장한다. 기원전 약 2000년에 만들어진
> 고대 레반트 신주병(Levantine libation)에는
> 생명의 기원을 나타내는 이중 나선 구조를 이루며 서로 꼬여 있는
> 두 마리의 똑같은 거대한 뱀이 있다.
> - 의학 박사 루이스 토머스(Lewis Thomas), 『세포의 삶(The Lives of a Cell)』 -

내면의 눈

나비 박사의 책을 읽기 전에, 이미 나는 우리의 생물학에서 서술하는 것을 주술적이고 신성한 예술 속에서 해석하고 있었다. 내가 현미경으로 세포 탐험을 시작했을 때, 그 속에서 상징적 표현을 찾던 것은 아니었다. 그 소우주 속에서 한동안 머물고 난 다음에야 비로소 나는 고대 예술에서 그 메아리를 보기 시작한 것이다.

나비 박사의 책이 출간될 때까지 나는 지금은 명백해 보이는 둘 사이의 유사성을 일종의 꿈이 아닐까 하고 생각했다. 그것은 생생한 상

상력의 산물이며, 어떤 과학자도 인정하지 않을 것이다. 하지만 둘 사이의 연결성을 도처에서 보게 되면서 나는 신이 났다. 일부 과학자가 주장하듯이 하느님이 우리 뇌에 가설되어 있기 때문에, 아마도 그 연결은 존재했을 것이다. 영적 연결에 대한 욕구는 우리 신경계의 일부다. 우리의 생물학이 모든 시대를 꿰뚫어 예술에 반영되어 있음을 볼 수 있는데, 이것은 우리가 성스럽게 설계된 신성한 존재임을 인간의 의식이 항상 이해했다는 내 믿음에 확신을 주었다. 그리고 이것은 나에게 의문을 불러일으켰다. "우리가 과학적 도구, 원리 그리고 공식의 도움 없이 본래적으로 알고 볼 수 있는 것은 무엇일까?"

고대 전통들을 보면, 사람들은 예술, 춤, 몸짓을 사용하여 신성한 지혜를 감싸고 표현했다. 그들은 상징과 의식을 개발하여 창조의 신을 가르치고, 찬양하며, 감동시켰다. 신비주의 전통들은 여러 가지 명상법, 시각적 구성, 그리고 신성한 예술을 개발하여 사람들이 생명의 신성한 본질을 경험하도록 이끌었다.

저명한 신화학자 조셉 캠벨(Joseph Campbell)은 과학, 신화 그리고 신성함의 종합을 이루어 내었다. 그는 과학적 발견으로 우리와 선조의 지혜가 다시 연결되고, 우리 내면의 본성의 모습을 우주 속에서 인지할 수 있게 되었다고 썼다. 또한 캠벨 박사는 우리가 우리 자신의 외적 특질뿐만 아니라 내면의 깊은 신비로움에 대한 앎을 향해 도약하고 있다고 말했다.[3]

신화는
우주의 무진장 에너지가 인간의 문화 속으로 흘러들어 표현되는
비밀 통로라고 해도 과언이 아니다.
- 조셉 캠벨(Joseph Campbell) -

풍선녀 '주술 탐구자' 되다

　이 논의를 멈추고 잠시 '풍선녀' 시절로 돌아가 신성한 예술과 의례에 관한 내 경험을 설명하고자 한다. 나는 처음 실험 가운을 벗고 병원에 있는 아이들과 시간을 보냈을 때 함께 그림을 그리곤 했다. 때로는 아이들에게 앓고 있는 질병이나 그것을 어떻게 느끼는지 그려 보도록 했다. 아이들은 그리고 싶은 대로 그림을 그렸고, 우리는 그 그림들에 대해 이야기했다. 그 당시 나는 과학자로서 또는 치유에 대한 연구를 위해 그 자리에 있었던 것이 아니다. 불편하고 스트레스 받는 환경 속에서나마 단순히 아이들에게 몇 분간의 편안함을 주려는 것뿐이었다. 그렇지만 나는 이 간단한 그림 그리기 활동이 안도감과 일종의 평온함을 가져오는 것을 많이 보았다.

> 이미지는 지성의 도움 없이 치유를 일으키는 능력이 있다.
> - 칼 융(Carl Jung) -

　나 자신의 치유 여정에서, 나는 예술이나 춤을 통해 내 감정을 표현하는 것이 깊은 내면의 무언가를 표출한다는 것을 발견했다. 그것은 눈물일 수도 있고, 안도의 한숨이거나 '아하' 하는 순간일 수도 있다. 그리기와 몸놀림은 나의 가장 강력한 스승이 되었다. 세포 차원에서 이 두 가지 방법은 하나로 연결되어 있으며, 나는 이를 통해 슬픔이나 분노, 수치심이나 의기양양함을 표현할 수 있었다. 이들은 언어나 지성을 통해서는 내가 도달할 수 없었을 감정의 자리였다. 많은 사람과 마찬가지로 나에게 치유란 물리적 표현을 통해 얻을 수 있는 것이다. 그것은 안으로부터 밖으로 나타나는 것이다.

예술은 내가 혼란 속에서도 온전한 정신을 유지하는 데 도움이 되었다. 그것은 단순히 그 과정 속에서 나에게 기쁨과 깊은 평온을 가져다 주었다. 그림을 그릴 때에는 그 세계에 들어갔고, 슬픔과 기쁨을 춤으로 표현할 때에는 정신이 고양되었으며, 포도밭에서 사진을 찍으며 자연 속을 거닐 때에는 무아지경에 빠졌다. 이러한 창의적인 과정은 어딘가 다른 곳으로 나를 이끌어 주었으며, 그곳이 바로 나의 웰빙과 치유에 필요한 장소와 상태였다.

캘리포니아 대학교 의과대학을 떠난 뒤 한동안 나는 개인적으로 치유 도구로서 심상화를 활용하며 성인 암 환자들과 함께 작업했다. 사람들은 어떻게 명상하고, 스트레스를 관리하며, 치유의 상상력을 활용하는지 배우기 위해 나를 찾아왔다. 그들은 시각화 스크립트를 재빨리 만들어 달라고 내게 부탁했다. 이 시기는 유도된 시각화와 심상화가 보조 치료로서 자리를 잡아 가던 때다. 그리고 나는 지성의 저편으로부터 정보를 받는 솜씨와 맞춤형의 유도된 시각화를 전달하는 능력이 나에게 있다는 것을 발견했다.

만약 우리가 토착민 문화에 살고 있다면, 이 작업이 '주술적'으로 간주될 것이다. 이것은 내가 변화된 의식 상태(altered state of consciousness)로 들어감으로써 정보에 접근하는 것을 의미한다. 주술적 비전(shamanic vision)은 우리 조상들로부터 내려온 오랜 선물이며, 나는 그것을 잘 활용할 수 있었다. 클리닉에서 내담자가 도착하기 전, 명상을 통해 내 마음 상태를 변화시키곤 했다. 내담자와 함께 방 안에 있을 때 나는 더 깊은 이완 상태로 들어갔고, 좀 더 건설적인 치유 환경을 조성하기 위해 내담자도 명상 상태로 들어갈 수 있도록 이끌었다. 뇌파를 느리게 하여 알파파 또는 세타파 상태가 되면 심상화하기가 더 쉬워진다는 과학적 연구 결과를 나는 알고 있었다. 사실, 시각화를 하기 위해서는 깊은 이완 상태가 필수적이다. 시각화로 이미지들이 흘러가도록 하려면 토착민 주술사들이 하듯이 긴장을 풀어야 한다. 여기에 선택의 여지는 없다. 관조나 깊은 이완 또는 기도 상태에 있을 때, 우리의 뇌파는 초당 4~10 사이클로 느려진다. 평소의 깨어 있는 의식에서 뇌파는 베타파이며, 초당 12~38 사이클이 된다.[4]

여기서 내 목표는 '주술적 여정'에서 사람들이 스스로 쓸 이미지들을 내가 '불러오는' 것이었다. 거의 모든 경우에 그 이미지들은 내담자들과 긍정적으로 공명했다. 그럼에도 불구하고 나는 이 이미지들이 어디로부터 왔는지에 대해 여러 의문이 들었다. 내가 마음을 읽고 있었던 것일까? 내가 '우주적 의식(cosmic consciousness)'을 활용한 것일까? 하느님이 내게 말해 주신 것일까? 내가 다 만들어 낸 것일까? 내가 속이고 있었던 것일까?

궁극적으로, 이 형상화의 근원을 정말 알 수 없었다는 사실 때문에 나는 불안한 느낌이 들었고, 이 서비스 제공을 중단했다. 돌이켜 생각해 보면, 나는 그것을 후회한다. 하지만 그것은 진정 유익하고 유용한 작업이었다. 그러나 내 과학적 의식이 승리했다. 내 지성은 위대한 미스터리의 직관적인 영역에서 작용하는 것을 너무 불편해했다.

샤머니즘: 가장 오래된 치유 전략

기록 문화 이래로 사람들은 그림, 기호 그리고 시각화를 치유 도구로 사용해 왔다. 상상력으로 치유하는 이 오래되고 영속적인 시스템을 샤머니즘(shamanism)이라고 한다.[5] 나는 주술사는 아니다. 하지만 수십 년 동안 내면세계를 연구하며 어떤 주술사의 도제가 되었다. 시베리아 퉁구스어로부터 유래된 단어 샤먼(shaman)은 의도적으로 상상의 지형 속으로 들어가 그것을 해석할 수 있는 사람을 가리킨다. 주술사들은 흔히 '비정상적 현실'이라고 불리는 세계로 들어가기 위해 자기 마음대로 의식을 바꿀 수 있다. 이 신비스러운 영역으로 들어가는 출입구로 드럼 치기, 구호 외치기, 춤추기, 정신 활성 식물, 명상, 꿈, 깊은 이완 등이 있다.

의식을 통해 주술사는 개인이나 종족에게 도움이 될 정보를 찾기 위해 정신계로 들어간다. 보통 이 정보는 이미지, 상징 그리고 노래의 형태로 나오며, 이를 주술사가 해석한다.

주술적 전통문화에서 이미지, 은유 그리고 이야기는
지식 전파를 위한 최상의 방법이다. 신화는
지식에 대한 '과학적 서사' 또는 이야기다. 과학은 안다는 것을
의미한다……. 지혜는 많은 사물의 탐구뿐만 아니라
신비함의 관조를 필요로 한다.
– 제레미 나비(Jeremy Narby), 『우주뱀(The Cosmic Serpent)』 –

내면의 지식 나누기:
이야기, 신화, 예술 그리고 상징

렌즈를 다시 넓혀 이야기, 신화 그리고 예술이 인류 역사의 지식을 전수하는 역할을 알아보자. 대대로 전해 내려오는 상징적 이미지, 조각품 그리고 신화 등을 통해 우리는 옛 조상들에 대해 많은 것을 배워 왔다. 고고학자들은 예술, 사원 그리고 문헌 등으로부터 한 문화의 오랜 믿음, 신화 그리고 종교 의식 등을 배우며 우리 인류의 과거를 파헤친다.

심리학자 칼 융에 따르면, 우리는 우리 내면에 생물학적 과거로부터 유래된 무의식적 이미지와 신화들을 지니고 있으며, 우리의 오랜 기억들은 생물학적 본성에 뿌리가 있다. 그는 이 오랜 앎을 집단 무의식이라고 부르고, 생물학적으로 유전된 경험 조각들로 형상화했다. 이 집단 무의식에는 인류 공통의 정신적 유산이 담겨 있어서 전수된다. 시공을 가로질러 신화, 전설 그리고 상징들은 신성하고 신비스러운 공통의 형태를 띤다. 이러한 보편적 상징들은 집단 무의식 안에 존재하며 원형 (archetype)이라고 불린다. 이 상징들은 우리의 숨겨진 과거로부터 내려온 원시적 이미지나 고대의 자취다. 융에 따르면, 배아체의 진화가 그 전의 역사를 반복하는 것처럼 마음 역시 일련의 그 전 역사의 단계를 거쳐 발달한다. 그에 따르면, 원형은 생물학에 근거하고 있는 것이다.[6]

융은 신화란 진화 과정과 과거의 경험이 구현된 인류의 유전된 기억이라고 믿었다. 여하튼 이러한 이야기들의 예지적 기억이 우리 안에 내재되어 있고, 우리는 신성한 기호와 상징의 이 집단 무의식 창고에 접근할 수 있다. 그는 우리 모두가 세상의 해박한 예지와 기억을 가지고 태어난다고 보았다. 만약 그렇다면, 이러한 기억은 어디에 저장되어 있을까? 우리의 DNA 안에 있을까?

레너드 쉴레인은 자신의 저서 『예술과 물리』에서 DNA 분자는 지문에서부터 모발 색깔, 그리고 인체의 모든 단백질까지 모든 것의 청사진이 있는 거대한 도서관이라는 것을 우리에게 상기시킨다. 하지만 모든 것이 유용한 것은 아니다. 실제로 우리가 6장에서 배웠듯이, 세포 생물학자들은 긴 DNA 가닥의 대부분이 신체적 특징이나 분자에 대한 정보를 제공하지 않는다는 것을 밝혀냈으며, 이를 '정크 DNA(junk DNA)'라고 불렀다. 쉴레인은 현재 뚜렷한 가치가 없는 이 정크 DNA가 우리의 오랜 기억의 근원이 아닌지 묻는다. "그 뒤틀리고 길게 늘어진 선반 어딘가에 우리의 진화 역사 일부가 있지 않을까?"[7]

아마 이 '침묵의 DNA'가 오랜 기억의 저장소 역할을 할 것이다. 만일 쉴레인의 주장대로 판독 불가능한 DNA 대부분이 치유의 지혜와 고대의 지식에 대한 열쇠를 지닌 것이 맞다면 어떨까? 오랜 신성한 몸 수련법들에서 거의 모든 경우에 나선형 동작을 쓰는 것은, 나선형 분자인 우리 DNA의 바로 그 본질에 접근하여 우리의 집단 무의식 저장소로부터 기억들을 풀어내는 것인가? 태극권, 기공, 춤, 쿤달리니 요가 동작 등을 통해 꼬이고 비틀린 우리의 기다란 DNA 가닥 속에 들어 있는 우주적 업식을 풀거나 되돌릴 수 있다면 어떨까? 우리의 몸을 움직이는 것은 현재의 기억을 방출하여 유전자 발현을 변화시키도록 도울 뿐만 아니라 고대의 지혜에 접근할 수 있도록 할 것이다.

우리가 상징들을 시각화할 때 그들은 심오한 차원의 변형 효과가 있다.
상징들은 우리의 분석적 마음이 완전히 닿지 않는 우리 존재의 영역과 우리를
연결시킨다. 그들은 우리가 곧바로 이해하여 … 더 깊은 차원의 이해에 뛰어들게
훈련시키는 것이다. 그것은 직관을 일깨우는 것이다.
상징은 계시의 진정한 보고(寶庫)다.
— 피에로 페루치(Piero Ferrucci), 『우리가 될 수 있는 것(*What We May Be*)』 —

나선형

나선형 DNA는 내가 신화적이고 신비스럽다고 생각한 첫 번째 분자
로서 하나의 상징이다. 신화 속에서 나선형은 성장과 변화를 상징한
다. 이는 우리의 우주적 근본과 내면의 본성을 연결한다. 이처럼 나선
형은 많은 문화에서 가장 최초로 인식된 신성한 상징들 중 하나였다.[8]
자연 속 어디든 그것이 발견되는 곳에서는 그것이 숭배되었다. 이미
구석기 시대에도 나선형의 소라껍데기는 숭배되었다. 곡선의 물결치
는 나선형은 종종 가장 오래된 풍요신을 상징하는 이미지와 조각상,
생명을 부여하는 모신에 포함되어 있다. 우리 삶을 안내하는 DNA가
나선형의 재생력을 우리에게 상징적으로 전하는 역할을 했을까?

자연 속에서 나선형은 흐름과 성장을 상징한다. 은하계들은 성간 가
스들이 안쪽으로 나선형을 그리며 성장한다([그림 8-1] 참조). 앵무조개
껍질([그림 8-2] 참조)과 마찬가지로 코끼리 엄니, 솔방울, 포도 덩굴 등
의 곡선은 모두 나선형으로 성장하는 모습의 예다. 이들은 모두 그 자
체가 나선형인 DNA에 의해 프로그램되고 암호화되어 있다. 바람과 물
의 흐름 역시 이러한 보편적인 나선형을 따라 움직인다.

또한 나선형은 영혼을 물려주는 것과 연관되어, 고대의 묘실을 장식

[그림 8-1] 나선형 은하 M81

[그림 8-2] 식물, 조개껍데기, 은하 등 많은 것이 나선형으로 자란다

하는 데 사용되었다. 나선형의 포도나무는 영원한 생명에 대한 히브리 문화의 신성한 상징일 뿐만 아니라 유대인들이 안식일에 먹는 전통 할

라 빵에도 나타난다.

> 보이지 않는 것을 이해하려면 보이는 것을 주의 깊게 살펴보라.
> - 탈무드 -

　나선형은 변형과 아름다움의 형태다. 그것은 고대의 문화들에서 신비스러운 존재였으며, 현대의 생명공학 문화에서도 신성한 나선형의 유전자를 모든 생명의 질병에 대한 해답을 가지고 있는 것으로 숭배한다.

> 내려다보는 현실의 모든 존재처럼 나선형은 상징이다.
> 나선형은 영원히 이어질 수 있기 때문에 영원성을 나타낸다…….
> 이 질서는 미시적 · 아원자적 수준 아래로 울려 퍼지며
> 우리의 의식을 구조화하고, 또한 그것을 반영한다.
> - 질 퍼스(Jill Purce), 『신비로운 나선(*The Mystic Spiral*)』 -

세포 속 '3의 법칙'

　DNA는 자신의 물리적 · 상징적 핵심에서 나선형 이상의 것을 지니고 있다. 그의 암호화 능력은 어떠한가? 생물학에 널리 퍼졌을 뿐 아니라 우리의 신화와 상징들에 뿌리를 내려온 세포 생명의 또 하나의 요소는 DNA '3의 법칙'이다. 생명 자체는 세 가지에 의존한다. 생명체가 만들어지는 데 필요한 3개의 글자로 이루어진 유전자 암호는 일종의 삼위일체다. 6장에서 살펴보았듯이, DNA의 유전자 '경전'을 만드는 4개의 구성 요소 중 이 3개의 구조물이 하나씩 단백질을 합성할 올바른 아미노산을 지시한다. 이것이 바로 3개의 철자로 이루어진 암호다.

긴장, 이완 그리고 적절한 세포 장력의 세 가지 상태가 유전자 발현, 세포 성장, 삶과 죽음을 조절한다. 4장에서 배웠듯이 세포 생성에는 3^3의 미세소관 구조물인 중심소체가 필수적이다.

하나의 세포에는 2개의 중심소체가 있고, 각각의 중심소체는 한쌍당 3개씩 한 묶음으로 이루어진 9쌍으로 결합된 미세소관으로 구성되어 있다. 약간 꼬인 형태의 9쌍의 트리플렛(3개씩 한 묶음)은 서로 이어져 속이 빈 하나의 관을 형성한다. 미국 노스웨스턴 대학교의 분자 생물학 교수 구엔터 알브레히트-뷔엘러(Guenter Albrecht-Buehler)는 이러한 종류의 보편적인 디자인은 우연의 진화일 리가 없으며, 특정한 목적을 수행하기 위해 출현했음이 틀림없다고 주장한다. 또 다른 '우연의 일치'의 디자인으로, 인간 배아세포들이 셋째 주에 3개의 조직층인 내배엽, 중배엽, 외배엽을 형성한다는 사실이다. 코르크 나무와 와인을 만드는 포도 모두 3년 동안 성장해 성숙될 때까지 수확할 수 없다.

삼합(triad)은 모든 것의 완성 형태다.
- 로마의 수학자이자 철학자인 게라사의 니코마코스(Nicomachus of Gerasa) -

생물학에서, 다른 필수적인 삼합은 생존의 뇌간, 감정의 대뇌변연계, 지능과 사고의 대뇌피질로 이루어진 삼위일체의 뇌다.[9] '파충류의 뇌'라고 불리는 뇌간은 생명 유지에 필수적인 역할을 담당하고, 대뇌변연계는 감정과 성장을 관장하며, 가장 최근에 추가된 대뇌피질은 우리가 사고하고 추론할 수 있도록 해 준다.

우리의 생물학 너머, 다른 트리플렛이 있다. 태양으로부터 세 번째 행성에 살고 있는 우리는 3차원에서 영위되는 삶을 살아가고 있다. 실제로, 17세기 과학 혁명의 핵심 인물인 천문학자 요하네스 케플러 (Johannes Kepler)는 기독교의 성스러운 삼위일체 때문에 3차원의 공간 밖에 없다고 주장했다. 우리는 이야기를 들려줄 때도 자연스럽게 3을 사랑하는 것 같다. 3가지 소원을 들어주고, 3마리 곰과 3마리 아기 돼지가 있고, 예수 탄생을 축하하러 간 3인의 동방박사가 있었다.

> 삼각형은 세계의 신성의 탁월한 상징이다.
> – 마이클 슈나이더(Michael Schneider),
> 『우주 건설 입문서(*A Beginner's Guide to Constructing the Universe*)』 –

우리는 삼각형에 끌린다. 3개의 선으로 둘러싸여 형성된 공간은 가장 안정적인 물리적 구조를 만든다. 삼각형은 많은 종교 전통에서 찾아볼 수 있는 기호로 고대 이집트 신의 상징이었으며, 기독교에서는 삼위일체의 표시였다. 기독교 미술에서 하느님의 후광은 전통적으로 삼각형 형태를 띠고 있으며, 그 외에 다른 후광은 모두 둥근 모양을 띠고 있다. 삼각형은 피타고라스 학파의 지혜의 상징이었다. 또한 꼭지점이 아래로 향하는 역삼각형은 여성성을 상징하고, 위로 향하는 삼각형은 남성성을 상징한다. 점성술에서는 삼각형의 꼭지점이 어디를 향하는지에 따라 물과 불을 상징하기도 한다.

기도할 때 우리는 두 손이 가장 자연스러운 포즈에서 삼각형을 만든다. 기도 자세에서의 두 손은 불교에서 사용되는 인사말인 나마스테(namaste)를 의미하기도 한다. 이것은 '내 안의 신이 그대 안의 신에게 인사를 드린다.'는 뜻이다. 우리는 도교의 기공 에너지 수련을 마칠 때, 에너지를 내려놓기 위해 두 손으로 역삼각형 모양을 만들어 배 앞에 놓는다. 명상을 할 때 우리는 몸 전체로 삼각형을 이루는 가부좌 자세로 앉을 수 있다.

3개의 영적 전통

기독교 교리는 성부, 성자, 성령의 삼위일체를 제시한다. 유대교에서 하느님은 야훼(Yahveh 또는 YHVH, 아버지), 쉐키나(Shekinah, 천상의 어머니) 그리고 루아흐(Ruach, 하느님의 숨결)의 세 가지 얼굴을 가지고 있다. 유대교 신비주의 전통 사상인 카발라(Kabbalah)에서 생명 나무의 세 개의 기둥은 창조의 토대를 묘사한다. 트리무르티(Trimurti)라고 불리는 힌두교 신들에는 브라마(Brahma, 창조신), 시바(Shiva, 파괴신), 그리고 비슈누(Vishnu, 유지신)가 있다.

> 신들의 삼합은 원시적 수준에서 일찍이 나타났다…….
> 삼합이라는 형태는 종교사에서 원형이다.
> 이것이 기독교 삼위일체의 근간이 되었을 개연성이 아주 높다.
> – 칼 융(Carl Jung), 『삼위일체 교리의 심리학적 접근(*A Psychological Approach to the Dogma of the Trinity*)』 –

고대 그리스의 한 창조신화에는 혼돈으로부터 세 불멸의 존재인 가이아(Gaea, 대지의 어머니), 에로스(Eros, 사랑), 타타루스(Tartarus, 지하세계)가 나왔다고 이야기한다. 나바호 인디언의 창조신화 이야기에는 세 종족인 코요테(Coyote), 첫 번째 남자와 첫 번째 여자가 나온다. 3청정 이외에, 도교에는 우주의 세 왕국(하늘, 땅, 중간의 인간 왕국)이 있다. 불교에는 세 가지 보물 또는 보석인 붓다, 다르마, 상가가 있다.[10] 〈표

〈표 8-1〉 영적 전통의 신성한 삼합

영적 전통	삼합		
힌두교	브라마(Brahma)	비슈누(Vishnu)	시바(Shiva)
고대 그리스	가이아(Gaea)	에로스(Eros)	타타루스(Tartarus)
히브리교	야훼(Yahveh)	쉐키나(Shekinah)	루아흐(Ruach)
기독교	성부	성자	성령
나바호	첫 번째 남자	첫 번째 여자	코요테
도교	천상의 보석	신비의 보석	영적 보석
불교	붓다(Buddha)	다르마(Dharma)	상가(Sangha)

8-1〉은 다양한 전통에서의 신성한 삼합을 보여 준다. 이 중 일부는 신이나 성령의 세 가지 특질을 나타내고, 다른 것들은 창조의 세 신을 나타낸다.

지금까지 우리는 생물학에서 필수적인 세 가지 패턴, 즉 유전자 정보, 배아 발달, 그리고 생물 분류 3역(세균역, 고세균역, 진핵 생물역)이 창조의 중심에 있음을 보았다. 우리는 이 패턴을 우리의 이야기와 신화 속에서 수용하고, 어떻게 신비로움이 구조화되고 어떻게 신들이 인격화되는지에 관한 이야기를 만든다. 우리는 오랜 세월에 걸쳐 우리의 여러 문화에서 이 패턴을 엮어 나가며 세포들에 내재된 지혜를 발현하고 있는 것일까?

> 심장의 세 가지 습관은…… 우리의 모든 세포 기억을
> 연결하고, 양육하며, 통합하는 과정으로 우리가 누구인지, 우리가 무엇을
> 필요로 하는지, 우리가 주어야 할 것은 무엇인지를 만들어 낸다.
> – 폴 피어설(Paul Pearsall), 『심장의 암호(*The Heart's Code*)』 –

내 삶의 세 가지: 자기창조

나는 왜 당신을 이 형이상학적 여정으로 이끌었을까? 왜냐하면 이 여정이 과학, 신성함 그리고 삶 그 자체와 연결되어 있기 때문이고, 이 패턴을 더 깊이 탐구하기 위해 초대하고 싶기 때문이다. 고대부터 현대까지의 많은 창조 철학에서 이 강력한 '셋'이 중심적인 테마다. 만일 우리의 개인적 삶을 재창조하기 위해 '셋'의 힘을 끌어들인다면 무슨 일이 일어날까? 창조적 의지나 감정적 변화를 지원하기 위해 '삼성 (three nature)'을 활용하여 긍정적인 변화를 더 쉽게 이끌어 낼 수 있을까? 명상이나 동작 수련에 셋의 성질을 더한다면 무슨 일이 일어날까?

◆◆◆◆◆◆◆◆◆◆◆◆◆◆◆◆◆◆◆◆◆◆◆◆◆◆◆◆◆◆◆◆◆◆◆◆◆◆◆

탐구

삼합의 목적: 내 자신의 셋의 힘 발견하기

당신 세포의 비밀을 끌어들여 미지의 탐험자, 세포 항해자가 되어 보세요. 만약 당신이 삼합의 목적을 사용하면 창조적 변화가 좀 더 쉽게 성취될 수 있을지 스스로 경험해 봅니다. 예를 들어, 훈련을 세 번 하거나 기도를 세 번 하는 것은 생성 효과(generative effect)를 일으킬까요? 이러한 패턴의 반복이 변화에 도움이 될까요? 3일 동안, 그 후 3주 동안 이를 실천하고, 무슨 일이 벌어지는지를 기록하고 지켜보세요. 삼이 현실을 창조하는 열쇠라는 것을 우리의 세포와 신성한 전통에서 모두 알려 주고 있습니다. 만약 당신이 자신의 수련을 이러한 방식으로 변화시킬 수 있을지 그 가능성을 상상해 보세요.

◆◆◆◆◆◆◆◆◆◆◆◆◆◆◆◆◆◆◆◆◆◆◆◆◆◆◆◆◆◆◆◆◆◆◆◆◆◆◆

몸의 기도

세포의 창의적 수련

자신의 삶이나 세상에서 당신이 바꾸고 싶은 것을 성찰해 볼 수 있도록 약간의 시간을 마련합니다. 바꾸고 싶은 것을 간단하고 정의할 수 있는 것으로 하고, 의도나 기도의 형식으로 그것을 적습니다. 이제 그 의도를 일련의 세 가지 동작이나 몸짓에 담아 보세요. 다음은 하나의 예입니다.

저는 지구에 뿌리박은 제 발을 느끼며 서 있습니다. 저는 지구에 닻을 내리고 있습니다. 두 손을 머리 위로 뻗어 올리고, 저는 하늘을 향해 두 팔을 쭉 펴서 제 목적을 얘기합니다. "저는 감사함을 느낍니다. 저는 열린 마음으로 지혜를 받아들이고 다른 사람들에게 이를 전합니다." 기도 자세로 두 손을 가슴 앞으로 내리고, 저는 스스로 마음을 가다듬어 제 안에, 다른 사람들 안에, 그리고 모든 것 안에 있는 신성함을 찬미합니다. 저는 이 몸의 기도를 세계의 긍정적인 변화에 헌정합니다. 몸을 구부려 지면에 손바닥을 대고 목적의 씨앗을 심습니다. 저는 이를 성취하기 위해서 어떤 일이든 할 것이라고 말합니다. 이를 3회 반복합니다.

연결: 당신 발 아래 대지를 느껴 보세요. 연결성을 감지해 보세요.

설정: 호흡과 생각, 감정 그리고 몸을 서로 연결해 보세요. 자신의 목적에 주파수를 맞추는 동안 나선형 동작을 하거나 흥얼거려도 좋습니다.

행위: 목적의 씨앗을 심으세요. 듣고 행동을 취하세요.

이는 하나, 둘, 셋처럼 간단하다. 삼은 어떤 과정을 완성하는 것이다.

우리가 '하나, 둘, 셋'을 셀 때면 언제나 의식함이 없이
우리는 '양극성을 깨뜨린다' ……. (이것은) 의식의 중대한 도약인 것이다.
그것은 우리에게 양변을 초월하여
무한함을 깨달을 수 있는 능력을 부여한다.
– 마이클 슈나이더(Michael Schneider),
『우주 건설 입문서(*A Beginner's Guide to Constructing the Universe*)』 –

신성한 예술 속의 세포 지혜

이제 어떻게 삼각형과 삼의 패턴이 신성한 예술에 반복적으로 사용
되었는지 살펴보자. 명상에 이용되는 힌두교 스리 얀트라(Sri Yantra)를
보자. 이 도형은 우주 전체 또는 창조의 자궁을 상징한다고 알려져 있
다([그림 8-3] 참조). 꼭지점이 아래로 향하는 삼각형들은 에너지의 동
적·여성적 원리(샤크티)를 나타내고, 위로 향하는 삼각형들은 지혜의

[그림 8-3] 힌두교 스리 얀트라(Sri Yantra)

정적·남성적 원리(시바)를 나타낸다. 9개의 뒤얽힌 삼각형과 이를 둘러싼 몇 개의 원으로 만들어진 '코스모그램'은 모든 힌두교 신의 신성한 공간을 상징한다. 정중앙의 가장 작은 원은 빈두(bindu)로 알려진 점이다. 이 핵심으로부터 창조가 시작되고 일이 다(多)가 된다.

나는 이것을 고대 최초의 만다라들 중 하나로서 세포의 적절한 상징이라고 보았다. 구조가 놀라울 정도로 유사하게 보였다. 이 도형의 중앙은 삶을 나타내는 삼각형(DNA 코드?)으로 가득 채워져 있고, 가장자리는 '수용체'가 있는 세포막처럼 바깥쪽이 둥근 테두리로 되어 있다. 상징적으로, 각각의 특징은 명상하는 사람들에게 정보와 함께 집중하기 위한 자리를 제공한다.

이제 버크민스터 풀러(Buckminster Fuller)의 측지적 돔 구조를 살펴보자(4장의 [그림 4-2] 참조). 스리 얀트라와 세포의 구조에서 보는 것처럼, 안정적 구조의 핵심이 삼각형인 것을 볼 수 있다.

우리는 세포와 분자, 마음과 몸과 영혼, 현대 과학과 고대 지혜 등 모든 것이 거대한 설계 안에서 연결되어 있음을 알고 있다. 알베르트 아인슈타인은 "우리는 우주가 불가사의한 질서정연함으로 특정한 법칙들을 따르는 것을 알고 있지만, 겨우 희미하게 이 법칙들을 이해하고 있을 뿐이다."라고 말했다. 나는 이 말이 아인슈타인은 하느님을 디자인 생성자로 보았다는 것을 의미한다고 종종 생각해 왔다. 모든 생명체는 동일한 비밀 코드와 신비스러운 미술을 공유한다. 우리는 머리끝부터 발끝까지, 모든 분자에 이르기까지 신성하다. 신과학의 진화에 있어서 양자물리학, 에너지, 신성함에 대한 강조는 중심 무대를 차지하고 있다. 형태 없는 양자 에너지가 우리의 세포와 분자들 안에서 형태를 만들었어야 했던 것을 생각해 보자. 그리고 우리 자신이 어떤 신성한 형태, 기호 그리고 상징이 되었는지 생각해 보자.

이 장을 마치면서 성찰해 볼 두 가지 상징을 남기고자 한다. 하나는 고대의 것이고 다른 하나는 현대의 것이다. 세포의 지혜가 고대의 구조물과 예술 속 잘 보이는 곳에 숨어 있다는 나의 생각을 처음 유발한 고대의 상징은 서문에서 언급한 의학 바퀴다.

나는 이 상형문자를 세포와 생명 일체를 나타내는 것으로 보았다. 그 후에 4개의 방향으로 각각에 있는 세 줄을 중심소체, 즉 우리의 세포와 삶을 이끌어 주는 마법의 트리플렛을 나타내는 것으로 해석했다 (부록 1의 [사진 A-4] 참조).

과학과 현대 기술의 산물인 두 번째 상징은 일찍이 나의 상상력을 자극한 다른 이미지였다. 이것은 우리가 서문에서 처음 보았던 DNA 원자 구조의 컴퓨터 그래픽이다(부록 1의 [사진 A-5] 참조). 그것은 캘리포니아 주립대학교 컴퓨터 그래픽 연구소(UCSF Computer Graphics Laboratory)의 설립자이자 소장인 로버트 랭그리지(Robert Langridge) 교수가 만든 것이다. 대부분의 사람은 이 사진을 보고 만다라 그림이라고 생각한다. 이 기본 구조가 만다라 그림에 대한 내적 영감을 불어넣었을까? 먼 옛날, 사람들은 자기 마음에 집중하고 신과 연결되는 것에 도움이 되도록 둥근 형태의 만다라를 종종 이용했다. 이 사진도 분명히 같은 역할을 할 수 있을 것이다.

> 그리하여 사람들은 자신의 거처와 불꽃 너머로 넘겨다보며
> 물질계 그 이상의 무한한 것을 보았다. 그들은 정신계가 우주를 수정처럼 비추는
> 거울임을 본 것이다. 보이는 것은 물질계에서는 보이지 않는 것들의
> 본질을 반영하는 것이다⋯⋯. 그런 다음 때로로 나는 정신계의 근원에
> 들어간다⋯⋯. 그리고 나의 영혼은 날아오른다!

- 안나 리 월터스(Anna Lee Walters),
『미국 원주민의 영혼(*The Spirit of Native American*)』 -

이 장에서 나는 신성한 예술이 생명의 신성한 디자인에 대한 직접지로부터 출현한다는 도발적 발상을 제시했으며, 실제로 그렇다고 믿기에 이르렀다. 또한 이 장에서는 세포의 '3의 법칙'을 자기 자신의 삶에서 테스트해 보고, 자기 자신의 성장과 변화를 위한 자연의 창조적 힘을 이용하는 실험에 당신을 초대했다.

이제 우리 모두에게 공통된 생명의 조그마한 안식처에 대한 친숙한 지식을 얻게 된 만큼, 다음 장에서는 그동안 함께 걸었던 구불구불한 길을 되돌아보며 모든 여정을 마무리할 것이다.

제9장

연결: 축하하기

상호 연결

원래의 축복: 분자 결혼

생명을 포옹하라

나를 인식하기

귀 기울여 듣기

생명의 끈을 퉁기기

에너지 지속시키기

유산 창조하기

배우고 기억하기

지혜 지니기

축하하기

제9장

연결: 축하하기

영원성의 신비, 생명의 신비, 실재의 놀라운 구조의 신비를
관조하는 사람은 경외감을 느끼지 않을 수 없다.
매일 이러한 신비의 실타래를 한 가닥씩 푸는 것으로 충분하다.
신성한 호기심을 절대 잃지 마라.
– 알베르트 아인슈타인(Albert Einstein) –

이 책에서 우리는 세포를 탐구하는 우리 자신을 노벨상 수상 생화학자 크리스티앙 드 뒤브(Christian de Duve)의 용어를 빌려 세포 항해자라고 불러 왔다.[1] 우리는 세포 내부를 탐험하고 그 생화학적 신비함을 발견했다. 또한 세포들이 우리를 위해 지니고 있는 더 큰 교훈을 연구하였고, 현미경에서 벗어나 생명을 더 넓은 시각으로 바라보았다. 함께한 시간이 당신에게 유쾌한 여정이었기를 바란다. 여기에서는 이 작고 신성한 배 안에 있는 경이로움을 기억하고 축하하기 위해 중요한 세포 탐구 중 일부를 되돌아볼 예정이다.

상호 연결

세포는 우리의 가장 오래된 살아 있는 조상이며, 또한 모든 생명에게 공통의 조상이다. 우리는 식물 등 다른 모든 생명체와 동일한 DNA 암호 체계를 공유할 뿐만 아니라, 탄소, 수소, 산소, 질소, 황, 인 등 생명의 근간으로 동일한 기본 화학물질을 이용한다. 우리의 역동적인 생화학적 과정도 유사하며, 가장 작고 오래된 미생물에서 시작되었다.

자주 드는 의문이 하나 있다. 만약 우리가 이러한 공통의 '성분'과 활동이라는 단순한 사실을 인정하고 이를 우리의 존재하는 현실로 받아들인다면, 그것이 모든 생명의 상호 연결성과 존엄성을 인식하고 존중하는 데 도움이 될까? 이 지구에 공존하는 다른 모든 생명체와 연결되어 있음을 상기시키는 것, 그것은 항상 이 책의 목표 중 하나였다. 우리는 동일한 물리법칙, 분자 DNA, 세포 생명의 본질을 공유하며 함께 참여하고 있는 것이다.

모든 생명체는 깨끗한 공기, 음식 그리고 물을 필요로 한다. 아름다운 우림, 이 세상의 다른 모든 나무 '사람들', 우리의 늘어나는 농장과 정원에서는 우리가 숨 쉬는 활력소인 산소를 생산하는 반면, 우리는 식물들이 먹이로 변환시키는 이산화탄소를 내뱉는다. 이것은 궁극적인 재순환의 환경인 것이다. 식물이 내뿜는 산소, 동물이 내뱉는 이산화탄소 등 어떤 종에게는 노폐물인 것이 다른 종에게는 생명의 필수 요소다. 이것이 나에게는 하늘이 내려주신 협력 관계로 보인다.

불행히도 우리 중 대다수는 지구의 외딴 지역 사람들, 툰드라 지대에 사는 멀리 떨어진 우림이나 동물들, 또는 옆집 이웃들과의 연관성

조차도 모른다. 2011년 일본에서 발생한 대지진과 쓰나미, 원자로 용해, 미국 중서부를 덮친 토네이도, 허리케인 카트리나로 인한 처참한 피해, 소말리아 기아의 비극과 같이 우리는 전 세계적으로 일어나는 경악할 만한 재앙들을 본다. 이러한 사건들이 지리적으로 아무리 멀리 떨어진 곳에서 일어난다 하더라도 우리의 세포와 에너지 장은 영향을 받는다. 우리의 원자들은 시공을 꿰뚫어 항해하며, 우리 몸은 언젠가 예수와 석가모니의 몸에서 돌았던 원자들을 포함하고 있다고 한다. 일본 참사의 여파로 인해 센다이 지역에서 방사능 물질이 뉴욕까지 이동했던 일은 놀라운 일이 아니었다. 우리는 같은 공기, 물, 세상을 공유한다. 연결되어 있음을 보거나 느낄 수 없을지라도 모든 것은 서로 연결되어 있다.

만일 이 책에서 배운 내용이 당신의 삶을 지지하고 당신의 세포 돌봄이들을 보살피는 데 도움이 된다면, 그것이 또한 당신이 다른 생명체와 그 세포들을 좀 더 보살피는 데 도움이 될 것인가? 우리 각자가 함께 살아가는 이 세상에 삶을 긍정하는 어떠한 기여를 할 수 있을까? 우리 자신의 세포들과 서로를 더 큰 존경심으로 바라보기 시작할까?

원래의 축복: 분자 결혼

약 40억 년 전 시작된 우리의 화학적 우주는 모든 생명에 토대를 제공한다. 놀라운 분자들은 정보와 생존 수단을 지니고 있다. 인텔리전트 디자인 이론을 지지하는 사람들은 최소한 한 가지는 맞다. 바로 우리 분자와 세포들은 지능이 있다는 것이다. 지능은 정보다. 분자의 진화는 우리 유산의 일부다.

만약 분자들이 전혀 발전하지 않고 서로를 찾지 않았다면 생명도 없었을 것이다. 아마 신은 생화학자일 것이다. 초반에 다룬 '분자 포옹'에 대해 생각해 보자. 드 뒤브 박사는 분자 상보성에 대해 언급한다. 그것은 포옹이 바로 우리 분자와 생물학의 작용 방식의 본질이라는 것이다. 생물학적 인식은 분자들 사이의 본질적·역동적 관계에 근거하고 있다. 세포 반응에 관여하기 위해서 분자들은 서로 꼭 맞아야 한다. 그래야만 다른 분자의 모양을 만들거나 구부러질 수 있다. 분자들의 결합은 친밀한 교환이며, 우리 세포들이 보이는 대부분의 분자적 상호작용에 필수적인 것이다. 진실로 협력하는 노력이 미시적 차원에서 우리 안에 내재되어 있으며, 그렇기 때문에 생명이 번성할 수 있는 것이다.

분자 포옹이라는 보편적 현상은 우리 몸이 화학적 차원에서 어떻게 작동되는가, 즉 효소들이 세포 내부의 화학적 반응을 어떻게 제어하는가 하는 본질이다. 그것은 면역 인지, 정보 전달, 호르몬 반응, 약물 반응, DNA 협력 관계 등에 매우 중대하다. 자연에 있어서 이러한 기본 설계는 포옹과 접촉이 생명에 얼마나 필수적인 것인지를 나타낸다. 그것은 세포뿐만 아니라 우리와 함께 지구에 공존하는 다른 생명체들에게도 필수적이다. 우리가 수십 년 전 어렵게 배웠듯이 아기들은 접촉 없이는 생존할 수 없을 것이다. 병원 보육실에서 아무도 안아 주고 돌봐 주지 않았던 고아들은 사망했다. 사람들은 아기들을 보살피며 그들이 신체적 접촉으로 잘 자란다는 것을 발견하게 되었고, 이때가 되어서야 비로소 우리는 이 간단한 몸짓이 생명에게 얼마나 중요한지를 배우기 시작한 것이다. 고양이, 개, 사슴 그리고 양의 어미들이 갓 태어난 새끼들을 핥아 줄 때, 그것은 새끼들의 신경계 발달을 자극한다. 우리는 우리 안의 원자와 분자들에 이르기까지 접촉을 필요로 한다. 하늘에서(우리 자신 전체) 그런 것 같이, 땅에서(우리 세포 생명들)도 그런 것이다. 이 고대의 신비한 개념은 우리 존재 전체에 의해 드러나고 있다.

생명을 포옹하라

1장에서 우리는 분자들이 서로 포용하고 합쳐져서 생명의 복잡한 작용과 하늘이 내린 불꽃을 위한 신성한 그릇을 만든다는 것을 배웠다. 분자들은 자신의 전자를 공유하거나 주고받는다. 이것은 분자적 차원에서 또 다른 측면의 협력인 것이다.

우리는 사랑하는 사람, 어머니, 아이 그리고 친구들을 포용한다. 우리 가치에 맞는 이념을 수용한다. 우리는 주위의 공기를 받아들이고, 안에서부터 밖으로 삶을 즐길 수 있다. 자연을 우리 존재의 본질적인 부분으로 받아들일 때, 우리는 우리가 누구이고 무엇인지를 변화시키게 된다. 우리는 자연이 우리를 위한 안식처가 될 수 있다는 사실을 알게 된다.

시골로 이사하고 마을 정원 일을 하게 된 뒤에야 나는 자연을 깊숙이 경험하기 시작했다. 동이 튼 직후 땅에 씨를 뿌릴 때 자연 속에서 신성함을 보았다. 그것은 내가 현미경 아래에서 발견한 신비에 대응하는 대우주의 신비다. 아주 작은 한 개의 씨앗 안에서 펼쳐지는 생명의 신비로움은 내가 살아 있는 세포들을 관찰하며 품었던 자연에 대한 경외심을 다시 불러일으켰다. 최근 학교 정원 프로그램을 지도하며, 아이들이 조금이라도 먹거리를 기르는 방법을 배우면 얼마나 쉽게 자연을 포용할 수 있는지에 대해 감탄했다. 한 개의 작은 당근만으로도 충분히 할 수 있다. 이런 활동에는 불가사의한 것이 있다. 우리는 자연과 다시 연결됨으로써 우리 세포들을 존중할 수 있는 것이다. 우리가 아이들에게 음식이 어디서 오는지 가르칠 때, 우리는 그들 자신의 뿌리와 연결을 성장시키도록 도와주는 것이다. 학교 정원 가꾸기와 다른 혁신적인 방법들을 통해, 우리는 자연계가 우리와 떨어져 있는 것이 아니라 우리 모두의 일부임을 보여 줄 수 있다.

◆◆◆◆◆◆◆◆◆◆◆◆◆◆◆◆◆◆◆◆◆◆◆◆◆◆◆◆◆◆◆◆◆◆◆◆

성찰

당신은 무엇을 완전히 포용하는가?

무엇이 혹은 누가 당신이나 당신의 생각을 포용하는가?

당신은 바로 지금 누구를 포용할 수 있는가?

◆◆◆◆◆◆◆◆◆◆◆◆◆◆◆◆◆◆◆◆◆◆◆◆◆◆◆◆◆◆◆◆◆◆◆◆

탐구

포용하기

잠시 시간을 내어 당신 안에 있는 세포 항해자와 주파수를 맞춥니다. 서로 협력하면서 수조 개의 세포가 당신을 수용하며 소중하게 포용하고 있음을 자각합니다.

분자와 세포들이 이러한 사랑스러운 접촉을 함께 하고 있다는 것을 당신의 심안으로 지켜보세요. 그들은 당신을 더 많이 차지하기 위해 서로 경쟁하지 않습니다. 그들은 당신의 정신, 자아 그리고 의식을 위한 생명의 그릇을 창조하기 위해 함께합니다. 잠시 그들이 하는 모든 것에 감사함을 느껴 보세요.

◆◆◆◆◆◆◆◆◆◆◆◆◆◆◆◆◆◆◆◆◆◆◆◆◆◆◆◆◆◆◆◆◆◆◆◆

평생 동안 당신이 한 기도가 '감사합니다' 뿐이라면, 그것만으로 충분하다.

– 마이스터 에크하르트(Meister Eckhart) –

나를 인식하기

2장 '나: 인식하기'에서는 당신 자신이 신성한 존재임을 알도록 하는 내용을 다루었다. 당신의 사고방식이나 삶의 방식에서 종교가 없더라도 이는 사실이다. 당신의 물리적 본성 그 자체가 신성한 것이다. 당신의 몸과 마음, 분자와 세포들은 존경받을 수 있으며, 자신만의 고유한 생명의 표현인 것이다. 영원한 당신은 오직 당신 한 사람이며, 당신은 유일무이하다.

우리가 세상에 선물하는 웃음, 사랑, 창의력 같은 좋은 것보다, 우리는 자신의 결함과 단점을 더 쉽게 찾는 경향이 있다. 자신이 누구이고 어떤 존재였는지 자기 존재의 모든 것을 보고 수용하도록 노력하라. 남들이 덜 걸었던 길 위에 있던 나, 군중을 따라갔던 나, 가지 말았어야 할 길을 갔던 나를 받아들이라. 있는 그대로의 당신을 있게 한 모든 것을 받아들일 때가 있다. 하나하나의 결정이 당신의 스승이었으며, 더 큰 지혜를 가져다주었을 것이다.

최근 한 수련원에서 '세포와 신성함' 워크숍을 진행했는데, 그 경험을 7장에서도 간단히 언급했지만, 나는 허우적거렸다. 나의 과학적 자아와 나의 다른, 좀 더 민감한 영적인 측면을 통합하는 데 힘든 시간을 가졌다. 나 자신이 둘로 나뉜 느낌을 받았다. 워크숍 마지막 시간 전, 수련원 정원으로 가 명상을 하기 위해 마음을 가다듬었다. 이제는 당신에게도 놀라운 일이 아니겠지만, 내 세포들은 나를 신속하게 현재로 데려다주었다. 나는 그 선물을 준 세포들에게 진심으로 고마워했다. 그리고 "결국 당신이 해냈군요. 정말 진심이었군요."라는 정체를 알 수 없는 목소리가 들렸다.

내 세포들에게 감사하는 수련을 오랫동안 해 왔으며, 내 생각에는 매번 진심을 다했다. 하지만 이번에는 변화된 의식 상태의 덕을 보았다. 나는 조금도 과학적 의식에 머물고 있지 않았다. 그리고 그것이 변화를 가져왔다.

제일 큰 '아하' 의 상황은 아직 오지 않았다. 나는 "결국 당신이 해냈군요." 하는 메시지를 듣고 큰 현기증을 느꼈고, 그 목소리는 더 많은 메시지를 들려주었다. 마치 내 세포들로부터 갑자기 수신을 받는 듯했다. 내가 들은 메시지는 다음과 같다.

> "우리는 그대의 가장 오래된 조상이다. 우리는 수백만 년을 생존해 왔다. 물론 그대가 말한 대로 우리는 어떻게 생존하고 살아야 하는지 알고 있다. 그대가 함께 나누는 레슨들은 신성한 존재로서 우리가 무엇을 해야 하는지 설명한다. 결국, 우리는 신이 우리에게 내린 생명의 횃불을 들고 있다. 우리 각자에게 들어 있는 불꽃의 일부를 그대도 지니고 있다. 우리가 그대 세포들의 정신적 안내자가 될 수 있도록 그대 자신의 내면으로 들어가라. 자유롭게 우리에게 다가오라. 그대가 우리를 어떻게 돌봐야 하고, 우리를 위해 무엇을 할 수 있으며, 우리는 그대를 위해 무엇을 할 수 있을지 우리에게 물어보라."

순식간에 과학적 앎과 영적 추구라는 이질적인 영역들이 하나로 합쳐졌다. 나는 항상 그 전부터 내가 가르쳤던 것이 생물학적 세포의 삶을 보다 시적인 인간의 삶으로 반영시키는 나의 상상력의 산물이라고 생각했다. 그런데 이제 그것이 진정 세포의 현실을 반영한다는 것을 알게 된 것이다. 그것이 살아 있는 앎으로 느껴졌고, 정말 진심으로 들렸다. 그 목소리는 말했다. "나는 나인 바로 그것이다."

그 후 내 안의 과학자가 침묵에서 깨어나 내가 경험했던 것을 무시하려고 하며 바쁘게 움직였다. 나는 아무것도 가지고 있지 않았다. 만일 모든 시대의 사람들이 식물들과 '대화'를 하고 예지적 비전(vision)으로부터 정보를 얻을 수 있었다면, 왜 우리 세포들은 그런 비전을 통해 정보를 제공할 수 없을까? 왜 우리 세포의 지혜를 내 세포로부터 직접 받을 수 없을까? 과학의 전체론적·여성적·체험적 측면을 믿지 않는 과학자에게는 이 확신이 미친 소리나 뉴에이지 '미신'처럼 들릴 수 있다.

하지만 이 책을 통해 여정을 동행했던 세포 항해자는 아마 이 가능성을 받아들일 수 있을 것이다. 우리의 예감, 내면의 목소리, 하느님 그리고 직감은 모두 우리 존재의 일부분이다. 이 내면의 공간으로부터 나오는 것을 표현할지 말지 또는 어떻게 표현할지 하는 것이 우리가 인생이라고 부르는 위대한 모험의 한 조각이다.

◆◆

성찰

'나는 나인 바로 그것이다.'를 인지해 보세요.

◆◆

귀 기울여 듣기

3장에서 우리는 어떻게 세포들이 서로에게 귀 기울여 듣는지를 배웠다. 그리고 마음속으로 주장하고, 판단하고, 비판하고, 무시하며 반응하는 대신 다른 사람들의 말을 경청하는 것이 얼마나 중요한지를 배웠다. 또한 수련원 중앙 정원에서 내가 다시 한 번 깨달았듯이, 우리는 특히 영적인 가이드를 구할 때 자신의 내면의 목소리를 들어야 한다. 우리 세포들이 우리의 모든 재잘거림을 듣고 있다는 것을 다시 떠올려 보라. 그들은 무수히 많은 분자 메시지를 수신하고 그 결과 어떤 조치를 취할지 결정한다. 많은 과학자는 오직 신경세포들만이 정보를 해석할 수 있다고 하지만, 이는 그림의 한 부분일 뿐이다. 모든 세포는 외부로부터 들어오는 메시지에 반응할 수 있음이 틀림없다. 그들은 10억분의 1초인 나노 초와 1조 분의 1초인 피코 초까지 측정되는 광속으로 반응하며, 이는 우리가 의식적으로 자각할 수 있는 상태를 훨씬 초월한다. 참으로 우리의 세포들은 양자 현실 속에서 작동하는 것으로 보인다. 그 속에서 각 세포는 인간의 마음으로 헤아릴 수 없는 시간의 프레임으로 수백만 가지의 조작을 수행한다. 고정됨이 없이 유연하게 끊임없이 변화하며, 그들은 매 순간 현재에 있다.

우리가 찰나에 머물며 있는 그대로 들을 때, 우리의 세포들은 일관된 메시지를 받고 현명하게 선택할 수 있다. 그들은 내면의 말다툼을 심판하거나 불필요하게 서로 흥분시키는 데 에너지를 낭비할 필요가 없다. 그리고 이것이 바로 우리에게 번창할 기회를 주는 것이다.

성찰

당신의 세포들은 당신 세계에서 일어나는 모든 일을 듣고 있다는 것을 기억하세요. 당신이 두려워할 때, 그들은 현실이든 상상이든 그 상황을 당신이 처리하도록 도와주기 위해 자신들의 활동들을 조정합니다. 도망쳐서 꼼짝하지 않고 숨든지 또는 당신 앞에 놓여 있는 그 어떤 도전들에 대한 당신의 마음을 변화시키든지, 당신의 선택은 당신의 세포들을 변화시킵니다.

- 이 도전이 당신의 세포들을 흥분시킬 만한 가치가 있습니까?
- 아니면 당신은 존재하지 않는 위험을 상상하십니까?

당신 자신에게 질문하는 훈련을 해 보세요.

- 내 세포들이 듣고 있는 메시지들은 무엇인가?
- 내가 그들을 보살피고 있는가? 아니면 불필요하게 열심히 일하게 하고 있는가?
- 내가 그들과 함께 더 나은 상생의 파트너십을 창조할 수 있는가?
- 비록 당신은 세포의 삶의 교훈을 단지 은유로서만 바라보고 있지만, 당신을 짊어지고 삶을 사는 세포들은 당신에게 가르쳐 줄 것이 많이 있습니다.

생명의 끈을 퉁기기

4장에서는 세포 구조 안에 있는 지성의 비밀을 풀었다. 세포 구조와 강력한 끈들에 대한 학습은 내가 세포의 신성한 성품을 올바로 인식하는 데에 커다란 전환점이 되었다. 에너지 의학, 소리와 기도 같은 고대의 치유 방법들은 아직 주류 의학의 한 부분으로 수용되지 않지만, 이러한 치료법들은 자신도 모르게 세포 구조에 기반을 두고 있다. 결국 우리는 찬가, 에너지 흐름, 호흡 동작과 같은 치유 양식에 반응하는 우리 세포 내부의 해부학적 구조를 파악할 수 있게 되었다.

우리의 세포를 주술사로 여길 수 있을까? 세포 구조 그 자체가 우리의 더 높은 선을 위하여 형태를 바꾸어 움직일까? 우리가 현미경 아래에서 볼 수 있는 관과 버팀목 속에는 어떤 형태의 의식이 실제로 존재할까? 우리 세포의 디자인을 이해함으로써 나는 태극권, 요가, 춤, 기공, 심지어 걷기와 같은 운동 수련의 신성한 기원을 알게 되고 이에 대해 감사할 수 있었다. 이러한 수련은 모두 우리 세포 내부와 주변의 구조를 펴 주고 부드럽게 해 준다. 치유를 위해 우리의 마음이 무엇을 놓아 버려야 하는지 의식적으로 깨닫지 못할 수도 있지만, 세포들은 현명하다. 그들을 움직이면 치유 능력이 발현되는 데 도움이 될 수 있다. 놓아 버리는 것은 신체적 · 정신적 치유의 중심적인 접근 방법이다. 사실 세포에게서 배우는 가장 중요한 실질적인 가르침 중 하나는 우리가 놓아 버릴 수 있는 수많은 방법이 있다는 것이다. 여기에는 운동하기, 현존하기, 흥얼거리기, 그리고 우리의 진실에 대한 글쓰기가 있다.

양자물리학자들은 내 능력으로는 충분히 기술하거나 이해하기 어려운 개념인 우주의 끈 이론에 대해 홍분하며 이야기한다.[2] 하지만 세포 구조에 대해 배운 것을 고려한다면, 우리가 웰빙의 상태에 있을 때, 또는 우리가 변화를 겪거나 세상이 위기에 직면할 때 아마 우주의 끈과 우리 세포의 끈은 공명할 것이다. 우리와 우리 세포가 지구의 모든 생명과 연결되는 또 하나의 방식이 끈을 통해서 가능할지를 탐구하는 것은 홍미를 유발시키는 문제다. 우리는 우리 세포의 지성이 자신의 끈에 의존하여 작용한다는 것을 알고 있다. 아마도 언젠가는 끈 이론의 또 다른 측면으로 이 내용이 추가될 것이다. 하늘에서와 같이 땅에서도 그러할 것이며, 안에서와 같이 밖에서도 그러할 것이다.

◆◆◆

성찰

내가 놓아 버리고 싶은 것은 무엇인가?

내 삶을 더 고차원적으로 펼치기 위하여 나를 움직이고 모습을 바꿀 것은 무엇인가?

누가 나의 끈을 잡아당기는가?

◆◆◆

에너지 지속시키기

5장에서 우리는 세포들이 에너지가 충만할 때에만 완전히 자신들을 발현할 수 있다는 것을 배웠다. 우리 안의 수조 개의 세포는 우리 자신을 지속하는 데 필요한 모든 분자 에너지를 대량 생산할 수 있는 위대한 능력을 가지고 있다. 하지만 우리의 욕구가 세포 자원을 능가한다면 무슨 일이 일어날까?

우리 세포들은 매일 약 3파운드의 ATP를 생성한다는 사실을 기억하라. 이렇게 생성된 ATP를 우리는 보고, 호흡하고, 혈액을 나르고, 움직이고, 사고하고, 면역력을 유지하고, 손상 부위를 대체하거나 수리하고, 이 책을 읽는 데 사용한다. 에너지가 고갈되지 않도록 하려면 어떻게 해야 할까? 우리의 삶에 동력을 공급하는 에너지 출입 흐름의 균형을 맞추기 위해 우리가 해야 할 것과 하지 말아야 할 것은 무엇일까? 우리와 세포들은 휴식을 취하고, 재충전해야 하며, 저장된 에너지를 현명하게 투입해야 한다.

◆◆

성 찰

에너지를 낭비하지 않도록 해야 합니다. 당신의 삶을 가장 풍요롭게 하고 북돋우는 사람들 중에서 누구와 시간을 함께 보낼지 선택합니다. 누가, 무엇이 당신의 에너지를 소모시키는지를 인지하는 방법을 배웁니다. 당신의 에너지 자원의 낭비적 소모를 막아야 합니다.

◆◆

수년 전, 친한 친구가 암이 발병한 뒤 자신의 에너지가 제한된 것임을 깨닫고 제일 먼저 자신이 바꿔야 했던 것 중 하나를 말해 주었다. 그것은 '에너지 유출'을 일으키는 사람들에게 '노(no)'라고 말하는 것이었다. 우리 모두 또한 다음 질문에 답을 해야 한다. 우리의 에너지 자원, 즉 우리 내부의 동력 공급과 외부 세계에서 사용하는 에너지를 어떻게 좀 더 현명하게 관리할 수 있을까? 어떤 음식을 선택할 것인가? 누가 우리의 친구가 될 것인가? 무엇이 우리의 일과 놀이일까?

세포들의 현명한 에너지 사용을 내 일상에 반영하도록 노력한다. 외출하기 전에 방의 전등을 반드시 다 끄고 나가도록 한다. 양치질을 하거나 설거지를 할 때 수돗물을 계속 틀어 놓지 않는다. 자원을 재활용하고 지역의 유기농 농부들을 최대한 지원한다. 가능하면 유독 화학물질로 기르지 않은 식품을 구매한다. 수년간 지속해 온 기공 수련 이외에 무엇이 나의 에너지를 지속시키고 재생할 수 있는지에 대한 배움을 계속한다. 과일 나무와 노래하는 새들이 있는 내 정원에서 앉아 글쓰기를 하는 것은 내 에너지의 심혼을 지속시킨다. 그리고 다른 사람들과 에너지를 공유하는 것은 나 자신에게 에너지를 생성하는 또 하나의 방법이다. 우리 모두 세포들과 자신을 지속시키는 데 주의를 기울임에 따라, 우리의 자원을 현명하게 쓰게 된다. 그것은 미래 세대를 위한 지속 가능한 지구를 만드는 데 도움을 준다.

◆◆

성찰

당신의 에너지와 기분을 지속시키고 생성시켜 주는 것은 무엇인지 알아보세요.

덜어냄으로써 스트레스를 줄이세요.

탄소를 포함, 당신이 남기는 발자취를 인식하세요.

◆◆

유산 창조하기

6장에서 우리는 유전자 발현에 대해서 알아보았고, 우리 삶의 목적을 표현하는 것에 대해 관조하며 그 장을 마무리했다. 나는 약 20년 전쯤에 이 책의 집필을 시작했다. 그리고 나는 내가 맡긴 것보다 더 오랜 세월을 살게 된 시점에 이르렀다. 이는 흥미로운 관점이다. 우리는 노년기에 접어들면서 자연스럽게 그동안 우리가 걸어 온 길과 지구에 가져온 축복에 대해 성찰하게 된다. 한 친구가 나에게 "네가 여기에 머문 것에 비해 더 나은 자리가 되게 하고 떠나라."고 조언했다. 나의 첫 번째 유산은 사랑, 즉 나의 아이들과 손주들이다. 나는 그들을 통해 어떻게 사랑을 나누는지 계속 배운다.

내가 남기는 또 다른 유산은 이 책이며, 이것은 당신 자신만의 유산을 만들고 다듬는 데 필요한 지식을 보강하는 자료가 될 것이다. 나는 우리 모두 어떤 소명으로 여기에 있다는 것을 믿는다. 만약 당신이 그 믿음을 함께한다면, 당신의 세포들은 그 소명을 이루도록 도와주기 위해 여기에 있다는 것을 지금쯤이면 깨달았을 것이다.

당신이 여기에 있는 목적은 무엇인가? 당신이 여기 있는 동안 어떻게 세상에 더 좋은 자리를 남기고 떠날 것인가? 그 목표를 위해 현재 당신은 무엇을 하고 있으며, 무엇을 남겨 놓고 싶은가? 우리는 각자 생명 에너지와 유전자라는 선물을 부여받았다. 최고의 선을 위해 우리는 이것을 어떻게 키울 수 있을까? 자기 만족을 위해서인가? 다른 사람의 행복을 위해서인가?

당신의 유전자는 단순한 화학적 코드이지만 당신을 만들어 낸 정보의 패턴을 지니고 있다. 꽃씨나 시금치 씨앗 주머니를 털어 보라. 이 매우 작은 그릇은 식물을 만드는 데 필요한 모든 정보를 다 가지고 있다. 씨앗은 그 유력한 유전자를 가지고 있음에도 자기 스스로의 힘만으로는 식물로 자라날 수 없다. 그것이 자신의 장엄함을 드러내기 위해서는 부드러운 보살핌, 물과 흙이 필요한 것이다. 그 유전자들이 서로에게 지시를 전달하듯이, 환경도 그들에게 이야기한다. 자신들이 놓인 환경의 아주 작은 변화가 큰 차이를 만든다. 2개의 다른 용기에 사탕무 씨앗을 뿌렸을 때, 이 교훈을 다시 한 번 배웠다. 두 용기는 동일한 흙이 있었고 같은 양의 햇빛을 받았지만, 용기의 다른 모양과 크기 때문에 사탕무들은 매우 다르게 자랐다. 한 용기에서는 몇 주가 지나도록 거의 자라지 못한 반면, 다른 용기에서는 지나가는 모든 사람에게 큰 잎을 흔들 만큼 자랐다. 이 씨앗처럼 당신 자신과 세포들은 자신의 최고 능력을 발휘할 건강한 환경에서의 양육과 지원을 필요로 한다.

현재 과학자들은 우리의 환경이 유전자 발현에 영향을 미칠 수 있는 가능성을 보여 주고 있다. 앞서 언급한 씨앗처럼 말이다. 적절한 환경에 놓인다면, 우리는 자신의 운명, 유산과 유전자를 발현시킬 수 있는 것이다. 유전자가 '우리의 보스'가 아님을 충분히 인식할 때, 이것은 분명히 우리에게 권한을 부여하는 것이다.

◆◆◆

성 찰

현재와 미래의 세대들에게 남기고 싶은 유일한 유산은 무엇인가?

이 목적을 달성하기 위해서 당신은 오늘 무엇을 할 수 있는가? 또는 무엇이 될 수 있는가?

◆◆◆

배우고 기억하기

7장에서는 세포 기억과 습관의 형성에 대해 탐구해 보았다. 글을 쓰거나 달리든, 피아노를 치거나 수영하든, 웃거나 사랑하든 우리는 정신적·신체적으로 한 가지 활동을 반복함으로써 배운다. 각각의 활동은 우리 뉴런 속에서 연결되고, 우리 근육으로 패턴화되며, 우리 세포의 구조에 자리 잡게 된다. 우리는 오래된 습관을 깨뜨리고 새로운 습관을 만들 수 있다. 이 모든 것은 '감각적 기쁨 세포(sensory delight cells)'의 도움으로 가능하다. 우리는 고통과 쾌락에 의해 행동양식이 고정화되어 버린다. 우리의 생존은 이 두 가지 경험에 달려 있고, 우리의 감각은 이 두 가지를 기억하도록 돕는다. 새롭고 긍정적인 행동과 습관을 배우기 위해서는 우리에게 기쁨을 안겨 주는 감각들을 이용하면 된다. 예를 들어, 과즙이 많은 사과의 맛, 라벤더 또는 치자의 향, 맨살의 부드러운 촉감 등이 있다. 이 모든 것은 세포들이 새로운 경험에 닻을 내리도록 도와준다. 세포 기억은 더 많이 다닌 길에 의존한다. 함께 배우는 세포들은 더 쉽게 돌아올 길을 만든다. 우리는 새로운 기억과 장점을 만들어 가는 데 의도적으로 세포들을 끌어들일 수 있다. 이것을 알 때 우리는 자기관리에 관한 한층 고도의 감각을 가지게 되며, 우리는 우리 세포와 우리 자신에게 새로운 요령을 가르쳐 줄 수 있다.

나는 규칙적인 운동 프로그램을 지속하려고 종종 애를 쓰며 지냈다. 운동이 나 자신을 위해 좋다는 것을 아는 것만으로는 충분하지 않다. 한번 시작하면 당분간은 운동을 할 수 있다. 하지만 내 세포들이 내가 하는 것을 좋아하거나 간절히 원하게 될 때까지 진정 몰입과 훈련이 필요하다. 이 두 가지 중 어느 것도 나의 강점이 아니다. 아직 입증되지는 않았지만, 아마 당신도 내 믿음을 검증하는 이 실험에 함께 동참할 수 있을 것이다. 그것은 3번의 주기로 한 가지 행동을 반복함으로써, 우리는 세포들에게 행동을 각인하여 성공의 길을 낼 수 있다는 것이다. '삼중성(threeness)'은 변화를 이끌어 내는 데 도움이 된다. 우리의 감각은 우리의 뜻을 행동으로 실천하고 지속할 수 있도록 도와준다.

운동선수인 한 친구가 최근 주말에 방문해서 우리는 이틀 동안 함께 오래도록 걸었다. 그리고 그다음 날은 혼자 오래 걸었다. 3일 연속으로 계속 걸었던 것이다. 기분도 더 나아지고, 훨씬 더 많은 에너지가 생기고, 집중도 더 잘됐다. 내 몸과 마음이 3일 연속으로 걷고, 움직이며, 맑은 공기를 호흡하고, 자연 속에 있기를 좋아했다. 당신도 3일 연속으로 자신만의 유쾌한 도전을 해 보라. 그리고 6일, 9일, 21일 연속으로 실천해 보라. 기억하라! 습관을 바꾸는 데에는 21일이 소요된다. 당신 스스로 이를 시험해 보라. 결국, 스스로 어떤 것을 실천하든 당신의 세포들이 당신과 얼마나 협력하는지가 드러날 것이다. 여기 내 말로는 충분하지 않다. 당신의 세포 항해자 스스로 내면 깊이 배움과 앎의 풍부한 잠재 능력을 탐구하게 하라.

세포 하나하나는 놀라운 능력과 대단히 흥미로운 구조적 특징을 가지고 있다. 하지만 이 세포들이 함께 협력하고 연결될 때 각 세포의 개별적인 능력을 훨씬 능가한다. 우리 세포 우주의 복잡함과 세밀함은 책상 위 컴퓨터의 능력을 훨씬 능가한다. 세포 능력은 경이롭고, 그들이 형성하는 지원 네트워크는 우리의 인간성을 표현할 수 있도록 해 준다. 세포 하나하나에도 우리는 감사할 일이 많은 것이다.

감각은 우리의 몸과 세계 사이에 있는 문이다.
그것은 우리가 외부를 만나 안으로 들이는 곳이다.
– 제이 마이클슨(Jay Michaelson), 『당신 몸속의 하느님(*God in Your Body*)』 –

지혜 지니기

우리 세포는 안식처이며, 또한 지혜 보유자다. 이 중 후자의 내용은
8장에서 다룬 주제다. 몸속 분자들의 섬세한 디자인은 렘브란트 또는
칸딘스키의 그림, 티베트 탕카(신, 우주론, 만다라를 상징하는 불교 회화)
또는 원주민 의학 바퀴처럼 정교하고 아름다운 패턴을 형성한다. 우리
가 가정을 이루고 우정을 맺으며 제단을 만들 때, 우리 세포들이 즐기
는 것은 신성한 공간이다. 우리는 그 안에서 성스러운 감정을 지니게
된다. 시간을 갖고 진정 우리 주변을 살펴보면, 자연이나 우리의 집, 또
는 우리가 가는 안식처에서 특정한 디자인이 반복되는 것을 볼 수 있는
가? 모든 것이 지혜를 담고 있거나 드러낸다고 생각할 수 있을까? 수세
기 동안 숭배되어 온 형상과 패턴이 우리 세포들의 모양을 반영할 수
있지 않을까?

얼마 동안 나는 내가 '나선형 여정(the Spiral Journey)'이라고 불렀던
암 환자 지원 그룹을 이끌었다. 첫 모임이 있던 날, 아무도 나선형 디자
인이 우리 삶에서 특별한 의미나 연관성을 가지고 있다고 인식하지 못
했다. 이 형태를 찾을 수 있는 수많은 현장에 눈이 열렸을 때에야 비로
소 그 형태의 존재도 알아차리게 되었다. 어떤 참가자들은 자기들이
마음에 들거나 의미가 있어서 골랐던 벽 위의 그림 및 시트의 패턴 안

에 있는 나선형 모양을 발견하고 놀라워하며 즐거워했다. 마찬가지로, 우리는 오직 보고 또 볼 때에 비로소 서로의 아름다움, 지혜 그리고 신성함을 인지하는 것이다.

성찰

당신 안과 주변에 지혜를 지니고 있는 것은 무엇입니까? 시간을 할애해 주변을 둘러보고 자연 속에서 패턴들을 관찰해 봅니다. 나뭇잎, 꽃잎, 돌의 모양 등을 살펴봅니다. 당신 세포들의 모양과 세밀한 디자인을 상상해 봅니다. 나비, 벌새 그리고 자라는 식물을 관찰해 봅니다. 우리 모두에게 공통적으로 있는 디자인이 놀랍지 않나요? 당신은 어떠한 신성한 형태들과 공명합니까?

축하하기

결국, 우리가 얼마나 일했는가, 어떤 책들을 집필했는가, 과학에서 어떤 획기적 진전을 이루어 냈는가 하는 것은 중요하지 않다. 중요한 것은 우리가 얼마나 깊이 사랑하고 연결되어 있느냐다. 나는 우리가 강력하고 신기한 우리 세포들의 사랑을 받고 있다는 사실을 나누기 위해 이 책을 썼다. 당신이 다른 사람들에게도 이 메시지를 전달하기 바란다. 생명의 거룩함을 우리에게 상기시켜 주는 아주 작은 생명 그릇인 세포들이 항상 우리와 함께 있다. 이런 사실을 고려할 때 우리는 절대 혼자가 아니다. 우리 세포들은 항상 현재에 있다. 그들의 위대한 지혜를 즐기고, 그들과 함께 기뻐하며, 그리하여 그들이 활동하게 하라. 우리는 춤추고, 노래하며, 나누고, 나아가며 활동한다. 우리는 축원을 올리며 행동으로 옮긴다. 이런 것들이 현재를 바꾸고 미래를 변화시킬 수 있다.

세포 항해자가 된 당신은 이제 자신이 스스로의 세포들이라는 것을 이해한다. 만일 당신이 그들의 현명한 행동과 운영 지침을 따라 한다면, 자기 자신에게서 쓸데없이 마음이 재잘거리는 짐을 내려놓고, 그 대신 인생의 모든 진미를 즐기는 기쁨을 누릴 수 있을 것이다. 내 마음은 나에게 행동에 옮기지 않을 온갖 이유를 댈 것이다. 내가 무엇을 말하는지 세포들은 이미 알고 있다. 하지만 내가 자비로운 마음으로 진정 그들에 대해 생각할 때, 내 마음은 '싫어' '못해' '아닐 거야'에 대한 집착을 내려놓게 되고, 내 세포들은 내 웰빙에 더 큰 차원에서 중요한 역할을 맡게 된다. 내 습관들로 인하여 세포들이 어떤 영향을 받을까 하는 것을 고려할 때, 나는 더 나은 선택을 하게 된다. 이렇게 하는 것은 당위성의 차원에서 '해야 하기' 때문이 아니다. 왜냐하면 나는 하늘이 주신 신의 불꽃을 담은 그릇인 나 자신의 세포들을 진정 잘 보살펴 주고 싶기 때문이다. 이러한 관점으로 보면, 더 나은 선택을 하는 것은 '할 수 있다'와 더 관련이 있다.

자기 세포의 비밀에 대하여 당신이 새로이 알게 된 것을 미래로 가져가면서, 내가 경험한 것처럼 당신 스스로 자기 안에 있는 신성한 불꽃을 존경하고 보살피게 되기를 기원한다.

이제 그 축원을 당신과 함께 나누고 싶다.

위대한 영혼, 하늘에 계신 우리 님이시여,

그 마음속에 '나'를 담고 있는 무수히 많은 제 안의 생명체들을

제가 더 잘 돌볼 수 있도록 도와주소서.

저와 더불어 다른 모든 사람이

우리가 모두 신성함의 일부분이고,

우리 모두는 서로 연결되어 있으며,

우리 모두 보살피고 사랑하며

각자 맡은 역할을 한다는 것을 깨닫게 하여 주옵시고,

미래 세대를 위한 내일이 여기에 살아 있고,

그들의 조상으로서 우리가

원만하게 대응하여 지혜의 유산을 남길 수 있도록

저를 인도하소서. 아멘

모든 축원과 마찬가지로, 이 축원을 마음으로 다잡고 항상 깨어 있도록 하라. 하루에 한 번 하던 일을 멈추고 당신의 세포와 함께 하는 영적 수행을 하라. 내 안의 분자와 끈들의 매트릭스 안에서 길을 잃고 방황할 때, 나는 끝없이 열려 있는 가능성을 자각하게 되었다. 그것은 우리가 모든 우리의 에너지, 분자 그리고 세포들로 채워진 고유의 에너지 진동 공간에 존재하는 양자적 존재라는 무한한 가능성이다. 우리의 에너지 형상은 고유하다. 전 우주에서 당신은 오직 하나, 유일한 존재다. 이번 생애에서 당신이라는 역할을 맡은 것이 얼마나 행운인가? 이 역할을 어떻게 수행하겠는가?

우리 세포들의 가르침: 삶의 수행 지침 123

당신에게 현재 시작하여 미래에도 할 만한 마지막 탐구 과제를 드립니다. 당신의 세포들에게서 받은 다음의 가르침 목록을 복사해서 자주 지나다니는 장소의 벽에 붙여 놓고, 이 중 어떤 가르침이 당신의 스승으로 받아들여지는지 매일 보도록 합니다. 당신 세포의 신비한 가르침에 대해 탐구하고 싶을 때, 언제든지 이 목록을 보면 됩니다.

안식처 포옹하기

나 자신과 다른 사람을 인식하기

귀 기울여 듣기

선택하기

애착과 놓아 버리기

에너지 지속시키기

목적 창조하기

배우고 기억하기

지혜를 지니고 알기

연결되고 축하하기

부록

부록 1 컬러 사진 모음
부록 2 에너지 변화 그래프
부록 3 몸의 기도 기공 시리즈
부록 4 함께 읽으면 좋은 도서

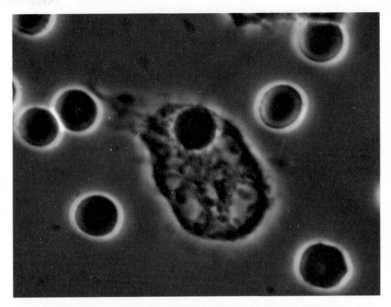

[사진 A-1] 다른 종의 적혈구를 인지하고 다가가는 인체 백혈구

[사진 A-2] 비타민 B12

337

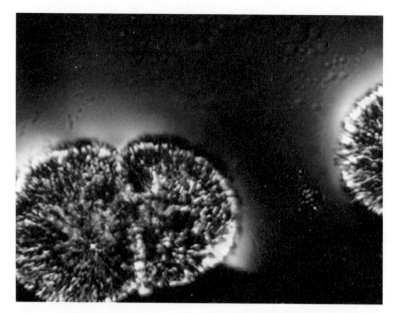

[사진 A-3-1] 지(地): 원형, 여성성, 염소자리, 인산칼슘

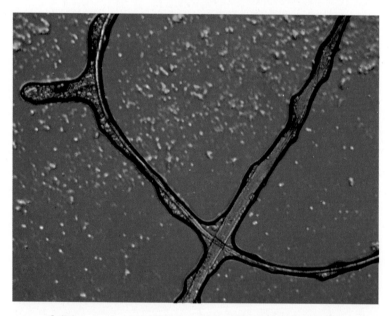

[사진 A-3-2] 수(水): 유동성, 여성성, 게자리, 플루오르화 칼슘

[사진 A-3-3] 풍(風): 선형, 남성성, 천칭자리, 인산나트륨

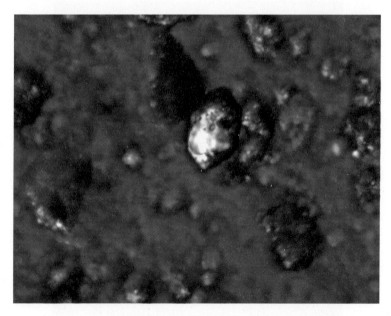

[사진 A-3-4] 화(火): 조명, 영혼, 남성성, 궁수자리, 이산화규소

[사진 A-4] 의학 바퀴

[사진 A-5] DNA의 컴퓨터 그래픽(이미지: Robert Langridge)

[사진 A-6] 수크로오스, 단맛

[사진 A-7] 사과산, 신맛

[사진 A-8] 아드레날린

[사진 A-9] 카페인, 쓴맛

[사진 A-10] ATP 분자

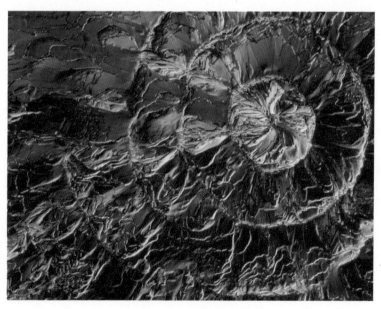

[사진 A-11] 크레아틴 인산

메모와 관찰

_____

_____

_____

_____

_____

10					
9					
8					
7					
6					
5					
4					
3					
2					
1					
0					

12:00 AM   4:48 AM   9:36 AM   2:24 PM   7:12 PM   12:00 AM

* 에너지 변화 그리기: 10은 가장 높은 점수, 1은 가장 낮은 점수
  (매일 최소한 5회 이상 기록)
* 에너지: ■ / 기분: ○ / 긴장: ▲ (자신만의 기호나 색깔을 고르세요)

부록 3 몸의 기도 기공 시리즈

당신이 이 책을 처음부터 끝까지 읽으며 세포들과 함께 몸의 기도를 위한 기공 운동을 즐기셨길 바랍니다. 여기서는 전체적인 기공 동작 시리즈(5장 참조)를 소개합니다. 그러나 이 중 하나만 수련해도 그 가치가 있다고 알려드리고 싶습니다. 한 번에 한 동작씩 배워서 기억하면 쉽고, 그것을 당신의 자녀, 친구 및 가족에게 가르쳐 주어도 좋습니다. 또한 어느 때에는 하고 싶은 동작이 한두 개밖에 없을 수 있습니다. 이때는 자신에게 무엇이 필요한지 진정 귀를 기울이고 최선의 방향으로 나아가야 합니다. 당신의 세포들은 기공 수련을 사랑할 것입니다.

어떤 기공 수련을 준비할 때는, 바람이 많이 불거나 추운 경우 그때그때 상황을 잘 파악하여 실외에서 하는 것을 피하세요. 몸에 딱 붙지 않는 헐렁하고 편안한 옷을 입으세요. 실내에서 수련할 때 신발을 벗고 발바닥으로 감촉을 느껴 보세요. 부드러운 발바닥과 발가락에 문제 없는 안전한 장소라면 실외에서도 똑같이 해도 됩니다. 편안하게 긴장을 풀고 세포 치유를 위한 준비를 하세요.

수련을 많이 할수록 당신이 수련하는 고요하고 자양분이 되는 에너지를 더 신뢰하게 될 것입니다. 각 동작을 최소한 세 번 이상 수련하기를 권합니다. 이러한 동작들을 창시한 도교인들은 숫자 3을 신성하게 여겼습니다(그것을 상상해 보십시오!). 이 동작들을 3의 배수 단위로 할 수 있습니다. 제가 이 수많은 동작을 처음 배웠을 당시에 우리는 각각의 동작을 18회에서 36회 정도 했습니다.

이 수련을 하기 위해서는 최소한 10분에서 20분의 시간을 할애합니다. 여기서 제시한 설명대로 전체 동작을 한 번 할 때는 허리 돌리기를 제외하고 각각의 동작을 최소한 3회 반복합니다. 동작 중 어떤 것은 하고 싶은 만큼 많이 합니다. 예를 들어, 저는 영화를 보기 위해 줄을 서거나 무언가를 서서 기다릴 때 자동적으로 허리 돌리기를 하고 있는 저 자신을 종종 발견합니다. 당신도 해 보세요.

기본자세: 자리 잡기

양발로 확고히 뿌리를 내리고 땅 위에 자리 잡고 있음을 느껴 봅니다. 양발을 어깨 너비로 벌리고 서로 나란히 해서 섭니다. 발바닥을 통해 자신이 땅에 깊숙이 뿌리 내리는 상상을 할 수 있습니다. 확고하게 자리를 잡고 서 있는지 확인하기 위해 당신 자신이 땅에 뿌리 내렸음을 느낄 때까지 몸을 앞뒤와 양옆으로 살살 흔들어 봅니다. 양발이 땅에 맞닿아 있음을 느낄 때, 당신은 지구의 에너지로부터 힘을 얻을 수 있습니다. 또한 당신의 발을 통해 지구의 에너지를 끌어당기는 느낌을 받거나 상상할 수도 있습니다.

무릎을 살짝 굽히고 엉덩이를 안으로 밀어 넣습니다. 어깨를 땅으로 축 늘어뜨리고 이완시킵니다. 양팔은 힘을 빼고 늘어뜨립니다. 혀는 치아 뒤 입천장에 두세요. (이것이 "내면의 미소"이고 언제나 수련할 수 있습니다.) 턱은 바닥과 수평이 되게 하고, 황금 밧줄이 머리를 하늘과 연결시키는 것을 상상합니다. 이것은 또 다른 하나의 에너지의 근원에 연결되게 하는 것입니다.

확실히 땅에 자리 잡게 되었다고 느낄 때까지 몸을 살짝 좌우로 흔듭니다.

이 기본자세를 취함으로써 모든 일련의 기공 동작을 시작합니다.

자리 잡기의 또 다른 선택지는 이 기본자세를 유지하면서 팔꿈치를 구부리고 자신의 양쪽 허리에 갖다 대는 것입니다. 양손은 펴고 배꼽 바로 아래 높이에서 손바닥이 서로 마주하게 놓습니다. 이 자세가 서서 하는 명상인 말뚝 세우기이며, 여기서 당신은 기를 생성하기 시작합니다. 무릎을 가볍게 구부리는 것을 잊지 마시고, 이를 탐구하고 싶다면 몇 분간 이 수련을 지속합니다. 일부 강사에게 있어서 이 동작은 학생들에게 가르칠 가장 첫 번째 수련입니다. 그들은 30분 이상 서 있게 할 것입니다. 이 동작은 확실히 다리, 몸과 정신을 강화시켜 줍니다.

뿌리 내리기: 허리 돌리기

이번 동작은 2장에 소개된 동작과 비슷하고, 6장에 나온 동작의 변형 동작입니다. 기본자세에서 허리를 원을 그리며 돌립니다. 자신이 땅과 하늘 사이에 연결된 줄이라고 상상하고 마치 훌라후프를 돌리듯이 배와 엉덩이를 돌립니다. 이때 어깨와 턱은 바닥과 수평이 되도록 합니다. 자신이 확실히 자리 잡게 되었다고 느낄 때까지 계속 허리를 나선형으로 돌린 뒤 방향을 바꿉니다. 어느 한 방향이 다른 방향보다 더 쉽고 자연스럽다고 느낄 수도 있습니다. 이 시점에서 스스로를 지속시키는 간단한 수련으로 "음" 소리를 내기 시작해 봅니다. 여기서 중단해도 되고 다음 단계로 넘어가도 됩니다.

호흡 열기

기본자세를 취하거나 앉아서 양손을 복부 앞, 즉 단전에 놓습니다. 손등을 마주 보게 모으고, 손바닥은 바깥쪽을 향하게 하며, 손가락 끝이 아래로 향하게 합니다. 팔꿈치는 구부리고 양손의 긴장을 풉니다. 어깨의 힘도 뺍니다. 마치 커튼을 열어젖히듯이 양손을 양 바깥쪽으로 부드럽게 펼칩니다. 이는 더 많은 호흡과 기를 위해 자신의 배에 공간을 만드는 것입니다. 이 동작을 하면서 숨은 들이쉽니다.

숨이 가득 찼을 때 손을 돌려 손바닥은 서로 마주 보게 하고 손가락 끝이 몸 바깥쪽으로 향하게 합니다. 들이쉰 숨을 내쉬며 양손을 안으로 서서히 모읍니다. 양손이 단전 앞에서 각각 15cm 정도 떨어진 거리에 올 때까지 모아 줍니다.

다시 한 번 손등을 마주 보게 한 상태에서 커튼을 열어젖히듯이 양손을 펼친 뒤, 서서히 배 앞쪽에 양손을 다시 모읍니다. 이 동작을 최소한 한 번 더 반복합니다.

이 동작을 처음 할 때는 호흡을 신경 쓰지 마시고 자연스럽게 호흡하세요. 당신의 움직임이 호흡을 따라갈 것입니다. 리듬은 숨을 들이쉬면서 양손을 바깥쪽으로 벌려 주고, 단전 앞으로 양손을 모을 때는 부드럽게 숨을 내쉽니다.

이 수련은 특히 이완 동작이며, 간단하게 하기 좋은 일련의 동작은 기본자세, 뿌리 내리기, 나선형 돌리기, "음" 소리내기, 호흡 열기입니다.

에너지 씻기

이 동작은 반갑지 않은 생각이나 스트레스를 받는 마음을 완화시키고 싶을 때 하면 좋은 동작입니다.

팔에 힘을 빼고 뿌리를 내려서 섭니다. 양팔을 양옆으로 올립니다. 이때 팔꿈치를 살짝 구부리고 손바닥은 하늘을 보게 하며, 손가락 끝이 몸의 바깥쪽으로 향하게 합니다. 바로 당신의 머리 위에 올 때까지 양팔을 올리며 숨을 들이쉽니다. 이때 손바닥은 서로 마주 보게 하고, 팔꿈치는 부드럽게 구부립니다. 양손이 머리 위에 있을 때 손가락 끝은 살짝 구부러져 있게 하고 하늘을 향해 있게 합니다.

잠깐 멈추고 숨을 내쉬며 하늘이나 우주로부터 기를 받는 상상을 합니다.

준비가 되면 숨을 들이쉬고 손바닥은 아래를 보게 한 채 정수리를 향하게 합니다. 손가락을 쫙 벌리고 손바닥은 아래를 향하게 하여, 양손을 몸의 정중선을 따라 천천히 내립니다. 이때 불필요한 에너지는 씻겨 나가고 맑고 새로운 기의 흐름이 손가락으로부터 흐른다고 상상합니다. 새 에너지가 모든 세포마다 전해지는 상상을 할 수도 있습니다. 당신이 "씻기"를 할 때, 필요하다고 느끼는 만큼 양손을 내립니다.

만약 에너지를 느낄 수 없거나 너무 꽉 차 있다고 느끼는 자리에 온다면, 변화를 감지할 수 있을 때까지 양손을 거기에 둡니다. 혹은 당신은 아무것도 느끼지 못할 수도 있습니다.

손이 허벅지까지 내려오면 '씻기'가 밑으로 다리와 발까지 계속되는 것을 상상합니다. 그리고 '사용된' 에너지가 재활용될 땅으로 돌아갈 수 있도록 양손을 털어 줍니다.

이 동작은 필요한 만큼 자주 반복할 수 있습니다. 한 번에 최소한 세 번 반복하기를 권합니다. 이 동작은 특히 불안하거나 피곤함을 느낄 때, 또는 원하지 않는 많은 생각이 계속 올라올 때 특히 도움이 됩니다. 에너지 씻기는 중요한 미팅이나 발표 직전에 하면 좋은 동작입니다.

기 마시기

이번 동작은 에너지 씻기의 정반대와 같습니다.

손은 컵을 쥔 모양으로 만들어 위를 향하도록 하여 양손을 배 앞에 둡니다. 양손을 몸의 정중선을 따라 입술 높이까지 오도록 천천히 올립니다.

팔꿈치를 구부린 상태에서 손을 돌려 머리 위로 양팔을 밀어 올립니다. 이때 손바닥은 위를 향하게 하고 팔꿈치가 완전히 쭉 펴질 때까지 밀어 올립니다.

이제 손바닥이 아래를 향하게 하여 양쪽으로 양팔을 뻗습니다. 그리고 양팔을 몸 옆으로 내려 줍니다. 배 앞에 양손을 컵을 쥔 모양으로 만들어 주고 이 동작을 다시 시작합니다. 두 번 이상 반복합니다.

에너지 씻기와 기 마시기의 조합은 원하지 않는 기운을 버리고 새 에너지를 채우는 좋은 회복 동작입니다. 이 모든 일련의 동작을 수련할 때 항상 긴장을 풀고 이완된 상태에서 하는 것을 잊지 마세요. 즐거운 시간 되세요!

핵심 웨이브

이 동작은 태극권 기본자세라고 생각할 수 있으며, 역시 긴장 완화를 위해 할 수도 있습니다.

기본자세인 자리 잡기에서 시작합니다. 내면의 미소 짓기를 기억하세요. 양팔은 몸의 양옆으로 내립니다.

물결 모양으로 편안하게 움직이며, 양팔을 당신 앞으로 천천히 올립니다. 양팔의 간격은 어깨 너비로 하고 손목의 힘은 뺍니다. 물결 모양으로 둥글둥글 양팔을 움직여 줍니다. 손과 팔이 가슴 높이 이상 올라가지 않도록 주의합니다. 손목은 부드럽게 움직이게 하고, 팔꿈치는 떨어뜨리고 이완시키며, 손바닥은 아래를 향하게 합니다.

이제 손바닥이 아래를 향하게 한 채로 양팔을 내립니다.

당신의 팔뿐만 아니라 몸 전체가 이 움직임을 할 수 있도록 합니다. 팔을 위로 올릴 때, 마치 등 뒤와 양발로부터 에너지를 퍼 올리는 듯한 느낌을 받을 수 있습니다. 당신 안에 물이 흐르는 것 같은 흐르는 웨이브를 체험해 보세요. 호흡도 잊지 마세요.

심장 흉선 웨이브

이 동작은 스트레칭을 할 수 있도록 해 주는 좋은 텐세그리티 동작입니다. 또한 주요 면역기관 중 하나이며 T 세포를 생성하는 흉선을 강화시키는 데 도움을 줍니다. 이 동작을 마치면 손가락으로 흉골 위 가슴 부분을 부드럽게 두드리고, 자신의 흉선에 흥얼거리는 소리를 들려줄 수도 있습니다. 흉선 두드리기와 흥얼거리기는 감기와 독감의 좋은 예방법으로 알려져 있습니다.

핵심 웨이브에 이어 양팔과 양손을 가슴 높이로 하고 손바닥이 앞을 향하게 하여 양팔을 몸의 양쪽으로 벌립니다. 머리를 한쪽 옆으로 돌리고 손목은 뒤쪽으로 구부립니다.

부드럽게 흐르는 웨이브 모양으로 손바닥이 서로 마주 보게 한 뒤, 다시 양팔을 벌립니다. 이번에는 머리를 반대쪽으로 돌리고 다시 손목을 뒤쪽으로 구부립니다.

손바닥이 서로 마주 보게 한 뒤, 손바닥이 아래를 향하게 하여 양팔을 내립니다. 두 번 더 반복합니다.

통합: 음양 · 좌우 반구의 균형 맞추기

이것 역시 텐세그리티 동작으로 뇌의 좌우 반구의 균형을 맞추는 것이며, 요가에서 한쪽 콧구멍씩 번갈아가며 호흡하는 것과 같습니다.

다른 모든 자세와 마찬가지로 기본자세에서 동작을 시작합니다. 오른손은 손바닥이 아래로 향하게 하여 복부 앞에 오게 하고 팔꿈치는 부드럽게 구부립니다. 왼손도 손바닥이 아래를 향하게 하여 힘을 빼고 똑바로 몸 옆쪽에 내립니다.

동시에 양팔을 올립니다. 왼팔은 몸의 옆쪽으로 벌리고, 오른팔은 몸의 정중선을 따라 올립니다. 양팔이 머리 위에 올 때까지 계속합니다. 이때 양팔은 완전히 뻗고 손바닥이 마주 보게 합니다. 잠시 이 자세로 멈춥니다.

양 손바닥 모두 아래를 향하게 합니다. 이번에는 왼손바닥을 몸의 정중선을 따라 아래로 내리고 오른팔은 몸의 옆쪽으로 벌립니다. 양팔을 천천히 내립니다.

이제 동작을 반대로 합니다. 양팔이 복부 높이에 올 때 왼팔은 중앙으로 올리고 오른팔은 옆쪽으로 올립니다. 이 동작을 양쪽으로 세 번씩 또는 동작의 리듬이 익숙해질 때까지 반복합니다.

저 역시 이 동작을 배우는 데 수 주일이 걸렸으니 걱정하지 마세요. 최근 이 일련의 동작을 가르쳤을 때 대부분의 학생이 처음 배울 때 다 이해했고, 단 한 학생만 끝까지 터득하지 못했습니다.

* TIP: 이 수련 동작은 마음으로 알려고 하지 말고 몸이 배우게 해야 합니다.

기 모으기와 저장하기: 순환 운동 마무리

언제든 기공 수련이 끝나면 기를 모아서 '순환 운동의 마무리'를 합니다.

기본자세를 취하고 손을 컵을 쥔 모양으로 만들어 복부, 즉 하단전 앞에 놓습니다. 이제 양다리를 벌리고 자신의 뒤와 주변으로 뻗어 원형을 그리면서 그 안에 기를 모읍니다. 복부 앞에 이 기를 모은 뒤, 몸 가까이에서 손바닥을 마주쳐 양손으로 거꾸로 된 V 모양을 만듭니다. 몇 분간 이 자세를 유지합니다. 이것은 무릎을 살짝 구부리고 내면의 미소를 지은 상태로 가볍게 서서 긴장을 푸는 또 하나의 자세입니다. 눈을 감고 기가 당신을 움직이고, 당신을 채우며, 당신의 세포들을 재충전할 수 있도록 합니다. 이 자세는 서서 하는 명상의 또 다른 형태입니다.

만일 태극권이나 기공을 수련해 본 적이 없다면 숙련된 강사와 함께 하는 것도 유용한 방법입니다. 저널을 쓰거나 때때로 에너지 지도를 그려 어떤 일들이 일어나는지 지켜보는 것도 도움이 될 수 있습니다. 셜리 독스테이더 (Shirley Dockstader)와 제가 샌프란시스코의 캘리포니아 퍼시픽 메디컬 센터에서 수업을 위해 이 일련의 수련법을 개발했을 때, 그녀의 에너지 변화 그래프는 안정적이고 높은 에너지 수준을 보였습니다. 이와 대조적으로 저의 에너지 그래프는 극도의 최고점과 최저점을 보였으나, 제가 이 수련을 좀 더 규칙적으로 할수록 균형을 맞추어 나갔습니다. 약 20년 전 당시, 설리는 오랫동안 기공 수련을 해 왔고, 반대로 저는 기공 초심자였습니다.

자신의 에너지 수준을 추적하기 위해 〈부록 2〉의 에너지 그래프를 12장 정도 준비합니다. 에너지 그래프를 매일 그리며 최고점들과 최저점들이 일정한 패턴을 보이는지 살펴봅니다. 처음 할 때는 최소한 일주일은 자신의 에너지 특질에 더 초점을 맞추어서 어떤 패턴이 나타나는지, 또는 하루 중 에너지 수준이 낮은 특정한 시간대가 있는지 관찰하는 것이 좋습니다. 그 후에 기공 훈련과 함께 다음 두 가지 방법 중 하나를 선택할 수 있습니다. 첫 번째는 매일 최소한 10분간 동작을 수련할 시간을 잡습니다. 매일 에너지 그래프를 그려 당신의 패턴이 변했는지 또는 기공 훈련 뒤 에너지가 높아졌는지 살펴보세요. 두 번째 방법은 더 간단합니다. 에너지 그래프를 활용하여 기공 훈련 전후의 에너지 수준을 평가합니다. 훈련 전 에너지 수준을 그래프에 표시한 뒤, 일련의 기공 동작을 수련하고 나서 다시 에너지 수준을 그래프에 표시합니다. 그래프 한 장은 단순히 기공 훈련 전후의 에너지, 기분, 긴장 상태를 표시하는 용도로 사용할 수 있습니다. 당신의 하루 중 에너지 수준이 낮을 때 에너지를 기르는 것이 훨씬 설득력 있는 일이 될 것입니다.

부록 **4** 함께 읽으면 좋은 도서

몸과 마음

Pearsall, Paul. *The Heart's Code: Tapping the Wisdom and Power of Our Heart Energy*. New York: Broadway Books, 1998.

Seligman, Martin. *What You Can Change and What You Can't*. New York: Ballentine, 1995.

Sternberg, Esther. *The Balance Within: The Science Connecting Health and Emotions*. New York: W.H. Freeman, 2000.

DNA와 유전자

DNA Learning Center Blog. "Blackburn, Greider and Szostak Share Nobel for Telomeres." blogs.dnalc.org/dnaftb/2009/10/05/blackburn-greider-and-szostak-share-nobel-for-telomeres=2/.

Lipton, Bruce H. *The Biology of Belief: Unleashing the Power of Consciousness, Matter and Miracles*. Santa Rosa, CA: Mountain of Love/Elite Books, 2005.

에너지, 스트레스와 긴장 완화

Becker, Robert. *The Body Electric: Electromagnetism and the Foundation of Life*. New York: William Morrow, 1985.

Benson, Herbert, with Miriam Z. Klipper. *The Relaxation Response*. New York: William Morrow, 1975.

Gerber, Richard. *Vibrational Medicine*. Santa Fe, NM: Bear & Company, 1988.

Hameroff, Stuart. Quantum Consciousness. quantumconsciousness.org/.

Sapolsky, Robert. *Why Zebras Don't Get Ulcers: A Guide to Stress,*

Stress-Related Diseases, and Coping. New York: W. H. Freeman, 1998.

Wolf, Fred Alan. *The Body Quantum.* New York: Macmillan, 1986.

일반생물학

de Duve, Christian. *Life Evolving: Molecules, Mind, and Meaning.* New York: Oxford University Press, 2002.

de Duve, Christian. *Vital Dust: Life as a Cosmic Imperative.* New York: Basic Books, 1995.

Denton, Michael. *Nature's Destiny: How the Laws of Biology Reveal Purpose in the Universe.* New York: Simon & Schuster, 1998.

Hoagland, Mahlon, and Bert Dodson. *The Way Life Works.* New York: Times Books, 1995.

Rensberger, Boyce. *Life Itself: Exploring the Realm of the Living Cell.* New York: Oxford University Press, 1996.

Thomas, Lewis. *The Lives of a Cell: Notes of a Biology Watcher.* New York: Bantam, 1974.

Vaughan, Christopher. *How Life Begins: The Science of Life in the Womb.* New York: Dell, 1997.

면역 체계

Nobelprize.org. "Blood Typing." September 16, 2011. nobelprize.org/educational/medicine/landsteiner/.

Nobelprize.org. "The Immune System-In More Detail." September 16, 2011. nobelprize.org/educational/medicine/immunity/immune-detail.html.

고대의 지혜

Narby, Jeremy. *The Cosmic Serpent: DNA and the Origins of*

Knowledge. New York: Tarcher/Putnam, 1998.

Pinkson, Tom. *The Shamanic Wisdom of the Huichol: Medicine Teachings for Modern Times*. Rochester, VT: Destiny Books, 2010.

Suzuki, David, and Peter Knudtsen. *Wisdom of the Elders: Honoring Sacred Native Visions of Nature*. New York: Bantam, 1992.

Winkler, Gershon. *Magic of the Ordinary: Recovering the Shamanic in Judaism*. Berkeley, CA: North Atlantic Books, 2003.

소리 치유

David, William. *The Harmonics of Sound, Color and Vibration: A System for Self-Awareness and Soul Evolution*. Marina del Rey, CA: DeVorss, 1980.

Dewhurst-Maddock, Olivia. *The Book of Sound Therapy*. New York: Simon & Schuster, 1993.

Goldman, Jonathan. *Healing Sounds: The Power of Harmonics*. Rockport, MA: Element, 1992.

Mahlberg, Arden. The Integral Psychology Center. integral-psychology.com.

감각과 심상요법

History of Hypnosis. historyofhypnosis.org/milton-erickson/.

Pribram, Karl. Studies of the Brain. karlhpribram.net/.

Samuels, Michael, and Nancy Samuels. *Seeing with the Mind's Eye: The History, Techniques and Uses of Visualization*. New York: Random House, 1975.

상징주의

Joseph Campbell Foundation. jcf.org/new/index.php.

Nozedar, Adele. *The Illustrated Signs & Symbols Sourcebook: An A to Z Compendium of over 1000 Designs.* New York: Metro Books, 2010.

Schneider, Michael S. *A Beginner's Guide to Constructing the Universe: The Mathematical Archetypes of Nature, Art, and Science.* New York: HarperPerennial, 1994.

제1장. 안식처: 포옹하기

1) Lauterwasser, *Water Sound Images*, 12, 38-42.
2) Hart and Stevens, *Drumming at the Edge of Magic*, 11.
3) Teilhard de Chardin, *The Phenomenon of Man*, 113.

제2장. 나: 인식하기

1) Vincent and Revillard, "Characterization of Molecules Bearing HLA."
2) American Autoimmune Related Diseases Association, "The Cost Burden of Autoimmune Disease."
3) Rose, "Mechanisms of Autoimmunity."
4) Weinshenker, "Natural History of Multiple Sclerosis."
5) Macfarlane, "Olfaction in the Development of Social."
6) Wedekind, "MHC-Dependent Mate Preferences in Humans."

7) Laurance, "Why Women Can't Sniff."

8) German et al., "Olfaction, Where Nutrition, Memory."

9) Demarquay, Ryvlin, and Royet, "Olfaction and Neurological Diseases."

10) Lafreniere and Mann, "Anosmia: Loss of Smell."

11) Cheney, "Chronic Fatigue, Mycotoxins, Abnormal"; and Cheney, "New Insights into the Pathophysiology."

12) Reichlin, "Neuroendocrine-Immune Interactions."

13) Haffner, "The Metabolic Syndrome: Inflammation."

14) Stoll and Bendszus, "Inflammation and Atherosclerosis."

15) Rood et al., "The Effects of Stress and Relaxation."

16) Bartrop et al., "Depressed Lymphocyte Function."

17) Mahlberg, "Therapeutic Healing with Sound."

18) Dr. Angeles Arrien, personal communication in a course taught by Dr. Arrien.

제3장. 수용성: 듣기

1) de Duve, *Vital Dust.*

2) Siegel et al., *Basic Neurochemistry.*

3) Stapleton, "Sir James Black and Propranolol."

4) Hassett, "The Sweat Gland."

5) Sapolsky, *Why Zebras Don't Get Ulcers.*

6) Kabat-Zinn, *Wherever You go, There You Are.*

7) Pennebaker, Kiecolt-Glaser, and Glaser, "Disclosure of Traumas and Immune Function."

8) Smyth et al., "Effects of Writing About Stressful."

9) Berkman and Syme, "Social Networks, Host Resistance and Mortality."

10) Bruhn, "An Epidemiological Study of Myocardial Infarctions."

11) Astin et al., "Mind-Body Medicine."

12) Cohen, Tyrell, and Smith, "Psychological Stress and Susceptibility."

13) Heinrichs et al., "Social Support and Oxytocin Interact."

14) Taylor, *The Tending Instinct*.

15) Kroeger, "Oxytocin: Key Hormone."

16) Naber et al., "Intranasal Oxytocin Increases Fathers'."

17) Byrd, "Positive Therapeutic Effects."

18) Harris et al., "A Randomized, Controlled Trial."

19) Dossey, "The Return of Prayer."

제4장. 생명의 기본 구조: 선택하기

1) Ingber, "The Architecture of Life."

2) Caspar, "Movement and Self-Control."

3) Ingber, "Cellular Tensegrity."

4) Fuller, "Tensegrity."

5) Castaneda, "Magical Passes."

6) Horgan, "Consciousness, Microtubules, and the Quantum."

7) Desai and Mitchison, "Microtubule Polymerization Dynamics."

8) Ron Nadeau, personal communication, Fort Bragg, CA.

9) Ainsworth, "Stretching the Imagination."

10) Paszek et al., "Tensional Homeostasis and the Malignant Phenotype."

11) Evans, "Substrate Stiffness Affects Early Differentiation."

12) Winkelman, *Shamanism*.

13) Castaneda, "Magical Passes."

14) Albrecht-Buehler, "Autonomous Movements of Cytoplasmic Fragments."

15) Albrecht-Buehler, "A Rudimentary Form of Cellular 'Vision.'"

16) Albrecht-Buehler, "Does the Geometric Design of Centrioles."

17) Penrose, *The Emperor's New Mind*.

제5장. 에너지: 지속시키기

1) Einstein, "1st die Träheit."

2) Cohen, *The Way of Qigong*.

3) Margulis and Sagan, *Microcosmos*, 31, 33, 128–136.

4) Palomaki et al., "Ubiquinone Supplementation During Lovastatin Treatment."

5) Moons, Eisenberger, and Taylor, *Anger and fear Responess to Stress*, 24, 215–219.

6) Thayer, "Energy, Tiredness, and Tension."

7) Barrett, *Molecular Messages of the Heart*.

8) Wolf et al., "Reducing Frailty and falls in Older persons."

9) Sheldrake, *The Rebirth of Nature*.

제6장. 목적: 창조하기

1) Barrett, "Induction of Differentiation Markers."

2) The GDB Human Genome Database Hosted by RTI International [online], North Carolina, gdbreports/CountGeneByChromosome.html.

3) Elgar and Vavouri, "Tuning in to the Signals."

4) "Genes and Chromosomes," Centre for Genetics Education. Internet: genetics.edu.au.

5) 수비학에 관심이 있다면 다음을 참고할 것: Angeles Arrien, *The Tarot Handbook: Practical Applications of Ancient Visual Symbols* (NewYork: Tarcher/Pufnam, 1997).

6) Misteli and Spector, eds., *The Nucleus*.

7) Crick, "The Genetic Code."

8) Watters, "DNA Is Not Destiny."

9) Waterland and Jirtle, "Transposable Elements."

10) Lipton, *The Biology of Belief*.

11) Li and Ho, "p53-Dependent DNA Repair and Apoptosis."

12) Hardy, "Apoptosis in the Human Embryo."

13) Eisenberg, "An Evolutionary Review of Human Telomere Biology."

14) Vogelstein and Kinzler, "The Multistep Nature of Cancer."

15) Kadouri et al., "Cancer Risks in Carriers."

16) Bennett, "Molecular Epidemiology of Human Cancer Risk."

17) Selivanova, "p53: Fighting Cancer."

18) Pfeifer et al., "Tobacco Smoke Carcinogens."

19) Ming et al., "Stress-Reducing Practice of Qigong."

20) Oh et al., "A Critical Review of the Effects."

21) Syrjala et al., "Relaxation and Imagery and Cognitive-Behavioral Training."

제7장. 기억: 학습하기

1) Barrett, *Molecular Messengers of the Heart*.

2) Bartolomeo, "The Relationship between Visual Perception and Visual Mental Imagery."

3) Childre and Martin, *The Heartmath Solution*.

4) Pribram, *Languages of the Brain*.

5) Rossi, *The Psychobiology of Mind-Body Healing*.

6) '파블로프의 개'에 대해서는 다음을 보라: "Pavlov's Dog", Nobelprize.org, August 14, 2011, nobelprize.org/educational/medicine/pavlov/.

7) Ader and Cohen, "Behaviorally Conditioned Immunosuppression."

8) Ader, "Conditioned Immunopharmocological Effects in Animals."

9) Barrett, "Psychoneuroimmunology: Bridge between Science and Spirit."

10) Slagter, "Mental Training as a Tool."

11) Rosen, *My Voice Will Go with You*.

12) Sheikh, *Imagination and Healing*.

제8장. 지혜 수호자: 반성하기

1) Shlain, *Art and Physics*.

2) Narby, *The Cosmic Serpent*.

3) Campbell and Moyers, *The Power of Myth*.

4) Fell, Axmacher, and Haupt, "From Alpha to Gamma."

5) Harner, *The Way of the Shaman*.

6) Jung, *Man and His Symbols*.

7) Shlain, *Art and Physics*, 413-14.

8) Purce, *The Mystic Spiral*.

9) MacLean, "The Triune Brain in Conflict."

10) Beliefnet.com, "The Three Jewels of Buddhism."

제9장. 연결: 축하하기

1) de Duve, *Vital Dust*.

2) Capra, *The Hidden Connections*.

참고문헌

Aaron, R. D. (2009). *The God-powered life: Awakening to your divine purpose.* Boston, MA: Trumpeter.

Achterberg, J. (2002). *Imagery in healing: Shamanism and modern medicine.* Boston, MA: Shambhala.

Achterberg, J., Dossey, B., & Kolkmeier, L. (1994). *Rituals of healing: Using imagery for health and wellness.* New York: Bantam.

Ader, R. (1985). Conditioned immunopharmocological effects in animals: Implications for conditioning model of pharmacotherapy. In L. White, B. Tursky, & G. Schwartz (Eds.), *Placebo: Theory, research and mechanisms.* New York: Guilford Press, 306–323.

Ader, R. (1991). *Psychoneuroimmunology.* New York: Academic Press.

Ader, R., & Cohen, N. (Eds.). (1975). Behaviorally conditioned immunosuppression. *Psychosomatic Medicine, 37,* 333–340.

Ader, R., Felten, D., & Cohen, N. (2001). *Psychoneuroimmunology.* New York: Academic Press.

Ainsworth, C. (2008. 12.). Stretching the imagination. *Nature, 456,* 696–

699.

Albrecht-Buehler, G. (1980). Autonomous movements of cytoplasmic fragments. *Proceedings of the National Academy of Sciences of the United States of America, 77,* 6639–6643.

Albrecht-Buehler, G. (1981). Does the geometric design of centrioles imply their function? *Cell Motility, 1,* 237–245.

Albrecht-Buehler, G. (1987). Role of cortical tension in fibroblast shape and movement. *Cell Motility and the Cytoskeleton, 7,* 54–67.

Albrecht-Buehler, G. (1992). A rudimentary form of cellular 'Vision.' *Proceedings of the National Academy of Sciences of the United States of America, 89,* 8288–8292.

Albrecht-Buehler, G. (1994). The cellular infrared detector appears to be contained in the centrosome. *Cell Motility and the Cytoskeleton, 27,* 262–271.

Albrecht-Buehler, G. (1995). Changes of cell behavior by near-infrared signals. *Cell Motility and the Cytoskeleton, 32,* 299–304.

Albrecht-Buehler, G. (1998. 2. 2.). Cell intelligence. http://www.basic.northwestern.edu/g-buehler/FRAME.HTM

American Autoimmune Related Diseases Association (AARDA) & National Coalition of Autoimmune Patient Groups (NCAPG). (2011). 2011 Study report: The cost burden of autoimmune disease.

Amundson, S. A., Myers, T. G., & Fornace, A. J. Jr. (1998. 12.). Roles for p53 in growth arrest and apoptosis: Putting on the brakes after genotoxic stress. *Oncogene, 17*(25), 3287–3299.

Apanius, V., et al. (1997). The nature of selection on the major histocompatibility complex. *Critical Reviews in Immunology, 17,* 179–224.

Arguelles, J. (1987). *The Mayan factor.* Santa Fe, NM: Bear & Company.

Arrien, A. (1997). *The tarot handbook: Practical applications of ancient visual symbols.* New York: Tarcher/Putnam.

Astin, J. A., et al. (2003). Mind-body medicine: State of the science, implications for practice. *Journal of the American Board of Family Practice, 16*, 131-147.

Aubert, G., & Lansdorp, P. M. (2008. 4.). Telomeres and aging. *Physiological Reviews, 88*(2), 557-579.

Barrett, S. (1978). Induction of differentiation markers on human acute leukemia cells. *Blood, 51*, 625a.

Barrett, S. (1993). Psychoneuroimmunology: Bridge between science and spirit. In B. Kane, J. Millay, & D. Brown (Eds.), *Silver threads: Twenty-five years of parapsychology research*. New York: Praeger, 170-180.

Barrett, S. (2002). *Molecular messengers of the heart*. KABA, Compact disc.

Barrett, S. (2010). Psychoneuroimmunology: Bridge between science and spirit. In J. Millay (Ed.), *Radiant minds: Scientists explore the dimensions of consciousness*. Doyle, CA: Millay.

Bartolomeo, P. (2002). The relationship between visual perception and visual mental imagery: A reappraisal of the neuropsychological evidence. *Cortex, 38*, 357-378.

Bartrop, R. W., et al. (1977). Depressed lymphocyte function after bereavement. *Lancet, 1*, 834-836.

Beliefnet. The three jewels of buddhism. http://www.beliefnet.com/Faiths/Buddhism/2005/04/The-Three-Jewels-Of-Buddhism.aspx#ixzz1VDhHWS9r

Bennett, M. P., & Cecile, A. L. (2006. 3.). Humor and laughter may influence health: I. History and background. *Evidence-Based Complementary and Alternative Medicine, 3*(1), 61-63.

Bennett, W. P. (1999. 1.). Molecular epidemiology of human cancer risk: Gene-environment interactions and p53 mutation spectrum in human lung cancer. Special issue, *Journal of Pathology, 187*(1), 8-

18.

Benson, H., & Stark, M. (1996). *Timeless healing: The power and biology of belief.* New York: Simon & Schuster.

Benson, H., et al. (1974). The relaxation response. *Psychiatry, 37,* 3746.

Berk, L., et al. (1988). Humor associated laughter decreases cortisol and increases spontaneous lymphocyte blastogenesis. *Clinical Research, 36,* 435A.

Berk, L., et al. (1989). Eustress of mirthful laughter modifies natural killer cell activity. *Clinical Research, 37,* 115A.

Berk, L., et al. (2001). Modulation of neuroimmune parameters during the eustress of humor-associated mirthful laughter. *Alternative therapies in health and medicine, 62*(2), 74-76.

Berkman, L. F., & Syme, S. I. (1979). Social networks, host resistance and mortality: A nine-year follow-up study of Alameda county residents. *American Journal of Epidemiology, 109,* 186-204.

Besedovsky, H. O., et al. (1977). Hypothalamic changes during the immune response. *European Journal of Immunology, 7,* 323-325.

Biemont, C., & Vieira, C. (2006). Genetics: Junk DNA as an evolutionary force. *Nature, 443*(7111), 521-524.

Bishop, J. M. (1987. 1.). The molecular genetics of cancer. *Science, 235*(4786), 305-311.

Boorstin, D. J. (1983). *The discoverers: A history of man's search to know his world and himself.* New York: Random House.

Braun, W. E. (1992). HLA molecules in autoimmune diseases. *Clinical Biochemistry, 25,* 187-191.

Brill, et al. (1999). The role of apoptosis in normal and abnormal embryonic development. *Journal of Assisted Reproduction and Genetics, 16*(10), 512-519.

Bruhn, J. G. (1965). An epidemiological study of myocardial infarctions in an Italian-American community. *Journal of Chronic Diseases, 18,*

353–365.

Bulloch, K. (1985). Neuroanatomy of lymphoid tissues: A review. In R. Guillemin et al. (Eds.), *Neural modulation of immunity*. New York: Raven Press, 49–85.

Butcher, D. T., Alliston, T., & Valerie, M. W. (2009. 2.). A tense situation: Forcing tumour progression. *Nature Reviews Cancer, 9*, 108–122.

Byrd, R. C. (1988). Positive therapeutic effects of intercessory prayer in a coronary care unit population. *Southern Medical Journal, 81*(7), 826–829.

Campbell, J., & Moyers, B. (1988). *The power of myth*. In B. S. Flowers (Ed.), *The power of myth*. New York: Doubleday.

Campeau, P. M., et al. (2008). Hereditary breast cancer: New genetic developments, new therapeutic avenues. *Human Genetics, 124*(1), 31–42.

Capra, F. (2002). *The hidden connections: Integrating the biological, cognitive, and social dimensions of life into a science of sustainability*. New York: Doubleday, 2002.

Caspar, D. (1980. 10.). Movement and self-control in protein assembly. *Biophysical Journal, 32*, 103–138.

Castaneda, C. (1998). *Magical passes: The practical wisdom of the shamans of ancient Mexico*. New York: HarperPerennial.

Castaneda, C. (1998). Magical passes. *Yoga Journal, January/February*, 74–84.

Castillo-Davis, C. I. (2005. 10.). The evolution of noncoding DNA: How much junk, how much func? *Trends in Genetics, 21*(10), 533–536.

Centre for Genetics Education. Genes and Chromosomes. http://www. genetics.edu.au/factsheet/fs1

Chen, C., et al. (1997). Geometric control of cell life and death. *Science, 276*, 1425–1428.

Cheney, P. Chronic fatigue, mycotoxins, abnormal clotting and other notes.

Townsend letter for doctors and patients. http://www.tldp.com/issue/157-8/157pub.htm

Cheney, P. New insights into the pathophysiology and treatment of CFS. Presentation to the CFIDS and FMS support group of Dallas-Fort Worth, Texas, October 2001. Summary by Sleffel, L. http://www.sleffel.cfs-ireland.com/cheney2.htm

Childre, D., Martin, H., & Beech, D. (1999). *The heartmath solution.* San Francisco, CA: HarperCollins.

Clarke, A. R., et al. (1993. 4.). Thymocyte apoptosis induced by p53-dependent and independent pathways. *Nature, 362,* 849-852.

Cohen, K. S. (1997). *The way of qigong.* New York: Ballentine.

Cohen, S., & Symeeds, S. L. (1985). *Social support and health.* New York: Academic Press.

Cohen, S., et al. (1997). Human relationships and infectious disease. *Journal of the American Medical Association, 277,* 1940-1945.

Cohen, S., Tyrell, D. A., & Smith, A. P. (1991). Psychological stress and susceptibility to the common cold. *New England Journal of Medicine, 325,* 606-612.

Cong, Y. S., et al. (2002. 9.). Human telomerase and its regulation. *Microbiology and molecular biology review, 66*(3), 407-425.

Cousins, N. (1979). *Anatomy of an illness as perceived by the patient.* Toronto: Bantam.

Cousins, N. (1989). *Head first: Biology of hope and healing power of the human spirit.* New York: Penguin.

Crick, F. (1988). The genetic code. *What mad pursuit: A personal view of scientific discovery.* New York: Basic Books, 89-101.

Cross, R. J., et al. (1980). Hypothalamic-immune interactions. *Brain Research Journal, 196,* 79-87.

Davidson, R. J., et al. (2003). Alterations in brain and immune function produced by mindfulness meditation. *Psychosomatic Medicine, 65,*

564-570.

de Duve, C. (1995). *Vital dust: Life as a cosmic imperative.* New York: Basic Books.

de Duve, C. (2002). *Life evolving: Molecules, mind, and meaning.* New York: Oxford University Press.

De Volder, A. G., et al. (2001. 7.). Auditory triggered mental imagery of shape involves visual association areas in early blind humans. *Neuroimage, 14,* 129-139.

Deamer, D. W. (1999). How did it all begin? The self-assembly of organic molecules and the origin of cellular life evolution: Investigating the evidence. *Paleontological Society Special Publication, 9.*

Demarquay, G., Ryvlin, P., & Royet, J. P. (2007). Olfaction and neurological diseases: A review of the literature. *Revue Neurologie, 163,* 155-167.

Denton, M. (1998). *Nature's destiny: How the laws of biology reveal purpose in the universe.* New York: Simon & Schuster.

Desai, A., & Mitchison, T. J. (1997). Microtubule polymerization dynamics. *Annual Review of Cell Biology, 13,* 83-117.

Dossey, L. (1991). *Meaning and medicine.* New York: Bantam.

Dossey, L. (1997). The return of prayer. *Alternative Therapies in Health and Medicine, 3*(6), 10-7, 113-120.

Dossey, L. (2002). How healing happens: Exploring the nonlocal gap. *Alternative Therapies in Health and Medicine, 8*(2), 12-6, 103-110.

Einstein, A. (1905). Ist die tragheit eines korpers von seinem energieinhalt abhangig? *Annalen der Physik, 18,* 639-643.

Eisenberg, D. T. (2011). An evolutionary review of human telomere biology: The thrifty telomere hypothesis and notes on potential adaptive paternal effects. *American Journal of Human Biology, 23*(2), 149-167.

Eisenberg, D., & Wright, T. (1985). *Encounters with qi: Exploring chinese medicine.* New York: Penguin.

Elgar, G., & Vavouri, T. (2008. 7.). Tuning in to the signals: Noncoding sequence conservation in vertebrate genomes. *Trends in Genetics, 24*(7), 344–352.

Epel, E. S., et al. (2010). Dynamics of telomerase activity in response to acute psychological stress. *Brain, Behavior, and Immunity, 24*(4), 531–539.

Eremin, O., et al. (2009. 2.). Immuno–modulatory effects of relaxation training and guided imagery in women with locally advanced breast cancer undergoing multimodality therapy: A randomised controlled trial. *The Breast, 18*(1), 17–25.

Erickson, M. H. (1965. 7.). Special inquiry with aldous huxley into the nature and character of various states of consciousness. *American Journal of Clinical Hypnosis, 8,* 14–33.

Erickson, M. H. (2009. 4.). Further clinical techniques of hypnosis: Utilization techniques. *American Journal of Clinical Hypnosis, 51*(4), 341–362.

Erickson, M. H., & Rossi, E. L. (1977. 7.). Autohypnotic experiences of Milton H. Erickson. *American Journal of Clinical Hypnosis, 20*(1), 36–54.

Evans, N. D. (2009. 9. 21.). Substrate stiffness affects early differentiation events in embryonic stem cells. *European Cells and Materials, 18,* 1–14.

Fearon, E. R. (1997. 11.). Human cancer syndromes: Clues to the origin and nature of cancer. *Science, 278*(5340), 1043–1050.

Fell, J., Axmacher, N., & Haupt, S. (2010. 8.). From alpha to gamma: Electrophysiological correlates of meditation–related states of consciousness. *Medical Hypotheses, 75*(2), 218–224.

Fenech, M. (1998). Chromosomal damage rate, aging and diet. *Annals of the New York Academy of Sciences, 854,* 23–36.

Florez, H., et al. (2006). C-reactive protein is elevated in obese patients with the metabolic syndrome. *Diabetes Research and Clinical Practice, 71*(1), 92–100.

Fontani, G., et al. (2007. 12.). Effect of mental imagery on the development of skilled motor actions. *Perceptual and Motor Skills, 105*(3), pt. 1, 803–826.

Francis, M., & Pennebaker, J. W. (1992). Putting stress into words: The impact of writing on physiological, absentee, and self-reported emotional well-being measures. *American Journal of Health Promotion, 6,* 280–287.

Frankenhaeuser, M., et al. (1978). Sex differences in psychoneuroendocrine reactions to examination stress. *Psychosomatic Medicine, 40*(4), 334–343.

Fuller, B. (1961). Tensegrity. *Portfolio Artnews Annual, 4,* 112–127.

Fuller, B. (1965). Conceptuality of fundamental structures. In G. Kepes (Ed.), *Structure in Art and in Science.* New York: Braziller, 66–88.

Furlow, F. B. (1996). The smell of love: How women rate the sexiness and pleasantness of a man's body odor hinges on how much of their genetic profile is shared. *Psychology Today, 29,* 38.

Gardner, R., & Cory, G. A. (2002). *The evolutionary neuroethology of Paul MacLean: Convergences and frontiers.* New York: Praeger.

Garfield, C. A., & Bennet, H. Z. (1984). *Peak performance: Mental training techniques from the world's greatest athletes.* New York: Warner Books.

German, J. B., et al. (2007). Olfaction: Where nutrition, memory and immunity intersect. In R. Berger (Ed.), *Flavors and fragrances,* Berlin: Springer-Verlag, 25–32.

Ghanta, V., et al. (1985). Neural and environmental influences on neoplasia and conditioning of NK activity. *Journal of Immunology, 135,* 848–

852.

Goh, A. M., Coffill, C. R., & Lane, D. P. (2011. 1.). The role of mutant p53 in human cancer. *Journal of Pathology, 223*(2), 116–126.

Gordon, I., et al. (2010). Oxytocin and the development of parenting in humans. *Biological Psychiatry, 68,* 377–382.

Gregory, T. R. (2005). Genome size evolution in animals. In T. R. Gregory (Ed.), *The evolution of the genome.* San Diego, CA: Elsevier, 4–71.

Haberg, S. E., et al. (2009). Folic acid supplements in pregnancy and early childhood respiratory health. *Archives of Disease in Childhood, 94,* 180–184.

Haffner, S. M. (2006). The metabolic syndrome: Inflammation, diabetes mellitus, and cardiovascular disease. *American Journal of Cardiology, 97,* 3A–11A.

Hainaut, P., & Hollstein, M. (2000). p53 and human cancer: The first ten thousand mutations. *Advances in Cancer Research, 77,* 82–137.

Hameroff, S. R. (1974). Ch' i: A neural hologram? Microtubules, bioholography, and acupuncture. *American Journal of Chinese Medicine, 2*(2), 163–170.

Hameroff, S. R. (2006). The entwined mysteries of anesthesia and consciousness: Is there a common underlying mechanism? *Anesthesiology, 105,* 400–412.

Hameroff, S. R., & Penrose, R. (1996). Conscious events as orchestrated spacetime selections. *Journal of Consciousness Studies, 3*(1), 36–53.

Hameroff, S. R., & Penrose, R. (1996). Orchestrated reduction of quantum coherence in brain microtubules: A model for consciousness? In S. R. Hameroff, A. W. Kaszniak, & A. C. Scott (Eds.), *Toward a science of consciousness: The first tucson discussions and debates.* Cambridge, MA: MIT Press, 507–540.

Hameroff, S., et al. (2002). Conduction pathways in microtubules, biological quantum computation, consciousness. *Biosystems, 64*(1–3), 149–168.

Hardy, K. (1999). Apoptosis in the human embryo. *Reviews of Reproduction, 4,* 125–134.

Harner, M. (1980). *The way of the shaman: A guide to power and healing.* New York: Bantam.

Harold, F. M. (2005). Molecules into cells: Specifying spatial architecture. *Microbiology and molecular biology reviews, 69,* 544–564.

Harris, W. S., et al. (1999. 10.). A randomized, controlled trial of the effects of remote, intercessory prayer on outcomes in patients admitted to the coronary care unit. *Archives of Internal Medicine, 159,* 2273–2278.

Hart, M., & Stevens, J. (1990). *Drumming at the edge of magic: A journey into the spirit of percussion.* San Francisco, CA: HarperSanFrancisco.

Hassett, J. (1978). The sweat gland. *A primer of psychophysiology.* San Francisco, CA: W. H. Freeman, 32–46.

Hazum, E., Chang, K. J., & Cuatrecasas, P. (1970). Specific non–opiate receptors for β–endorphins on human lymphocytes. *Science, 205,* 1033–1035.

Heinrichs, M., et al. (2003). Social support and oxytocin interact to suppress cortisol and subjective responses to psychosocial stress. *Biological Psychiatry, 54,* 1389–1398.

Hoffman–Goetz, L., & Pedersen, B. K. (1994). Exercise and the immune system: A model of the stress response? *Immunology Today, 15,* 382–387.

Holden, C. (1979. 6. 8.). Paul MacLean and the triune brain. *Science, 204*(4397), 1066–1068.

Hooper, J., & Teresi, D. (1986). *The three-pound universe.* London: Macmillan.

Horgan, B. (1997. 5.). Consciousness, microtubules and the quantum world: Interview with Stuart Hameroff, MD. *Alternative Therapies, 3*, 70-79.

House, J. S., Landis, K. R., & Umberson, D. (1988). Social relationships and health. *Science, 241*, 540-545.

Huang, S., & Ingber, D. E. (2005. 9.). Cell tension, matrix mechanics, and cancer development. *Cancer Cell, 8*(3), 175-176.

Iggo, R. (1990. 3.). Increased expression of mutant forms of p53 oncogene in primary lung cancer. *Lancet, 335*(8691), 675-679.

Ingber, D. E. (1998. 1.). The architecture of life. *Scientific American, 278*(1), 47-57.

Ingber, D. E. (1993). Cellular tensegrity: Defining the new rules of biological design that govern the cytoskeleton. *Journal of Cell Science, 104*, 613-627.

Ingber, D. E. (2003). Tensegrity I. Cell structure and hierarchical systems biology. *Journal of Cell Science, 116*, 1157-1173.

Ingber, D. E. (1997). Tensegrity: The architectural basis of cellular mechanotransduction. *Annual Review of Physiology, 59*, 575-599.

Ingber, D. E. (2008). Tensegrity-based mechanosensing from macro to micro. *Progress in Biophysics and Molecular Biology, 97*, 163-179.

Irwin, M., et al. (1994). Partial sleep deprivation reduces natural killer cell activity in humans. *Psychosomatic Medicine, 56*, 493-498.

Jung, C. (1969). *Collected works*, **Vol. 11**: *Psychology and religion: East and west*. Princeton, NJ: Princeton University Press.

Jung, C. (1964). *Man and his symbols*. New York: Doubleday.

Jung, C. (1961). *Memories, dreams and reflections*. New York: Alfred A. Knopf.

Kabat-Zinn, J. (1994). *Wherever you go, there you are: Mindfulness meditation in everyday life*. New York: Hyperion.

Kadouri, L., et al. (2007). Cancer risks in carriers of the BRCA1/2 ashkenazi founder mutations. *Journal of Medical Genetics, 44*(7), 467-471.

Kenfield, S. A., et al. (2008. 5.). Smoking and smoking cessation in relation to mortality in women. *Journal of the American Medical Association, 299*(17), 2037-2047.

Khajavinia, A., & Makalowski, W. (2007. 5.). What is junk DNA, and what is it worth? *Scientific American, 296*(5), 104.

Kiecolt-Glaser, J., et al. (1987). Marital quality, marital disruption, and immune function. *Psychosomatic Medicine, 49*, 13-34.

Kiecolt-Glaser, J., et al. (1984). Psychosocial modifiers of immuno-competence in medical students. *Psychosomatic Medicine, 46*, 7-14.

Kiecolt-Glaser, J., et al. (1995). Slowing of wound healing by stress. *Lancet, 346*, 1194-1196.

Koshland, D. E. (1993, 12.). Molecule of the year. *Science, 262*(5142), 1953.

Kosslyn, S. M., et al. (1995). Topographic representations of mental images in primary visual cortex. *Nature, 378*, 496-498.

Kosslyn, S. M., et al. (2005). Two types of image generation: Evidence from PET. *Cognitive, Affective & Behavioral Neuroscience, 5*, 41-53.

Kroeger, M. (1996). Oxytocin: Key hormone in sexual intercourse, parturition, and lactation. *The Birth Gazette, 13*, 28-30.

la Fougère, C., et al. (2010. 5. 1.). Real versus imagined locomotion: A[18F]-FDG PET-fMRI comparison. *Neuroimage, 50*(4), 1589-1598.

Lafreniere, D., & Mann, N. (2009). Anosmia: Loss of smell in the elderly. *Otolaryngologic Clinics of North America, 42*, 123-131.

Laurance, J. (2008. 8.). Why women can't sniff out Mr. Right when they take the pill ndash and how it affects us all. http://www.independent.co.uk/life-style/health-and-families/health-news/why-women-cant-sniff-out-mr-right-when-they-take-the-pill-ndash-and-how-it-affects-us-all-892862.html

Lauterwasser, A. (2006). *Water sound images.* New Market, NH:

Macromedia.

Lee, D. A., et al. (2011. 1.). Stem cell mechanobiology. *Journal of Cellular Biochemistry, 112*(1), 1–9.

Leonard, G. (1981). *The silent pulse.* New York: Bantam.

Levental, K. R., et al. (2009. 11. 25.). Matrix crosslinking forces tumor progression by enhancing integrin signaling. *Cell, 139*(5), 891–906.

Li, G., & Ho, V. C. (1998. 7.). p53–dependent DNA repair and apoptosis respond differently to high–and low–dose ultraviolet radiation. *The British Journal of Dermatology, 139*(1), 3–10.

Lipton, B. H. (2005). *The biology of belief: Unleashing the power of consciousness, matter and miracles.* Santa Rosa, CA: Mountain of Love/Elite Books.

Lloyd, A., Brett, O., & Wesnes, K. (2010). Coherence training in children with attention–deficit hyperactivity disorder: Cognitive functions and behavioral changes. *Alternative Therapies in Health and Medicine, 16*(4), 34–42.

Locke, S., & Kraus, L. (1982). Modulation of natural killer cell activity by life stress and coping ability. In S. Levy (Ed.), *Biological mediators of behavior and disease: Neoplasia,* 3–28. New York: Elsevier.

Loeb, L. A., Loeb, K., & Anderson, J. (2003. 2. 4.). Multiple mutations and cancer. *Proceedings of the national academy of sciences of the United States of America, 100*(3), 776–781.

Lusis, A. J. (2000). Atherosclerosis. *Nature, 407*(6801), 233–241.

Lyles, J. N., et al. (1982. 8.). Efficacy of relaxation training and guided imagery in reducing the aversiveness of cancer chemotherapy. *Journal of Consulting and Clinical Psychology, 50*(4), 509–524.

Macfarlane, A. (1975). Olfaction in the development of social preferences in the human neonate. *Ciba Foundation Symposium, 33,* 103–117.

MacLean, P. (1977). The triune brain in conflict. *Psychotherapy and Psychosomatics, 28*(1), 207–220.

Mahlberg, A. (1992). Therapeutic healing with sound. In D. Campbell (Ed.), *Music and miracles*. Wheaton, IL: Quest Books, 219–229.

Margulis, L., & Sagan, D. (1986). *Microcosmos: Four billion years of microbial evolution*. Berkeley, CA: University of California Press.

Marks, D. F. (1995). New directions for mental imagery research. *Journal of Mental Imagery, 19*, 153–167.

Maslinski, W., Grabczewska, E., & Ryzewski, J. (1980). Acetylcholine receptors of rat lymphocytes. *Biochimica et Biophysica Acta, 663*, 269–273.

May, P., & May, E. (1999). Twenty years of p53 research: Structural and functional aspects of the p53 protein. *Oncogene, 18*, 7621–7636.

Mayo Clinic. (2011. 2. 8.). Loss of Smell (Anosmia). mayoclinic.com/health/loss-of-smell/MY00408/DSECTION=causes

McCraty, R. (2010. 7–8.). Coherence: Bridging personal, social, and global health. *Alternative Therapies in Health and Medicine, 16*(4), 10–24.

Ming, Y., et al. (1993). Stress-reducing practice of qigong improved DNA repair in cancer patients. Shanghai Qigong Institute, 2nd World Conference on Academic Exchange of Medical Qigong.

Misteli, T. (2011. 2.). The inner life of the genome. *Scientific American, 304*(2), 66–73.

Misteli, T., & Spector, D. (Eds.) (2010). *The Nucleus*. Cold Spring Harbor, NY: Cold Spring Harbor Laboratory Press.

Molinoff, P. B., & Axelrod, J. (1971). Biochemistry of catecholamines. *Annual Review of Biochemistry, 40*, 465–500.

Moons, W. G., Eisenberger, N. I., & Taylor, S. E. (2010). Anger and fear responses to stress have different biological profiles. *Brain, Behavior, and Immunity, 24*, 215–219.

Naber, F., et al. (2010). Intranasal oxytocin increases fathers' observed responsiveness during play with their children: A double-blind within-subject experiment. *Psychoneuroendocrinology, 35,* 1583–1586.

Narby, J. (1998). *The cosmic serpent: DNA and the origins of knowledge.* New York: Tarcher/Putnam.

Newman, J. D., & Harris, J. C. (2009). The scientific contributions of Paul D. MacLean (1913–2007). *Journal of Nervous and Mental Disease, 197*(1), 1–2.

Newman, M. G. (1990). Can an immune response be conditioned? *Journal of the National Cancer Institute, 82,* 1543–1545.

Ng, M. R., & Brugge, J. S. (2009). A stiff blow from the stroma: Collagen crosslinking drives tumor progression. *Cancer Cell, 16*(8), 455–457.

Nobelprize. (2011. 8. 14). The cell and its organelles. http://www.nobelprize.org/educational/medicine/cell/.

Oh, B., et al. (2011. 6. 28). A critical review of the effects of medical qigong on quality of life, immune function, and survival in cancer patients. *Integrative Cancer Therapies, 11,* 101–110.

Oh, B., et al. (2010. 3.). Impact of medical qigong on quality of life, fatigue, mood and inflammation in cancer patients: A randomized controlled trial. *Annals of Oncology 21*(3), 608–614.

Ornish, D., et al. (2008. 6.). Changes in prostate gene expression in men undergoing an intensive nutrition and lifestyle intervention. *Proceedings of the National Academy of Sciences of the United States of America, 105,* 8369–8374.

Palomaki, A., et al. (1998). Ubiquinone supplementation during lovastatin treatment: Effect on LDL oxidation ex vivo. *Journal of Lipid Research, 39,* 1430–1437.

Parham, P., & Ohta, T. (1996). Population biology of antigen presentation by MHC class 1 molecules. *Science, 272,* 67–74.

Paszek, M. J., et al. (2005. 9.). Tensional homeostasis and the malignant phenotype. *Cancer Cell, 8,* 241–254.

Pearsall, P. (1998). *The heart's code: Tapping the wisdom and power of our heart energy.* New York: Broadway Books.

Pearsall, P., Schwartz, G. E., & Russek, L. G. (2005. 4-5.). Organ transplants and cellular memories. *Nexus Magazine, 12*(3).

Pennebaker, J. (1991). *Opening up: The healing power of expressing emotions.* New York: Guilford Press.

Pennebaker, J., et al. (1989). Confronting traumatic experiences and health among holocaust survivors. *Advances, 6*, 14-17.

Pennebaker, J., Kiecolt-Glaser, J. K., & Glaser, R. (1988). Disclosure of traumas and immune function: Health implications. *Journal of Consulting and Clinical Psychology, 56*, 239-245.

Pennisi, E. (2007). DNA study forces rethink of what it means to be a gene. *Science, 316*(5831), 1556-1567.

Penrose, R. (1989). *The emperor's new mind.* Oxford: Oxford University Press.

Pert, C. B., et al. (1985). Neuropeptides and their receptors: A psychosomatic network. *Journal of Immunology, 135*, 118-122.

Pfeifer, G. P., et al. (2002). Tobacco smoke carcinogens, DNA damage and p53 mutations in smoking-associated cancers. *Oncogene, 21*, 7435-7451.

Pribram, K. (1971). *Languages of the brain: Experimental paradoxes and principles in neuropsychology.* Englewood Cliffs, NJ: Prentice-Hall.

Pribram, K. (Ed.) (1993). *Rethinking neural networks: Quantum fields and biological data.* Hillsdale, NJ: Erlbaum.

Pribram, K., & Broadbent, D. (Eds.) (1970). *Biology of memory.* New York: Academic Press.

Pribram, K., et al. (1974). The holographic hypothesis of memory structures in brain function and perception. In R. C. Atkinson et al. (Eds.), *Contemporary developments in mathematical psychology, vol. II.*

San Francisco, CA: W.H. Freeman.

Purce, J. (1980). *The mystic spiral: Journey of the soul*. London: Thames & Hudson, 1980.

Rapaport, M. H., Schettler, P., & Bresee, C. (2010). A preliminary study of the effects of a single session of Swedish massage on hypothalamic–pituitary–adrenal and immune function in normal individuals. *Journal of Alternative and Complementary Medicine, 16*, 1079–1088.

Reichlin, S. (1993). Neuroendocrine–immune interactions. *New England Journal of Medicine, 329*, 1246–1253.

Rensberger, B. (1996). *Life itself: Exploring the realm of the living cell*. New York: Oxford University Press.

Roitt, I., Male, D., & Brostoff, J. (1996). *Immunology* (4th ed.). St. Louis, MO: Mosby Year Book.

Rood, Y. R., et al. (1993). The effects of stress and relaxation on the in vitro immune response in man: A meta–analytic study. *Journal of Behavioral Medicine, 16*, 163–181.

Rose, N. R. (2002). Mechanisms of autoimmunity. *Seminars in Liver Disease, 22*, 387–394.

Rosen, S. (Ed.) (1991). *My voice will go with you: The teaching tales of Milton H. Erickson*. New York: Norton.

Rossi, E. (1993). *The psychobiology of mind–body healing: New concepts of therapeutic hypnosis* (Rev. ed.). New York: Norton.

RTI International, North Carolina. GDB Human Genome Database Hosted. Available from gdb.org/gdbreports/CountGeneByChromosome.html

Sachs, L. The adventures of a biologist: Prenatal diagnosis, hematopoiesis, leukemia, carcinogenesis, and tumor suppression. *Advances in Cancer Research, 66*, 1–40.

Sachs, L. (1996). The control of hematopoiesis and leukemia: From basic biology to the clinic. *Proceedings of the national academy of* sciences of the United States of America, 93, 4742-4749.

Schleifer, S., et al. (1984). Lymphocyte function in major depressive disorder. *Archives of General Psychiatry, 41*, 484-486.

Schneider, M. S. (1994). *A beginner's guide to constructing the universe: The mathematical archetypes of nature, art, and science.* New York: HarperPerennial.

Selivanova, G. (2004. 8.). p53: Fighting cancer. *Current cancer drug targets, 4*(5), 385-402.

Seung Myung, D. (2001). Detecting colorectal cancer in stool with the use of multiple genetic targets. *Journal of the National Cancer Institute, 93*(11), 858-865.

Seyle, H. (1956). *The stress of life.* New York: McGraw-Hill.

Sheikh, A. (Ed.) (1984). *Imagination and healing.* Farmingdale, NY: Baywood Publishing.

Sheldrake, R. (2005. 2.). Morphic resonance and morphic fields-An introduction. http://www.sheldrake.org/Articles&Papers/papers/morphic/morphic_intro.html

Sheldrake, R. (1991). *The rebirth of nature: The greening of science and God.* New York: Bantam.

Shlain, L. (1991). *Art and physics.* New York: HarperPerennial.

Siegel, G. J., et al., (Eds.) (1999). *Basic neurochemistry: Molecular, cellular and medical aspects* (6th ed.). Philadelphia, PA: Lippincott-Raven.

Singh, R. B., et al. (1998). Randomized, double-blind placebo-controlled trial of coenzyme Q10 in patients with acute myocardial infarction. *Cardiovascular Drugs and Therapy, 12*, 347-353.

Slagter, H. A., Davidson, R. J., & Lutz, A. (2011. 2.). Mental training as a tool in the neuroscientific study of brain and cognitive plasticity. *Frontiers in Human Neuroscience, 5*, 1-12.

Smyth, J. K., et al. (1999). Effects of writing about stressful experiences on symptom reduction in patients with asthma or rheumatoid arthritis. *Journal of the American Medical Association, 281*, 1304–1309.

Sobel, D. (1995). Rethinking medicine: Improving health outcomes with cost–effective psychosocial interventions. *Psychosomatic Medicine, 57*, 234–237.

Spiegel, D. (1997). Imagery and hypnosis in the treatment of cancer patients. *Oncology, 11*(8), 1–15.

Spiegel, D., et al. (1989). Psychological support for cancer patients. *Lancet, 2*, 1447–1449.

Stanford University. (2001. 9. 12. / 2010. 6. 23.). The equivalence of mass and energy, *Stanford Encyclopedia of Philosophy*, http://plato. stanford.edu/entries/equivME/

Stapleton, M. P. (1997). Sir James Black and propranolol: The role of the basic sciences in the history of cardiovascular pharmacology. *Texas Heart Institute Journal, 24*, 336–342.

Stoll, G., & Bendszus. M. (2006). Inflammation and atherosclerosis: Novel insights into plaque formation and destabilization. *Stroke, 37*, 1923–1932.

Strous, R. D., & Shoenfeld, Y. (2006). To smell the immune system: Olfaction, autoimmunity and brain involvement. *Autoimmunity Reviews, 6*, 54–60.

Stryer, L. (2002). *Biochemistry* (5th ed.). New York: W. H. Freeman.

Sullivan, R. M., & Toubas, P. (1998). Clinical usefulness of maternal odor in newborns: Soothing and feeding preparatory responses. *Biology of the Neonate, 74*, 402–408.

Syrjala, K. L., et al. (1995. 11.). Relaxation and imagery and cognitive–behavioral training reduce pain during cancer treatment: A controlled clinical trial. *Pain, 63*(2), 189–198.

Talbot, M. (1991). *The holographic universe*. New York: HarperCollins.

Taylor, S. E. (2003). *The tending instinct: Women, men, and the biology of relationships.* New York: Holt.

Taylor, S. E., Saphire-Bernstein, S., & Seeman, T. E. (2010). Are plasma oxytocin in women and plasma vasopressin in men biomarkers of distressed pair bond relationships? *Psychological Science, 21,* 3-7.

Teilhard de Chardin, P. (1961). *The phenomenon of man.* (translated by Wall, B.). New York: Harper and Row.

Thayer, R. E. (1987). Energy, tiredness, and tension effect of a sugar snack versus moderate exercise. *Journal of Personality and Social Psychology, 52,* 119-125.

Thayer, R. E. (1996). *The origin of everyday moods: Managing energy, tension, and stress.* New York: Oxford University Press.

Thomas, L. (1974). *The lives of a cell: Notes of a biology watcher.* New York: Bantam.

Thorsby, E., & Lie, B. A. (2005). Certain HLA patterns signify the likelihood of developing an autoimmune disease. *Transplant Immunology, 14,* 175-182.

Thurman, R. (2005). *The jewel tree of Tibet.* New York: Free Press.

Tobias, L. (2010). A briefing report on autoimmune diseases and AARDA: Past, present, and future. Detroit, MI: American Autoimmune Related Diseases Association.

Turner, D. D. (2006). Just another drug? A philosophical assessment of randomised controlled studies on intercessory prayer. *Journal of Medical Ethics, 32,* 487-490.

Uchino, B. N., Cacioppo, J. T., & Kiecolt-Glaser, J. K. (1996). The relationship between social support and physiological processes: A review with emphasis on underlying mechanisms. *Psychological Bulletin, 119,* 488-531.

United States National Institutes of Health. (1998). The p53 tumor suppressor protein. *Genes and disease.* Bethesda, MD: National Center for Biotechnology Information. ncbi.nlm.nih.gov/books/

NBK22183/

Van Over, R. (1980). *Sun songs: Creation myths from around the world.* New York: Signet Books.

Vaughan, C. (1997). *How life begins: The science of life in the womb.* New York: Dell.

Ventura, A., et al. (2007). Restoration of p53 function leads to tumour regression in vivo. *Nature, 445*(7128), 661–665.

Vincent, C., & Revillard, J. P. (1979). Characterization of molecules bearing HLA determinants in serum and urine. *Transplantation Proceedings, 11*, 1301–1302.

Vogelstein, B., & Kinzler, K. W. (1993. 4.). The multistep nature of cancer. *Trends in Genetics, 9*(4), 138–141.

Waterland, R. A., & Jirtle, R. L. (2003). Transposable elements: Targets for early nutritional effects on epigenetic gene regulation. *Molecular and Cell Biology, 23*, 5293–5300.

Watson, J. D., et al. (2008). *Molecular biology of the gene.* San Francisco, CA: Pearson/Benjamin Cummings.

Watters, E. (2006. 11.). DNA is not destiny: The new science of epigenetics rewrites the rules of disease, heredity, and identity. *Discover,* 33–37, 75.

Wedekind, Claus, et al. (1995). MHC-dependent mate preferences in humans. *Proceedings of the Royal Society of London, 260*, 245–249.

Weinshenker, B. G. (1994). Natural history of multiple sclerosis. *Annals of Neurology, 36*, S6–S11.

White, R. (1992. 2.). Inherited cancer genes. *Current Opinion in Genetics & Development, 2*(1), 53–57.

Wickramasekera, I. (1985). A conditioned response model of the placebo effect. In L. White et al. (Eds.), *Placebo: Theory, research and mechanisms.* New York: Guilford Press, 255–287.

Winkelman, M. (2000). *Shamanism: The neural ecology of consciousness and healing.* Westport, CT: Bergin & Garvey.

Wolf, S. L., Barnhart, H. X., Kutner, N. G., McNeely, E., Coogler, C., & Xu, T. (1996. 5.). Reducing frailty and falls in older persons: An investigation of Tai Chi and computerized balance training. *Journal of the American Geriatrics Society, 44*(5), 489–497.

Atlanta FICSIT Group. (1996. 5.). Frailty and injuries: Cooperative studies of intervention techniques. *Journal of the American Geriatrics Society, 44*(5), 489–497.

Wu, G. (2002. 4.). Evaluation of the effectiveness of Tai Chi for improving balance and preventing falls in the older population–review. *Journal of the American Geriatrics Society, 50,* 746–754.

Yan, J. F. (1991). *DNA and the I ching: The tao of life.* Berkeley, CA: North Atlantic Books.

Zeidan, F., et al. (2010. 6.). Mindfulness meditation improves cognition: Evidence of brief mental training. *Consciousness and Cognition, 19*(2), 597–605.

Zeisel, S. H. (2009. 2.). Importance of methyl donors during reproduction. *American Journal of Clinical Nutrition, 89,* S673–S677.

National Center for Complementary and Alternative Medicine: http://nccam.nih.gov

National Institutes of Health: http://www.nih.gov

찾아보기

〈인 명〉

A

Aaron, D. 124
Achterberg, J. 77
Ader, R. 267
Albrecht-Buehler, G. 165, 298
Arguelles, J. 257
Aurobindo, S. 162

B

Bannister, R. 207
Briggs, J. 285
Byrd, R. 133

C

Campbell, J. 97, 288
Castaneda, C. 143

Claude, A. 29
Cohen, N. 268
Crick, F. 166

D

Davidson, J. 271
de Chardin, P. T. 44
de Duve, C. 144, 311
Deamer, D. 43, 44
Denton, M. 42
Djerassi, C. 223
Dossey, L. 133

E

Eccles, J. 265
Eckhart, M. 317

Einstein, A. 254, 311

Erickson, M. 275

F

Ferrucci, P. 295

Fox, M. 39

Fuller, B. 305

G

Glaser, R. 124

Goodman, F. 161

Graham, M. 179

H

Hooke, R. 45

I

Ingber, D. 142

J

Jirtle, R. 227

Juhan, D. 163

Jung, C. 112, 289, 300

K

Kielcolt-Glaser, J. 124

Kornfield, J. 149

L

Langridge, R. 306

Lipton, B. 144, 228

M

Mahlberg, A. 91

Michaelson, J. 330

Myss, C. 259

N

Narby, J. 292

Nicomachus 298

O

Oliver, M. 135

Ornish, D. 227

P

Pavlov, I. 267

Pearsall, P. 261, 301

Peat, D. 285

Pennebaker, J. 116

Penrose, R. 166

Pert, C. 110

Pinkson, T. 157

Pribram, K. 263

Purce, J. 297

R

Rensberger, B. 139

Rossi, E. 266

S

Sagan, C. 213

Schneider, M. 299, 304

Schroeder-Sheker, T. 247

Sheldrake, R. 206, 258

Shlain, L. 286

Sun, D. 272

T

Talbot, M. 266

Thayer, R. 198

Thomas, L. 105, 287

Tolle, E. 243

Tomlin, L. 156

V

Vaughan, C. 67, 230

W

Walters, A. L. 307

Waterland, R. 227

Weaver, V. 154

Wedekind, C. 78

Z

Zimmer, C. 44

〈내 용〉

11단계 학습 면역반응 87

3의 법칙 297

DNA 187, 217

DNA 분자 144

DNA 염기 서열 238

HLA 표지자 74, 77, 79

I AM 68, 71, 106

mtDNA 188

p53 유전자 231, 232, 238

ㄱ

감각 학습 266

감각적 기쁨 세포 328

감각조건화 269

감사 훈련 249

감사함 259

감지 불가능한 힘 184

게놈 217

결정화 작용 206

고에너지 인산결합 190

공명 257

공시성 142

과학적 창조 신화 41, 42

기 180

기 에너지 182, 183

기공 182

기공 에너지 299

기공법 204

기도 에너지 133
기도의 힘 133
기억 263
끈 140, 147, 164, 322

ㄴ
나마스테 299
나선 구조 221
나선형 DNA 295
나선형 여정 330
내면의 눈 287
놓아 버림 150, 152

ㄷ
단백질 230
닻 내리기 256
대화 요법 92
도우미 T 세포 88
동반 흐름 258
떨어지는 낙엽 231

ㅁ
마야 팩터 257
마음챙김 명상 203
만다라 306
매직패스 161
메틸공여자 227
면역 체계 268
면역성 70
모티머 270
몸 스캔 114

몸의 기도 33, 228
미세 필라멘트 145
미세소관 145, 166
미토콘드리아 186, 188, 192

ㅂ
방어 태세 83
백혈구 56, 73
번지 효과 131
변신 161
변화된 의식 상태 290
보조효소 Q10 190, 195
분자 결혼 313
분자 메시지 320
분자 메신저 128
분자 상보성 107
분자 포옹 30, 43
비자기 268

ㅅ
사기꾼 메시지 110
사기꾼 분자 111
사멸 유전자 신호 148
사이매틱스 41
산화 스트레스 194
산화적 인산화 191
삼성 302
삼중성 329
삼합 223, 298, 301
삼합의 목적 302
상상 254, 273

상상 만능병 81
상염색체 219
상태 의존적 학습 266
상황적 단서 265
생동하는 힘 181
생명 그릇 43
생명 시스템 53
생물 측정학 81
생식 세포 148
생식 유전자 신호 148
샤머니즘 292
샤먼 292
샤크티 304
성숙 세포 148
성염색체 219
세포 골격 143, 149, 160, 213
세포 공명 257
세포 구조 140
세포 그릇 51
세포 기도 57
세포 매트릭스 163
세포 모형도 107
세포 배출물 78
세포 생물학자 139
세포 실 172
세포 에너지 186
세포 인류학 60, 61
세포 자기 57
세포 자살 231
세포 장력 155
세포 재입력 249

세포 정체성 82
세포 주술사 162, 169
세포 지성 213
세포 창조 43
세포 항해자 302, 311, 332
세포를 위한 요가 162
세포막 47, 144
세포막의 구조 48
세포막의 안테나 106
세포예정사 231
세포와 신성함 317
세포의 기본 구조 56
세포핵 187, 217
셀 45
셀룰러 불교 149
소리 치료 95
소리의 힘 91
소수성 48
수용체 106, 108
시각화 170
시냅스 전위 265
시바 305
식별 표지자 73
신경세포 55, 156
신성한 숫자 220
신성한 암호 224
신성한 에너지 208
신성함 46, 288
심박 변이도 260
심상화 77, 269, 275
심장 세포 261

ㅇ

아구티 쥐 실험 연구 227
아드레날린 109, 113, 126
아하 120, 126, 168, 318
안식처 45, 47, 59
암세포 153, 154, 214
양전자 방출 단층 촬영술 254
억제 T 세포 89
에너지 181, 191, 205
에너지 그래프 199, 200, 201
에너지 리듬 202
에너지 변환기 160
에너지 불꽃 45
에너지 장 206, 258
에너지 존재 181
엔도르핀 160
염색체 217, 219
염증 시나리오 84
영적 전통 301
옥시토신 127, 128, 129, 132
옴 97
우주 에너지 185
우주적 의식 291
원형 293
유대감 129, 130
유전자 217
유전자 암호 217
유전자 경전 297
유전자 정보 223
은신처 58

이전 박테리아 187
인간 게놈 프로젝트 217
인체 조직 적합성 백혈구 항원 74

ㅈ

자가면역 질환 75, 76
자기계시 120
자기인식 76
자기창조 302
자기표지자 107
장력 146
재조건화 256
적혈구 56
전기 피부 반응 115
정신신경면역학 77
정크 DNA 218, 294
제2의 감각 시스템 70
주술사 286, 292, 322
주술적 비전 290
주역 225
줄기세포 226
중간 필라멘트 145
중심소체 165, 166
지원 시스템 122
집단 무의식 293

ㅊ

창조 신화 40
최면 요법 275
측지적 돔 구조 305

ㅋ

코돈 223
코스모그램 305
코퍼세틱 262
크렙스 사이클 191

ㅌ

탈무드 297
텐세그리티 140, 141, 157, 162
텐세그리티 운동 143

ㅍ

파면 265
파이프 167
표지 68
프라나 180

플래시보 효과 271

ㅎ

항원 74
해당 작용 191
행동의 조건화 267
혈액형 73
혐기성 대사 191
형태 변화 161
형태 형성 장 206
홀로그램 이론 265
화폐 자아 69
후각의 상실 80
홍얼거림 94
힌두교 스리 얀트라 304

손드라 배릿(Sondra Barrett) 박사는 미국 일리노이 대학교 의과대학에서 생화학으로 박사학위를 받고, 캘리포니아 대학교 의과대학에서 면역학과 혈액학으로 박사 후 과정을 마쳤으며, 그 후 같은 대학에서 10년 이상 교수로 재직했다. 그녀는 치명적인 질병을 앓고 있는 어린이들을 위해 일하며 암 연구와 지원 간호 프로그램을 개발했고, 20년 이상 표현미술, 기공 수련과 정신세계를 연구해 오고 있다.

배릿 박사의 현미경 사진들은 니콘 상과 올림푸스 상 모두를 수상한 바 있으며, 미국의 과학 월간지 『사이언티픽 아메리칸(Scientific American)』뿐만 아니라 로렌스 과학연구소, 나파 밸리 박물관 및 많은 전시장과 국제 학술지에 소개되었다. 그녀는 예술, 과학과 영성을 결합하여 통찰과 영감을 불러일으키는 발표와 강의를 하고 있으며, 그녀의 워크숍과 강의는 국제적으로 호평을 받고 있다.

현재 배릿 박사는 캘리포니아 북부에 거주하고 있다. 그녀의 첫 번째 저서 『와인의 숨겨진 아름다움(Wine's hidden beauty)』은 와인의 내면의 세계와 우리의 감각을 탐구하고 있으며, 2015년 10월에 출간된 그녀의 최신작 『궁극의 면역(Ultimate immunity: Supercharge your body's natural healing powers)』은 우리 몸의 자연치유력을 다루고 있다. 이 책 『세포의 비밀(Secrets of your cells: Discovering your body's inner intelligence)』은 현재 중국어, 독일어, 스페인어로 번역 · 출판되어 있다.

김용환(Kim Yong-hwan)

미국 펜실베이니아 주립대학교 경영학 박사
전 미국 뉴욕 시립대학교 경영대학 교수
　가톨릭대학교 경영학부 교수
현 한마음과학원 기획조정실장
　한국외국어대학교 철학과 외래교수
　한국명상지도자협회 이사, 인성교육분과 위원장
　대한불교조계종 인성교육계발 · 인증 위원

〈주요 저 · 역서〉
선치료(공역, 학지사, 2007)
꽃을 피우는 나무-초등용(공저, 학지사, 2010)
꽃을 피우는 나무-중등용(공저, 학지사, 2011)
원효의 열반경종요(공역, 민족사, 근간)

원민정(Won Min-jung)

서울외국어대학원대학교 통역번역대학원 수료
현 프리랜서 의학 분야 전문번역가

세포에게서 배우는

포용과 선택
-과학과 인문학의 만남-

Secrets of Your Cells
-Discovering Your Body's Inner Intelligence-

2016년 4월 15일 1판 1쇄 인쇄
2016년 4월 25일 1판 1쇄 발행

지은이 • Sondra Barrett
옮긴이 • 김용환 · 원민정
펴낸이 • 김진환
펴낸곳 • (주) **학 지사**
　　　　04031 서울특별시 마포구 양화로 15길 20 마인드월드빌딩
대표전화 • 02)330-5114　　　팩스 • 02)324-2345
등록번호 • 제313-2006-000265호

홈페이지 • http://www.hakjisa.co.kr
페이스북 • https://www.facebook.com/hakjisa

ISBN 978-89-997-0951-7 93180

정가 17,000원

이 도서의 국립중앙도서관 출판시도서목록(CIP)은 서지정보유통지
원시스템 홈페이지(http://seoji.nl.go.kr)와 국가자료공동목록시스템
(http://www.nl.go.kr/kolisnet)에서 이용하실 수 있습니다.
(CIP제어번호: CIP2016009475)

교육문화출판미디어그룹 학 지사
심리검사연구소 **인싸이트** www.inpsyt.co.kr
원격교육연수원 **카운피아** www.counpia.com
학술논문서비스 **뉴논문** www.newnonmun.com